中国民办教育发展报告
2020—2021

周海涛　钟秉林 等　著

科 学 出 版 社
北 京

内 容 简 介

《中国民办教育发展报告》从2012年起每年连续出版，聚焦民办学校师生发展，系统反映全国民办教育事业改革与发展，2020—2021年度报告总结了中国民办教育发展十年历程，并聚焦民办教育研究前沿与热点问题。《国家中长期教育改革和发展规划纲要（2010—2020年）》颁布以来，我国在推进民办学校分类登记、加强党对民办学校的全面领导、健全民办学校体制机制、完善民办学校扶持制度、加快现代学校制度建设、提升民办学校教育教学质量、提高民办教育管理服务水平等多方面取得阶段性成就，正步入高质量发展的新征程。本报告系统分析了2010—2020年民办学校数、学生数、师资数、教育经费等关键数据的变化情况与趋势；跟踪探讨了2010—2020 年民办教育相关法规政策的基本内涵、现存难题及地方实践探索；梳理述评了 2020—2021 年民办教育研究前沿与热点问题。具体而言，本报告包括民办教育发展变化情况、民办教育法规政策内涵与地方实践、民办教育研究情况三大部分。

本书努力为推进民办教育研究、促进我国民办教育健康发展提供理论研判支撑和政策决策参考。

图书在版编目（CIP）数据

中国民办教育发展报告 2020—2021／周海涛等著. —北京：科学出版社，2022.1

ISBN 978-7-03-071317-9

Ⅰ.①中…　Ⅱ.①周…　Ⅲ.①社会办学-研究报告-中国-2020-2021　Ⅳ.①G522.74

中国版本图书馆CIP数据核字（2022）第006546号

责任编辑：孙文影／责任校对：王晓茜
责任印制：徐晓晨／封面设计：润一文化

科学出版社出版
北京东黄城根北街16号
邮政编码：100717
http:// www.sciencep.com
北京中科印刷有限公司印刷
科学出版社发行　各地新华书店经销
*
2022年1月第　一　版　开本：787×1092　1/16
2022年1月第一次印刷　印张：11 3/4
字数：245 000

定价：99.00元

（如有印装质量问题，我社负责调换）

课 题 组

组　长　周海涛　钟秉林

成　员　景安磊　施悦琪　于　榕

王艺鑫　林思雨　朱玉成

马杨桦　胡爱迪　孙钦涛

前　言

《中国民办教育发展报告》从 2012 年起每年连续出版，聚焦民办学校师生发展，系统反映了全国民办教育事业改革与发展，2020—2021 年度报告总结了中国民办教育发展十年历程，并聚焦民办教育研究前沿与热点问题。

2010—2020 年，国家发布了一系列民办教育法规政策，修订了《中华人民共和国民办教育促进法》（以下简称《民办教育促进法》）及其实施条例，全方位、全过程性强调支持和规范民办教育发展。

2010 年，《国家中长期教育改革和发展规划纲要（2010—2020 年）》明确指出，"大力支持民办教育"，"依法管理民办教育"[①]。2016 年 11 月修订的《民办教育促进法》规定，"国家对民办教育实行积极鼓励、大力支持、正确引导、依法管理的方针"[②]。2016 年，《国务院关于鼓励社会力量兴办教育 促进民办教育健康发展的若干意见》（以下简称"民办教育 30 条"）提出，"以实行分类管理为突破口，创新体制机制，完善扶持政策，加强规范管理，提高办学质量，进一步调动社会力量兴办教育的积极性，促进民办教育持续健康发展"[③]。2017 年，党的十九大报告重申，"支持和规范社会力量兴办教育"[④]。2021 年，修订后的《中华人民共和国民办教育促进法实施条例》（以下简称《民办教育促进法实施条例》）提出，"各级人民政府应当依法支持和规范社会力量举办民办教育，保障民办学校依法办学、自主管理，鼓励、引导民办学校提高质量、办出特色，满足多样化

---

① 教育部网站. 国家中长期教育改革和发展规划纲要（2010—2020 年）[EB/OL].（2010-07-29）. http://www.moe.gov.cn/srcsite/A01/s7048/201007/t20100729_171904.html.

② 中国人大网. 中华人民共和国民办教育促进法[EB/OL].（2017-02-20）. http://www.npc.gov.cn/wxzl/gongbao/2017-02/20/content_2007551.htm.

③ 中国政府网. 国务院关于鼓励社会力量兴办教育 促进民办教育健康发展的若干意见[EB/OL].（2017-01-18）. http://www.gov.cn/zhengce/content/2017-01/18/content_5160828.htm.

④ 中国政府网. 习近平：决胜全面建成小康社会 夺取新时代中国特色社会主义伟大胜利——在中国共产党第十九次全国代表大会上的报告[EB/OL].（2017-10-27）. http://www.gov.cn/zhuanti/2017-10/27/content_5234876.htm.

教育需求”[①]。

值《国家中长期教育改革和发展规划纲要（2010—2020年）》收官之际，为进一步了解2010—2020年民办教育的整体发展情况，全面梳理国家有关民办教育改革发展的制度设计和战略部署，把握地方政策推进与实施探索现状，本报告系统分析了2010—2020年民办学校数、学生数、师资数、教育经费的变化情况，以直观反映民办教育规模特征和发展趋势；汇集分析国家、地方的民办教育法律法规和政策文件，呈现民办教育在各方面的突破性进展、现存难题以及地方探索动向；综合述评了2020—2021年民办教育界的研究成果，为民办教育发展提供直接参考和借鉴。

本报告分为三个部分。

上篇为“民办教育发展变化情况（2010—2020年）”，统计分析了2010—2020年我国民办教育发展关键数据，包括民办学校数、民办学校学生数、民办学校教职工和专任教师数、民办学校教育经费的变化情况。

中篇为“民办教育法规政策内涵与地方实践（2010—2020年）”，从推进民办学校分类登记、加强党对民办学校的全面领导、健全民办学校体制机制、完善民办学校扶持制度、加快现代学校制度建设、提升民办学校教育教学质量、提高民办教育管理服务水平七个方面入手，梳理和分析了国家及地方相关法律法规和政策，凝练总结政策要点，厘清现存难题，探寻各地探索动向，以期对民办教育未来发展与改革提供参照和借鉴。

下篇为“民办教育研究情况（2020—2021年）”，综合分析了2020—2021年我国民办教育研究状况，具体包括对民办教育分类管理与营非选择研究、民办学校共同服务与差别扶持研究、民办学校转型发展与内部治理研究、民办学校经费筹措与资金管理研究、民办学校师资建设与权益保障研究、民办学校人才培养与权益保护研究六个方面的回顾与述评。

本报告内容要点如下。

一、民办教育发展变化情况（2010—2020年）

1. 民办学校数变化情况

2010—2020年，全国民办普通高校数及所占比例平稳变化；民办普通高中数及所占比例总体增长；民办中等职业学校数总体下降，所占比例先呈波动性变化，之后呈增长趋势；民办普通初中数及所占比例持续增长；民办普通小学数及所占比例小幅增长；民办幼

---

① 中国政府网. 中华人民共和国民办教育促进法实施条例[EB/OL].（2021-05-14）. http://www.gov.cn/zhengce/content/2021-05/14/content_5606463.htm.

儿园数先增后降，所占比例逐年下降。

2. 民办学校学生数变化情况

2010—2020 年，民办高校学生数及所占比例同步增长；民办普通高中学生数及所占比例稳步增长；民办中等职业学校学生数及所占比例波动性增长；民办普通初中学生数及所占比例稳步增长；民办普通小学学生数及所占比例稳步增长；民办幼儿园学生数及所占比例稳步增长。

3. 民办学校师资数变化情况

2010—2020 年，民办普通高校教职工、专任教师数及所占比例逐年增长；民办普通高中教职工、专任教师数及所占比例波动性增长；民办中等职业学校教职工、专任教师数及所占比例先降后增；民办普通初中教职工、专任教师数及所占比例逐年增长；民办普通小学教职工、专任教师数及所占比例先降后增；民办幼儿园教职工、专任教师数及所占比例总体增长。

4. 民办学校教育经费变化情况

2010—2020 年，民办普通高等本科学校经费收支逐年增长；民办普通高职高专学校经费收支呈波动性增长；民办中等职业学校经费收支呈稳后增长；民办普通高中经费收支逐年增长；民办普通初中经费收支逐年增长；民办普通小学经费收支逐年增长；民办幼儿园经费收支逐年增长；民办学校举办者投入总额及比例逐年波动；民办学校捐赠收入总额及比例逐年波动。

二、民办教育法规政策内涵和地方实践（2010—2020 年）

1. 推进民办学校分类登记

包括民办学校分类登记要求与程序、现有民办学校转为非营利性民办学校的补偿奖励办法、现有民办学校转为营利性民办学校的税费补缴办法。

2. 加强党对民办学校的全面领导

包括牢牢掌握党对民办学校的领导权、加强和改进民办学校思想政治教育工作、切实加强民办学校基层党建工作。

3. 健全民办学校体制机制

包括规范民办学校办学准入条件、健全学校退出机制、探索多元主体合作办学、拓宽办学筹资渠道、推动独立学院转设工作开展。

4. 完善民办学校扶持制度

包括健全公共财政扶持、落实税费优惠激励、实行差别化用地、分类收费、依法自主办学、保障师生权益。

5. 加快现代学校制度建设

包括完善学校法人治理、健全资产管理和财务会计制度、规范学校办学行为、落实安全管理责任。

6. 提升民办学校教育教学质量

包括全面落实立德树人根本任务、明确学校办学定位、加强教师队伍建设、强化质量管理。

7. 提高民办教育管理服务水平

包括强化部门协调机制、提升监督管理水平、发挥行业组织作用。

三、民办教育研究情况（2020—2021年）

因循历年报告汇集、研学当年民办教育研究成果的成例，本报告继续分析2020—2021年民办教育研究的重要主题与进展发现。2020—2021年，民办教育研究主要聚焦民办教育分类管理与营非选择研究、民办学校共同服务与差别扶持研究、民办学校转型发展与内部治理研究、民办学校经费筹措与资金管理研究、民办学校师资建设与权益保障研究、民办学校人才培养与权益保护研究六个方面，描摹民办教育各方面的发展实况，解析各种疑难，并提出针对性改进建议。

目录

前言

上篇　民办教育发展变化情况（2010—2020年）　1

第一章　民办学校变化情况（2010—2020年）　3

一、民办普通高校数及所占比例平稳变化　3

二、民办普通高中数及所占比例总体增长　5

三、民办中等职业学校数总体下降，所占比例先呈波动性变化后趋升　6

四、全国民办普通初中数及所占比例持续增长　7

五、民办普通小学数及所占比例小幅增长　8

六、民办幼儿园数先增后降，所占比例逐年下降　8

第二章　民办学校学生变化情况（2010—2020年）　10

一、民办普通高校学生数及所占比例同步增长　10

二、民办普通高中学生数及所占比例稳步增长　12

三、民办中等职业学校学生数及所占比例波动性增长　15

四、民办普通初中学生数及所占比例稳步增长　17

五、民办普通小学学生数及所占比例稳步增长　19

六、民办幼儿园学生数及所占比例稳步增长　21

第三章　民办学校教职工和专任教师变化情况（2010—2020年）　24

一、民办普通高校教职工、专任教师数及所占比例逐年增长　24

二、民办普通高中教职工、专任教师数及所占比例波动性增长 28
三、民办中等职业学校教职工、专任教师数及所占比例先降后增 29
四、民办普通初中教职工、专任教师数及所占比例逐年增长 30
五、民办普通小学教职工、专任教师数及所占比例先降后增 32
六、民办幼儿园教职工数、专任教师数及所占比例总体增长 34
第四章 民办学校教育经费变化情况（2010—2019年） 36
一、民办普通高等本科学校经费收支逐年增长 36
二、民办高普通职高专学校经费收支波动性增长 37
三、民办中等职业学校经费收支稳后增长 38
四、民办普通高中经费收支逐年增长 39
五、民办普通初中经费收支逐年增长 41
六、民办普通小学经费收支逐年增长 42
七、民办幼儿园经费收支逐年增长 43
八、民办学校举办者投入总额及比例逐年波动 44
九、民办学校捐赠收入总额及比例逐年波动 45

中篇 民办教育法规政策内涵与地方实践（2010—2020年） 49

第五章 推进民办学校分类登记 51
一、民办学校分类登记要求和程序 51
二、现有民办学校转为非营利性民办学校的补偿奖励办法 55
三、现有民办学校转为营利性民办学校的税费补缴办法 59
第六章 加强党对民办学校的全面领导 63
一、掌握党对民办学校的领导权 63
二、加强和改进民办学校思想政治教育工作 66
三、切实加强民办学校的基层党建工作 69
第七章 健全民办学校体制机制 73
一、规范民办学校办学准入条件 73
二、健全学校退出机制 77

三、探索多元主体合作办学 80
四、拓宽办学筹资渠道 83
五、推动独立学院转设工作开展 86
第八章 完善民办学校扶持制度 89
一、健全公共财政扶持 89
二、落实税费优惠激励 94
三、实行差别化用地、分类收费 98
四、依法自主办学 102
五、保障师生权益 105
第九章 加快现代学校制度建设 110
一、完善学校法人治理 110
二、健全资产管理和财务会计制度 114
三、规范学校办学行为 118
四、落实安全管理责任 124
第十章 提升民办学校教育教学质量 128
一、全面落实立德树人根本任务 128
二、明确学校办学定位 132
三、加强教师队伍建设 135
四、强化质量管理 139
第十一章 提高民办教育管理服务水平 143
一、强化部门协调机制 143
二、提升监督管理水平 146
三、发挥行业组织作用 151
下篇 民办教育研究情况（2020—2021 年） 155
第十二章 民办教育研究文献述评 157
一、民办教育分类管理与营非选择研究 157
二、民办学校共同服务与差别扶持研究 158

三、民办学校转型发展与内部治理研究 159
四、民办学校经费筹措与资金管理研究 161
五、民办学校师资建设与权益保障研究 162
六、民办学校人才培养与权益保护研究 163

参考文献 165
后记 171

上　篇

民办教育发展变化情况（2010—2020年）

第一章　民办学校变化情况（2010—2020 年）

一、民办普通高校数及所占比例平稳变化

2010—2020 年，全国民办普通高校数及所占比例平稳变化。全国民办普通高校数缓慢增长，从 2010 年的 674 所逐年增至 2020 年的 771 所，总体涨幅为 14.39%。民办普通高校数占全国普通高校总数的比例总体变化幅度较小，2010—2014 年呈缓慢增长趋势，从 24.75%增长至 25.74%；2015—2020 年，出现间替性小幅波动，总体上，从 2015 年的 25.70%变化为 2020 年的 25.67%（图 1-1）。

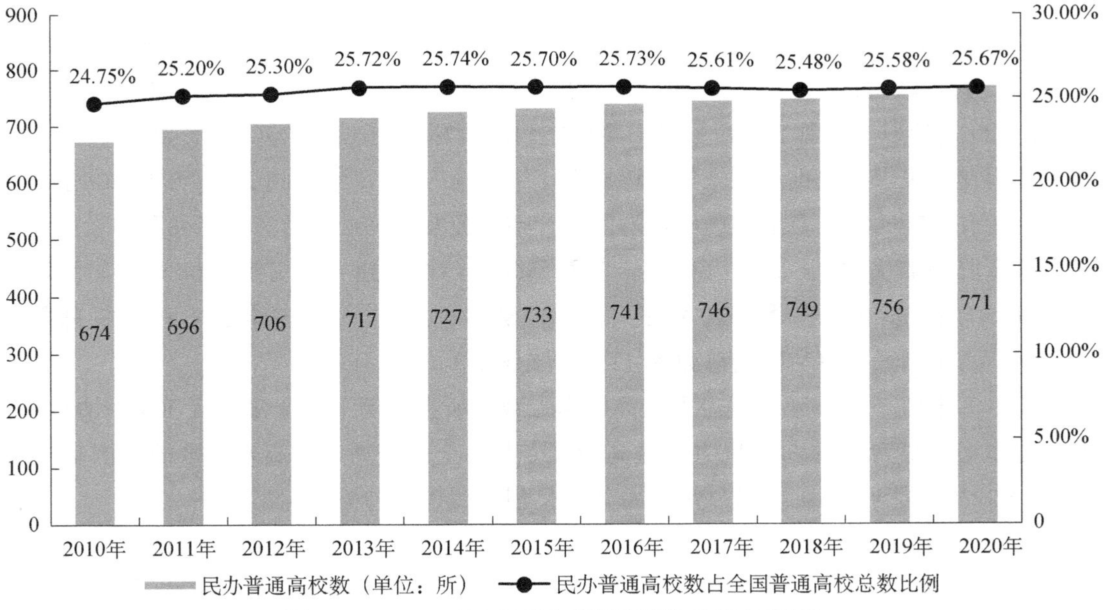

图 1-1　2010—2020 年民办普通高校数及所占比例[①]

其中，2010—2020 年，民办本科院校数及所占比例波动性增长。全国民办本科院校数保持平缓增长，从 2010 年的 371 所增至 2020 年的 434 所。民办本科院校数占全国本科

① 图 1-1 至图 1-9 根据 2010—2020 年《中国教育统计年鉴》资料整理而成，不再逐一标注。

院校总数的比例由33.36%增至34.17%，占比总体稳定（图1-2）。

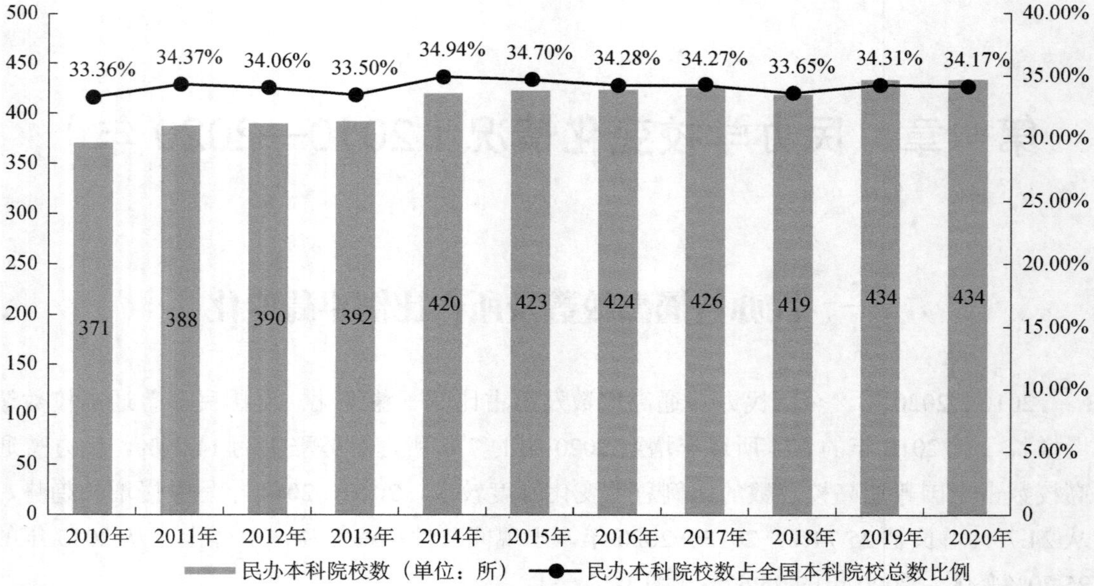

图1-2　2010—2020年民办本科院校数及所占比例

其中，2010—2020年，独立学院数及所占比例逐年下降，由323所递减至189所。2008年2月，教育部发布《独立学院设置与管理办法》，要求独立学院在5年内完成转设工作。[①]2010年以来，独立学院数及占全国本科院校总数的比例逐渐下降。2020年5月，教育部印发《关于加快推进独立学院转设工作的实施方案》，强调到2020年末独立学院全部制定转设方案的时限要求，提出转为民办、转为公办、终止办学三条路径和转设标准，转设进度明显加快。[②]仅2020年一年，教育部公示转设的独立学院就有68所，转设数量超过前十年的总和。截至2020年底，还有189所独立学院，占全国本科院校总数的14.88%、占全国民办本科院校总数的43.55%（图1-3）。

其中，2010—2020年，民办普通高职高专数及所占比例平稳变化，从303所增至337所，总体增长率为12.21%。民办普通高职高专数占全国普通高职高专总数的比例从2010年的24.32%下降至2020年22.96%，总体上呈现平缓递减趋势（图1-4）。

---

① 教育部网站. 独立学院设置与管理办法.（2008-02-22）. http://www.moe.gov.cn/srcsite/A03/s181/200802/t20080222_170538.html.

② 中国民办教育协会网. 关于独立学院转设有关问题的说明.（2021-06-05）. https://www.canedu.org.cn/site/content/4868.html.

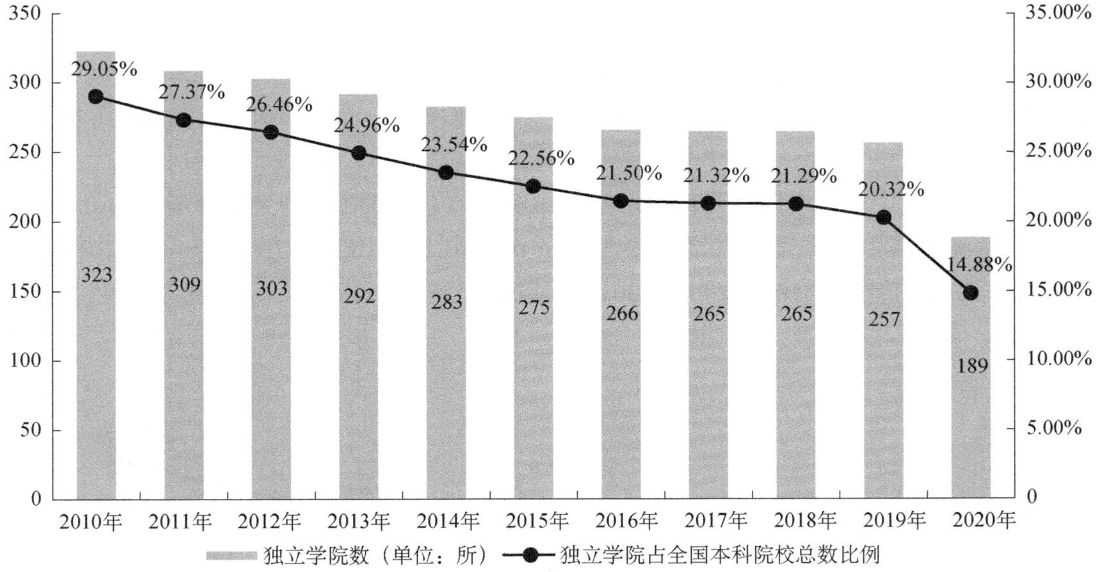

图 1-3　2010—2020 年独立学院数及所占比例

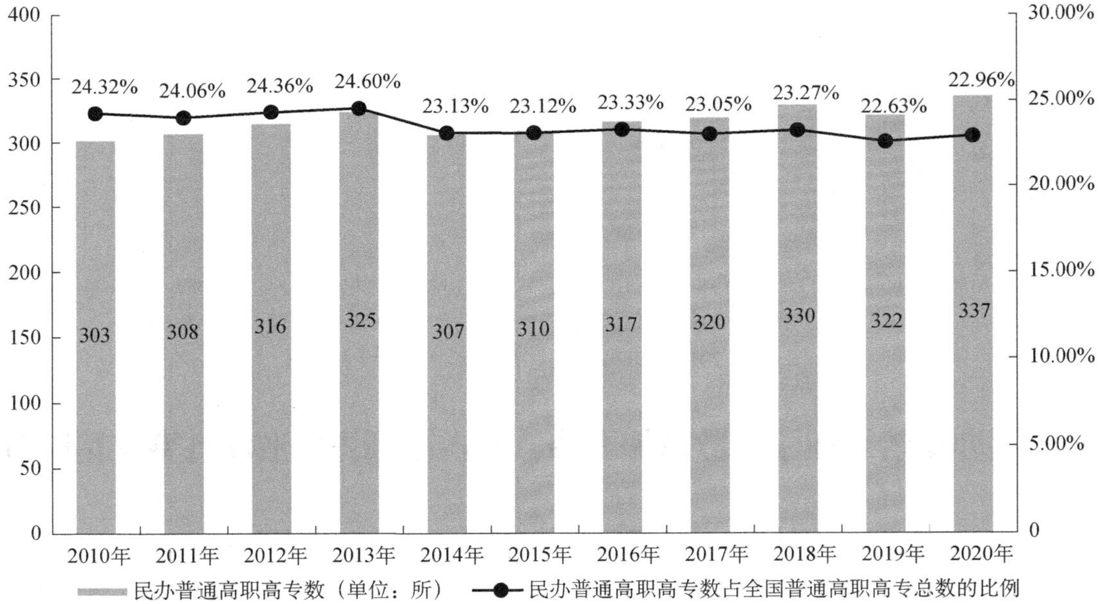

图 1-4　2010—2020 年民办普通高职高专数及所占比例

二、民办普通高中数及所占比例总体增长

2010—2020 年，民办普通高中数及所占比例均呈增长趋势。2010—2012 年，民办普通高中数缓慢下降，由 2499 所下降至 2371 所，2013 年开始缓慢增长。2016 年 11 月 7 日，全国人民代表大会常务委员会通过并发布修订版《民办教育促进法》，允许民办学校

举办者自主选择设立为非营利性或者营利性民办学校。非营利性和营利性民办学校实行分类管理。①分类管理改革背景下，民办教育市场空间得以进一步释放，激发了社会力量的办学热情。2016 年开始，民办普通高中数快速增长，到 2020 年从 2787 所增长至 3694 所。

民办普通高中数占全国普通高中总数的比例总体上呈缓慢下降到高速增长的阶段性变化。民办普通高中数占全国普通高中总数的比例由 2010 年的 17.78%下降至 2011 年的 17.49%，2012 年起开始缓慢回升，2015 年起逐级进入加速阶段，2020 年增至 25.95%（图 1-5）。

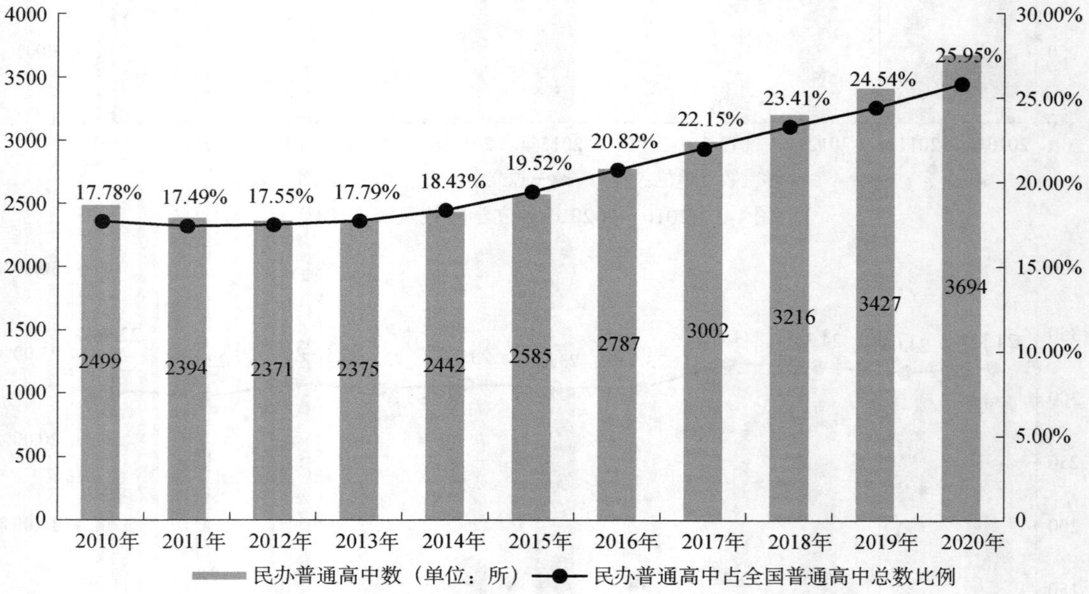

图 1-5　2010—2020 年民办普通高中数及所占比例

三、民办中等职业学校数总体下降，所占比例先呈波动性变化后趋升

教育结构优化升级过程中，国家对职业教育的重视程度与政策扶持力度不断加大，公办中等职业学校发展环境不断优化，规模大幅扩展，对民办中等职业学校的发展产生影响。在这一背景下，2010—2020 年，民办中等职业学校数总体上呈下降趋势，从 2010 年的 3123 所逐年下降至 2020 年的 2063 所，总体下降率高达 33.94%。民办中等职业学校数占全国中等职业学校总数的比例先下降后增长，2010—2014 年快速下降，2014 年降至最低，为 19.73%；2015 年后平稳回升，2020 年增至 20.85%（图 1-6）。

① 中国人大网. 中华人民共和国民办教育促进法.（2017-02-20）. http://www.npc.gov.cn/wxzl/gongbao/2017-02/20/content_2007551.htm.

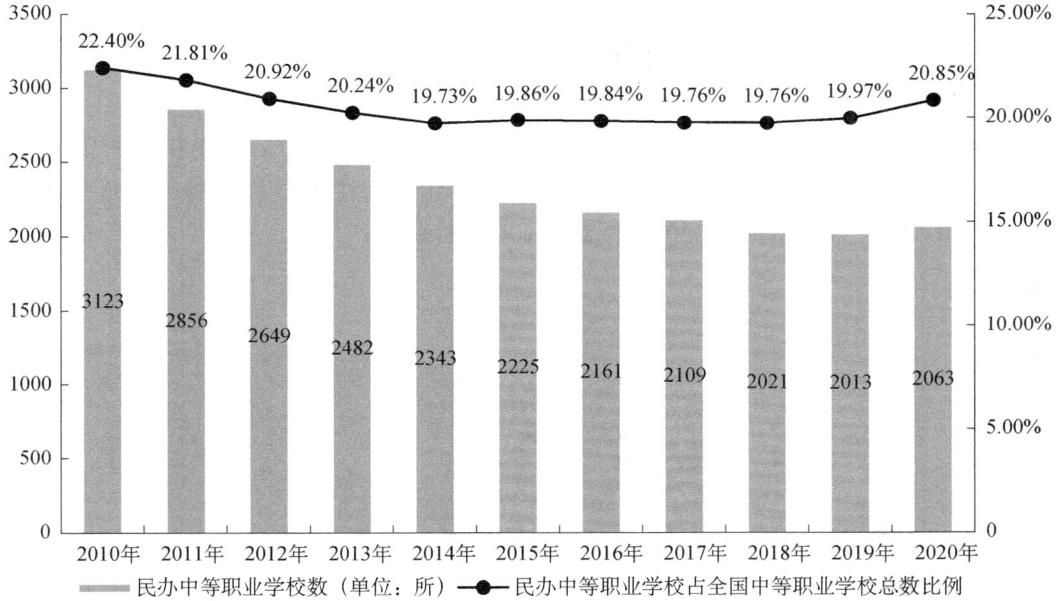

图 1-6　2010—2020 年民办中等职业学校数及所占比例

四、全国民办普通初中数及所占比例持续增长

2010—2020 年，民办普通初中学校数及所占比例持续增长。民办普通初中数从 2010 年的 4259 所缓慢增至 2020 年的 6039 所。民办普通初中数占全国普通初中总数的比例从 2010 年的 7.77%增至 2020 年的 11.44%（图 1-7）。

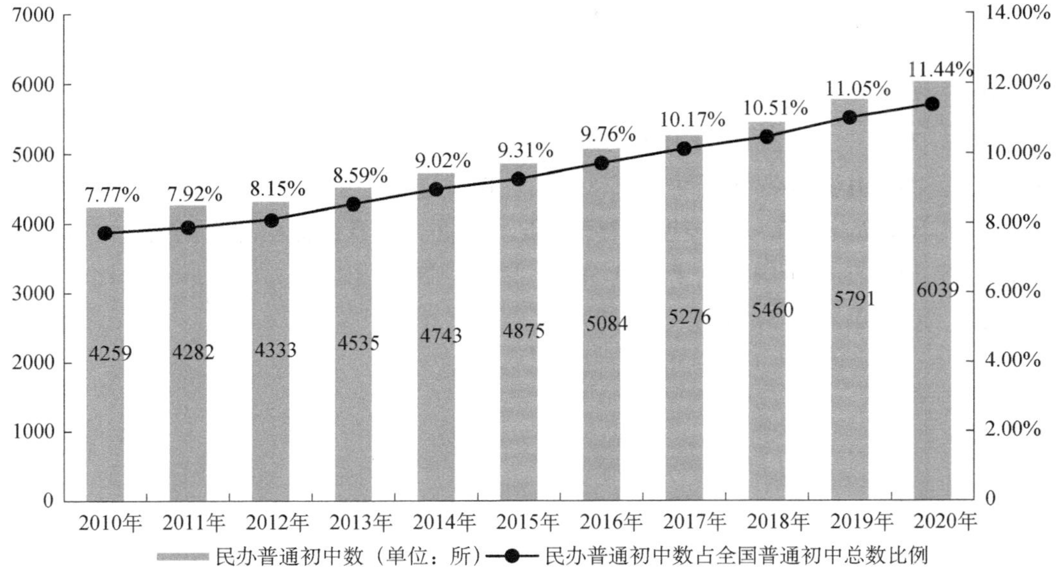

图 1-7　2010—2020 年民办普通初中数及所占比例

五、民办普通小学数及所占比例小幅增长

2010—2020 年，民办普通小学数及所占比例小幅增长。民办普通小学数从 2010 年的 5351 所增至 2020 年的 6187 所。民办普通小学占全国普通小学总数的比例逐年小幅增长，从 2010 年的 2.08%增至 2020 年的 3.92%（图 1-8）。

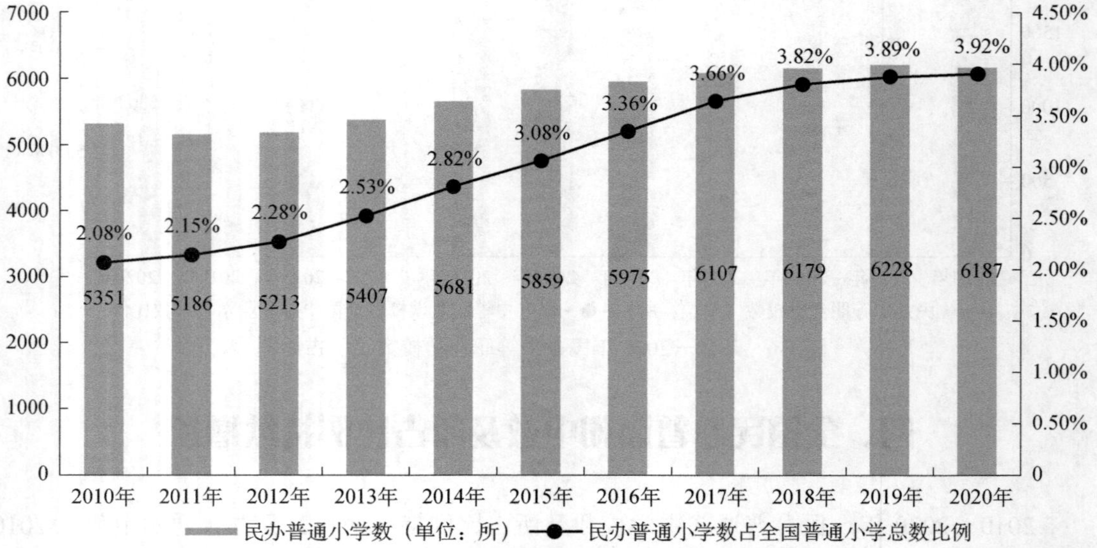

图 1-8　2010—2020 年民办普通小学数及所占比例

六、民办幼儿园数先增后降，所占比例逐年下降

2010—2020 年，民办幼儿园数先增后降。2010—2019 年，民办幼儿园数从 102 289 所增至 173 236 所，2020 年为 167 956 所，比 2019 年少 5280 所，下降 3.05%。2011—2020 年，民办幼儿园数占全国幼儿园总数的比例呈递减趋势。2018 年，《中共中央 国务院关于学前教育深化改革规范发展的若干意见》发布，该意见提出逐步提高公办园在园幼儿占比，到 2020 年在全国原则上达到 50%。因此，2018 年后民办幼儿园数占比下降幅度更为明显，2020 年降至 57.58%（图 1-9）。

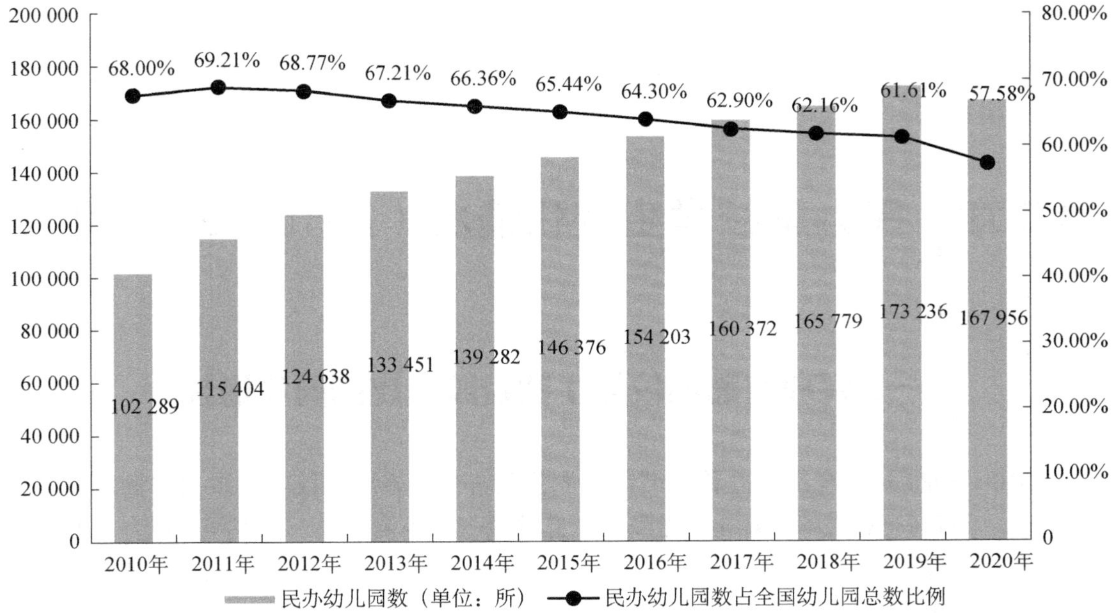

图 1-9　2010—2020 年民办幼儿园数及所占比例

第二章　民办学校学生变化情况（2010—2020 年）

一、民办普通高校学生数及所占比例同步增长

2010—2020 年，全国民办普通高校学生数及占全国普通高校学生数的比例大致呈增长态势。伴随高等教育的大众化、普及化，高等教育服务需求进一步扩增，民办普通高校吸纳了更多适龄学生。同时，随着《民办教育促进法》及配套法规政策的颁布和实施，民办普通高校的社会地位和声誉有所提高，获得更多家长与学生的认可，生源规模有所扩大。

（一）民办普通高校在校生数及所占比例稳步增长

2010—2020 年，全国民办本科在校生数稳步增长，从 2010 年的 280.99 万人增至 2020 年的 468.19 万人。民办本科在校生数占全国普通本科在校生总数的比例呈波动性增长趋势，从 2010 年的 22.20%增至 2020 年的 25.64%。

民办专科在校生数同样呈波动性增长趋势，从 2010 年的 195.70 万人增至 2020 年的 323.15 万人。民办专科在校生数占全国普通专科在校生总数的比例波动性增长，从 2010 年的 20.25%增至 2020 年的 22.14%（图 2-1）。

（二）民办普通高校招生数及所占比例波动性增长

2010—2020 年，全国民办本科院校招生数呈波动性增长，从 2010 年的 82.59 万人增至 2020 年的 111.95 万人。民办本科招生数占全国普通本科招生总数的比例呈波动性增长，2010—2012 年，所占比例增长速度较快；2013—2014 年呈下降趋势，此后缓慢变化。总体上，民办本科招生数占全国普通本科招生总数的比例从 2010 年的 23.51%增至 2020 年的 25.26%。

民办专科院校招生数同样呈波动性增长，从 2010 年的 64.15 万人增至 2020 年的 124.12 万人。与民办本科招生数所占比例的变化相比，民办专科招生数占全国普通专科招生总数的比例变化幅度相对较大，整体呈“人”字形的变化轨迹。2010—2014 年呈上升

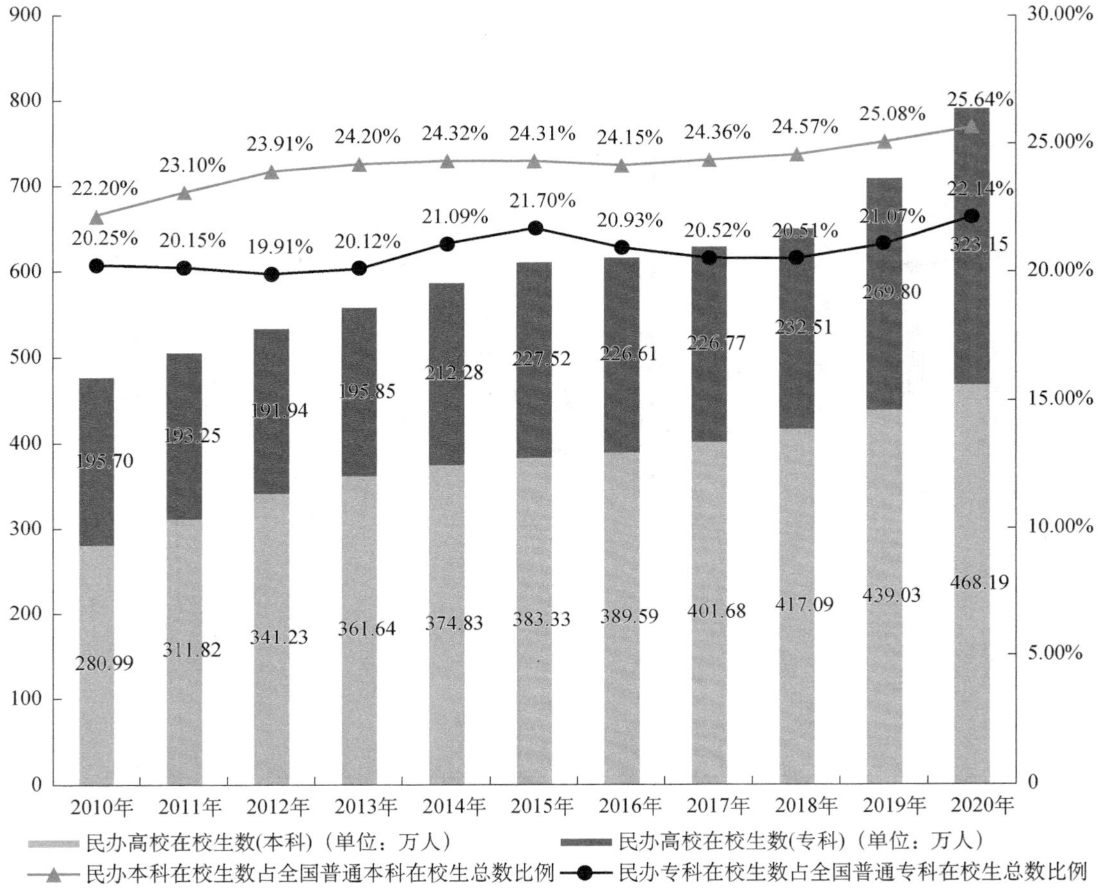

图 2-1 2010—2020 年民办高校在校生数及所占比例①

趋势，2014—2017 年呈下降趋势，2017 年后逐年上升。总体上，民办专科招生数占全国普通专科招生总数的比例呈波动性增长，从 2010 年的 20.66%增至 2020 年的 23.67%（图 2-2）。

（三）民办普通高校毕业生数及所占比例波动性增长

2010—2020 年，民办本科毕业生数及占全国普通本科毕业生总数的比例波动性增长。2010—2016 年，民办本科毕业生数逐年增长，从 2010 年的 50.70 万人增至 2016 年的 93.21 万人，之后呈波动性增长，2020 年达到 103.84 万人。2010—2016 年，民办本科毕业生数占全国普通本科毕业生总数的比例逐年上升，2016 年达到最高值，为 24.90%；2017 年开始下降，2019 年回升。总体上，民办本科毕业生数占全国普通本科毕业生总数的比例波动性增长，从 2010 年的 19.57%增至 2020 年的 24.69%。

① 图 2-1 至图 2-18 根据 2010—2020 年《中国教育统计年鉴》数据资料整理而成，不再逐一标注。

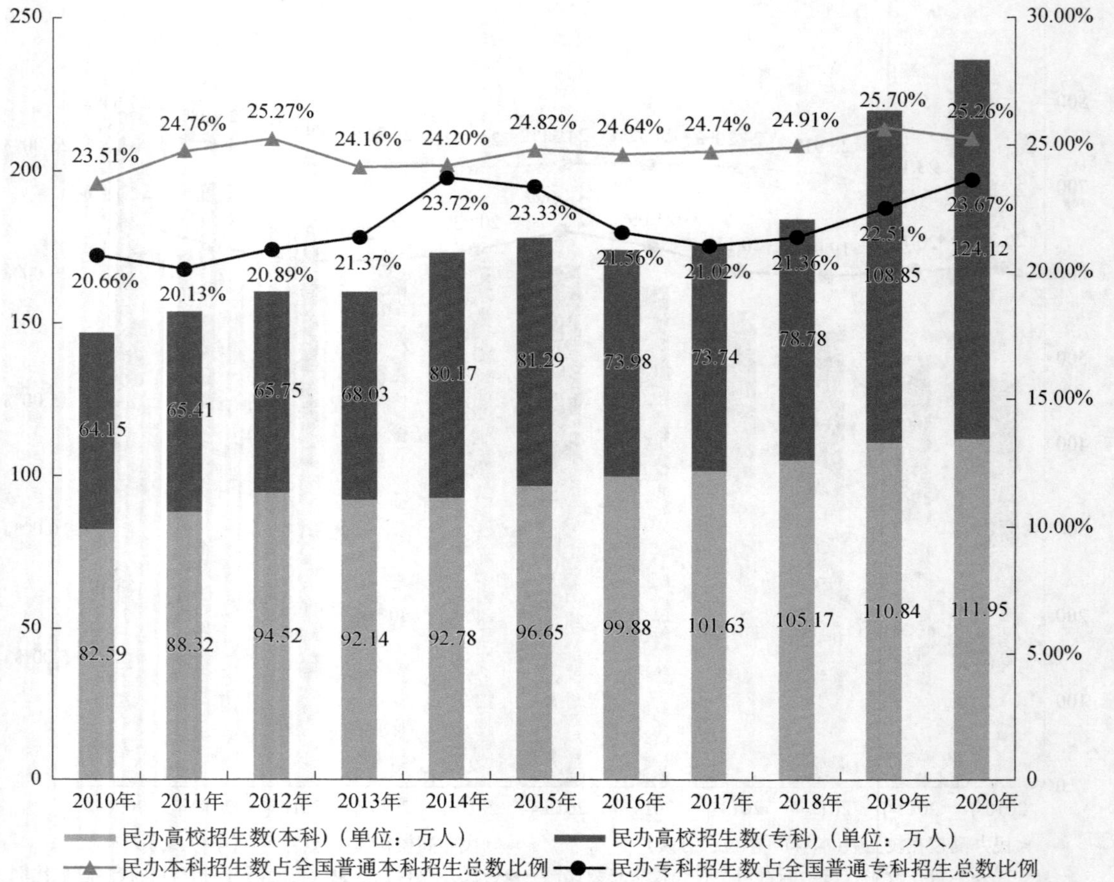

图 2-2　2010—2020 年民办高校招生数及所占比例

2010—2020 年，民办专科毕业生数波动性增长，民办专科毕业生数及占全国普通专科毕业生总数的比例波动性变化。民办专科毕业生数从 2010 年的 59.00 万人增至 2020 年的 74.19 万人。2010—2012 年，民办专科毕业生数占全国普通专科毕业生总数的比例逐年提升；2013—2014 年有所下降；2016 年快速下降至最低值，为 18.45%；2017 年增至 20.19%，此后逐年缓慢下降。总体上，民办专科毕业生数占全国普通专科毕业生总数的比例从 2010 年的 18.65%增至 2020 年的 19.70%（图 2-3）。

二、民办普通高中学生数及所占比例稳步增长

2010—2020 年，我国民办普通高中学生数及占全国普通高中学生数的比例大致呈现增长态势。随着《国家中长期教育改革和发展规划纲要（2010—2020 年）》和《民办教育促进法》等法律法规的颁布实施，民办教育发展进入新时期。民办高中作为国民教育体系的组成部分，自身质量也在不断提高，成为家长和学生的选择之一。

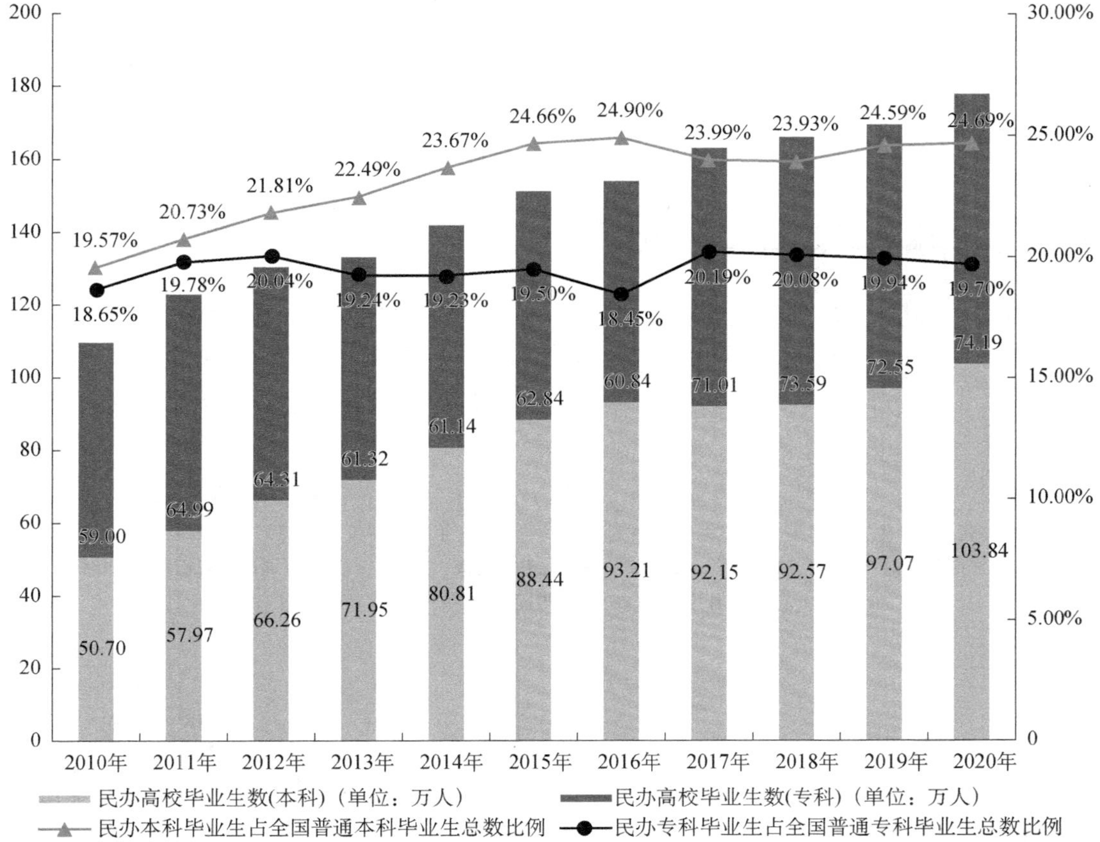

图 2-3　2010—2020 年民办高校毕业生数及所占比例

（一）民办普通高中在校生数及所占比例稳步增长

2010—2020 年，民办普通高中在校生数及占全国普通高中在校生总数的比例保持稳步增长。2010—2014 年，民办普通高中在校生数从 230.07 万人增至 238.65 万人，处于平稳变化阶段；2015—2020 年增长趋势明显，且速度相对稳定，2020 年达到 401.29 万人。民办普通高中在校生数占全国普通高中在校生总数的比例同步增长，由 2010 年的 9.48%增至 2020 年的 16.09%（图 2-4）。

（二）民办普通高中招生数及所占比例稳步增长

2010—2020 年，民办普通高中招生数及占全国普通高中招生总数的比例稳步增长。2010—2014 年呈平稳变化趋势，2010 年招生数为 80.95 万人，2014 年变为 82.73 万人；2014—2020 年呈快速增长趋势，2020 年达到 153.39 万人。民办普通高中招生数占全国普通高中招生总数的比例同步变化，由 2010 年的 9.68%增至 2020 年的 17.50%（图 2-5）。

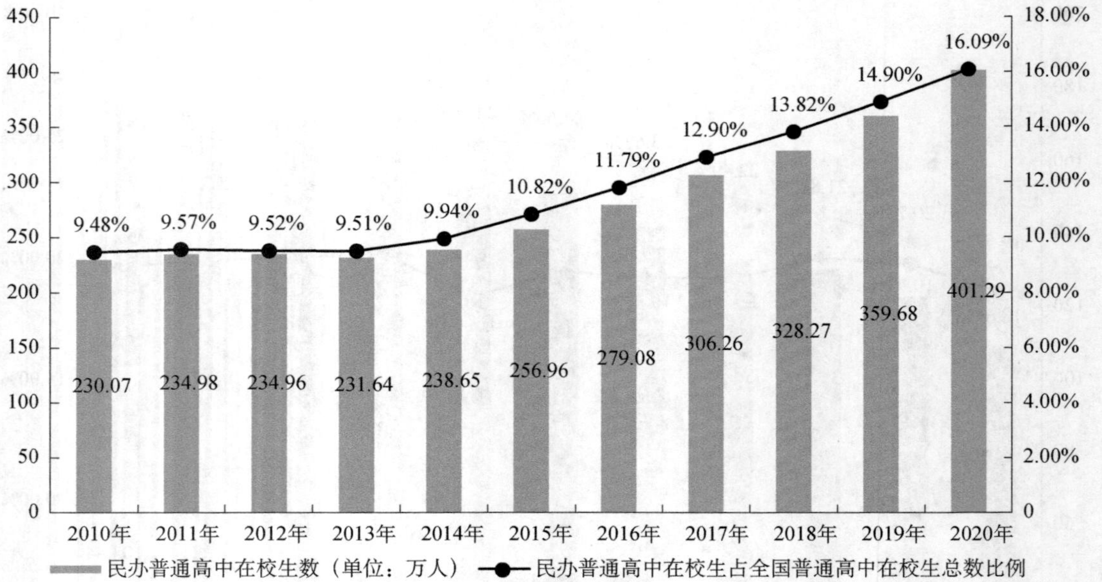

图 2-4　2010—2020 年民办普通高中在校生数及所占比例

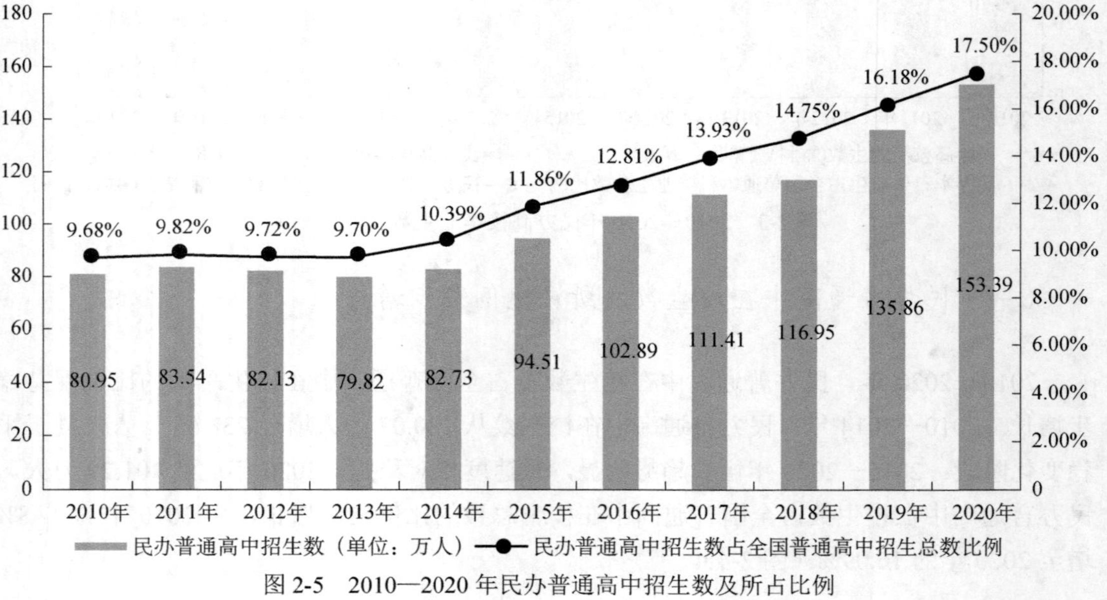

图 2-5　2010—2020 年民办普通高中招生数及所占比例

（三）民办普通高中毕业生数及所占比例稳步增长

2010—2020 年，全国民办普通高中毕业生数及占全国普通高中毕业生总数的比例稳步增长。2010—2014 年，民办普通高中毕业生数处于平稳变化阶段，2010 年为 74.28 万人，2014 年变为 74.44 万人；2015—2020 年，处于快速增长阶段，2020 年达到 108.53 万人。民办普通高中毕业生数占全国普通高中毕业生总数的比例同步变化，由 2010 年的

9.35%增至 2020 年的 13.80%（图 2-6）。

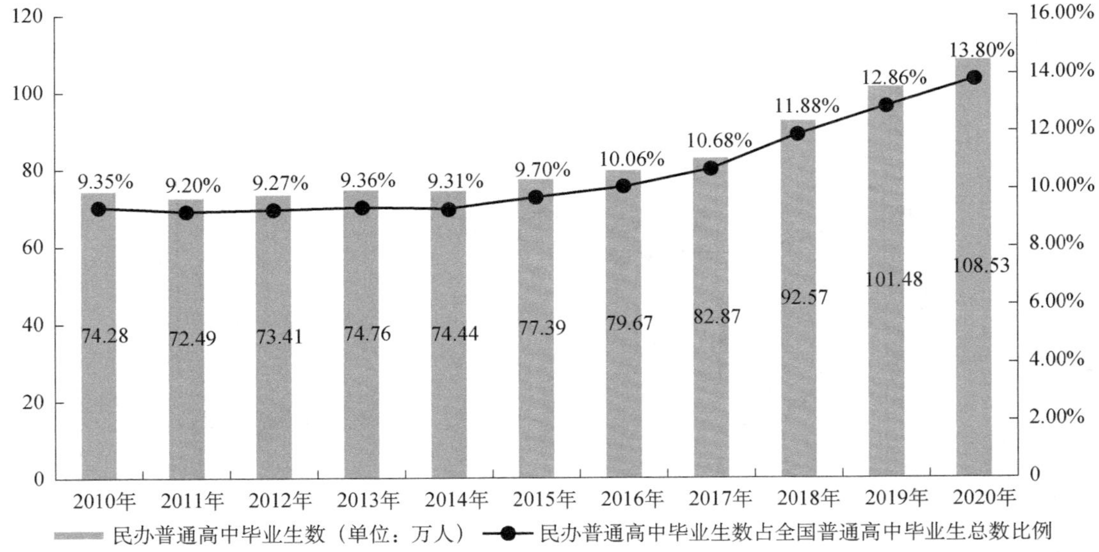

图 2-6　2010—2020 年民办普通高中毕业生数及所占比例

三、民办中等职业学校学生数及所占比例波动性增长

我国中等职业教育的发展受政策影响相对较大。2007 年，《国务院关于建立健全普通本科高校高等职业学校和中等职业学校家庭经济困难学生资助政策体系的意见》提出，建立健全普通本科高校、高等职业学校和中等职业学校家庭经济困难学生资助政策体系，实行“加大财政投入、经费合理分担、政策导向明确、多元混合资助、各方责任清晰”的基本原则[①]。然而，囿于民办中等职业教育发展条件、发展环境等方面的局限，民办中等职业学校发展后期又呈下滑态势。2014 年，《教育部办公厅关于做好 2014 年高中阶段学校招生工作的通知》发布，提出推动“普职协调发展”。民办中等职业学校是培养专业技能人才的重要场所，须切实承担职责发挥职能，伴随自身质量建设和改革，对学生的吸引力又呈现出回升态势。

（一）民办中等职业学校在校生数及所占比例波动性增长

2010—2020 年，民办中等职业学校在校生数及占全国中等职业学校在校生总数的比例波动性增长，2010—2015 年呈平稳下降趋势，2010 年民办中等职业学校在校生数为 306.99 万人，2015 年下降至 183.37 万人；2015 年后呈现波动性增长趋势；2020 年达到

① 全国学生资助管理中心网. 国务院关于建立健全普通本科高校高等职业学校和中等职业学校家庭经济困难学生资助政策体系的意见[EB/OL].（2012-09-02）. http://www.xszz.cee.edu.cn/index.php/shows/105/1225.html.

249.40 万人。民办中等职业学校在校生数占全国中等职业学校在校生总数的比例由2010 年的 13.76%下降至 2014 年的 10.80%，2015 年后波动性增长，2020 年增至 14.99%（图 2-7）。

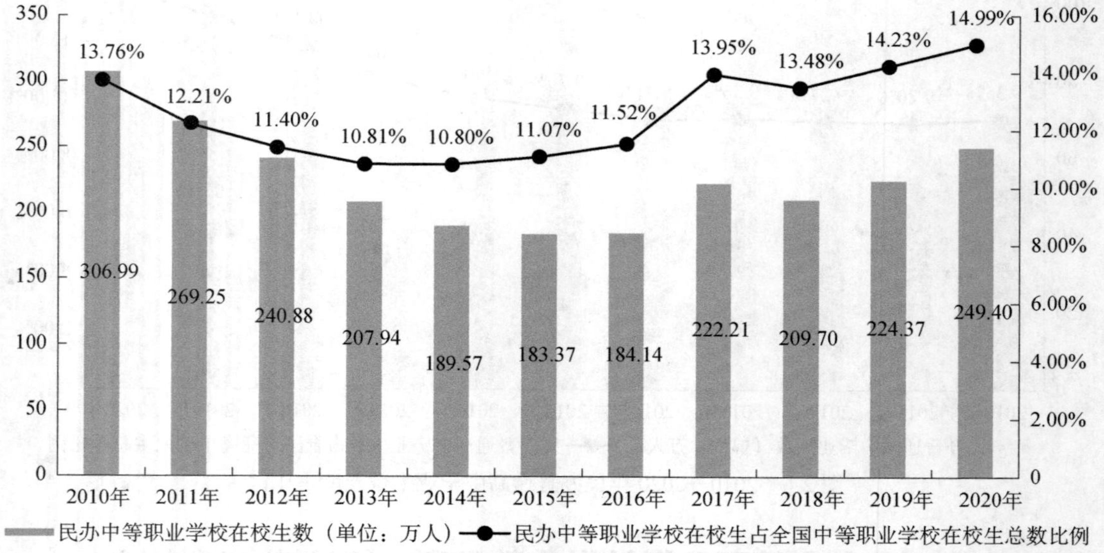

图 2-7　2010—2020 年民办中等职业学校在校生数及所占比例

（二）民办中等职业学校招生数及所占比例波动性增长

2010—2020 年，民办中等职业学校招生数及占全国中等职业学校招生总数的比例波动性增长，2010—2015 年呈平稳下降趋势，2010 年民办中等职业学校招生数为 113.19 万人，2015 年下降至 70.93 万人；2015 年以后呈增长趋势，2020 年达到 101.46 万人。民办中等职业学校招生数占全国中等职业学校招生总数的比例、波动性增长，由 2010 年的13.04%增至 2020 年的 15.74%（图 2-8）。

（三）民办中等职业学校毕业生数及所占比例先降后增

2010—2020 年，民办中等职业学校毕业生数及占全国中等职业学校毕业生总数的比例先降后增。2010—2017 年，民办中等职业学校毕业生数持续下降，2010 年的民办中等职业学校毕业生数为 96.71 万人，2017 年下降至 56.23 万人；2018—2020 年呈现逐渐增长趋势，2020 年达到 65.68 万人。民办中等职业学校毕业生数占全国中等职业学校毕业生总数的比例先降后增，总体上，由 2010 年的 14.67%下降为 2020 年的 13.55%（图 2-9）。

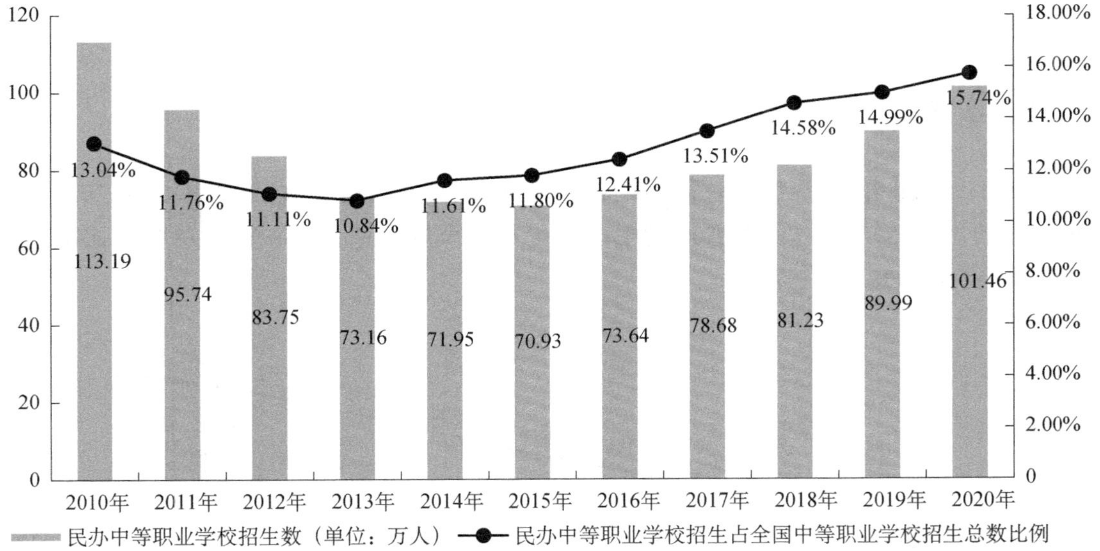

图 2-8　2010—2020 年民办中等职业学校招生数及所占比例

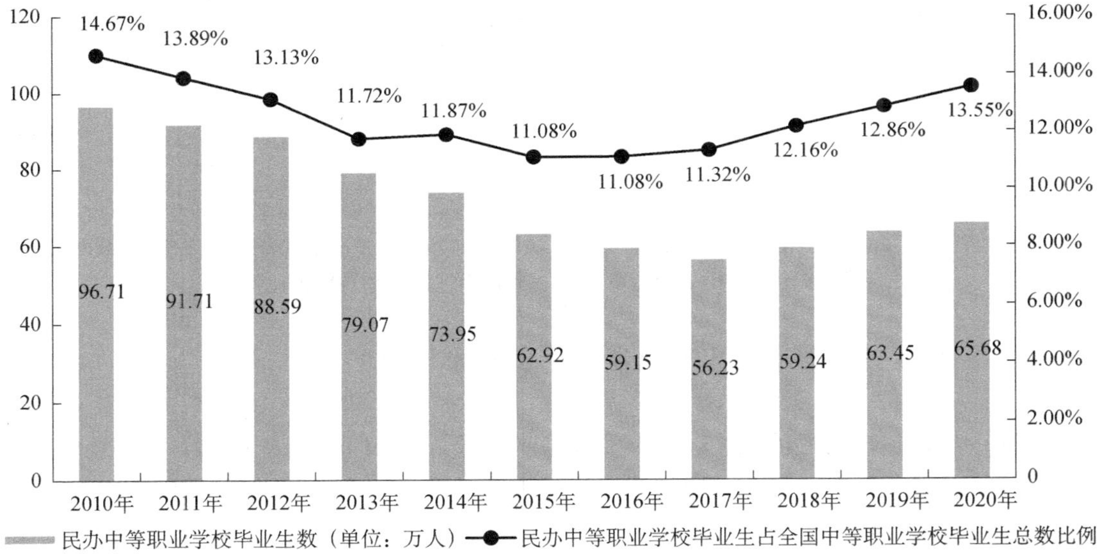

图 2-9　2010—2020 年民办中等职业学校毕业生数及所占比例

四、民办普通初中学生数及所占比例稳步增长

2010—2020 年，全国民办普通初中学生数及占全国普通初中学生数的比例大致呈现增长趋势。随着《民办教育促进法》的修订完成，我国民办学校分类管理的序幕逐渐拉开。民办义务教育作为公办教育的有益补充，质量建设和管理不断优化，加之相应保障机制的改进与完善，越来越多的家长和学生出于理性考量进行市场选择，民办初中受到

更多青睐。

（一）民办普通初中在校生数及所占比例逐年递增

2010—2020年，民办普通初中在校生数逐年递增，从2010年的442.11万人增至2020年的718.95万人，民办普通初中在校生数占全国普通初中在校生总数的比例也从8.38%增至14.63%（图2-10）。

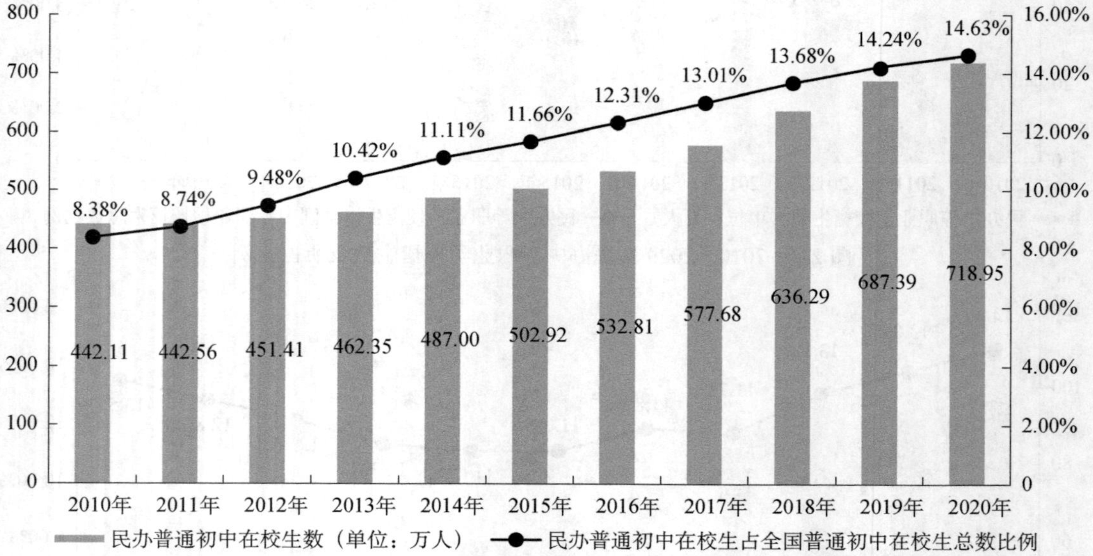

图2-10　2010—2020年民办普通初中在校生数及所占比例

（二）民办普通初中招生数及所占比例稳步增长

2010—2020年，民办普通初中招生数稳步增长，从2010年的153.21万人逐年增至2020年的243.67万人，民办普通初中招生数占全国普通初中招生总数的比例也从8.93%逐年增至14.93%（图2-11）。

（三）民办普通初中毕业生数及所占比例显著增长

2010—2020年，民办普通初中毕业生数显著增长，从2010年的129.86万人逐年增至2020年的207.93万人，民办普通初中毕业生数占全国普通初中毕业生总数的比例也从7.43%逐年增至13.54%（图2-12）。

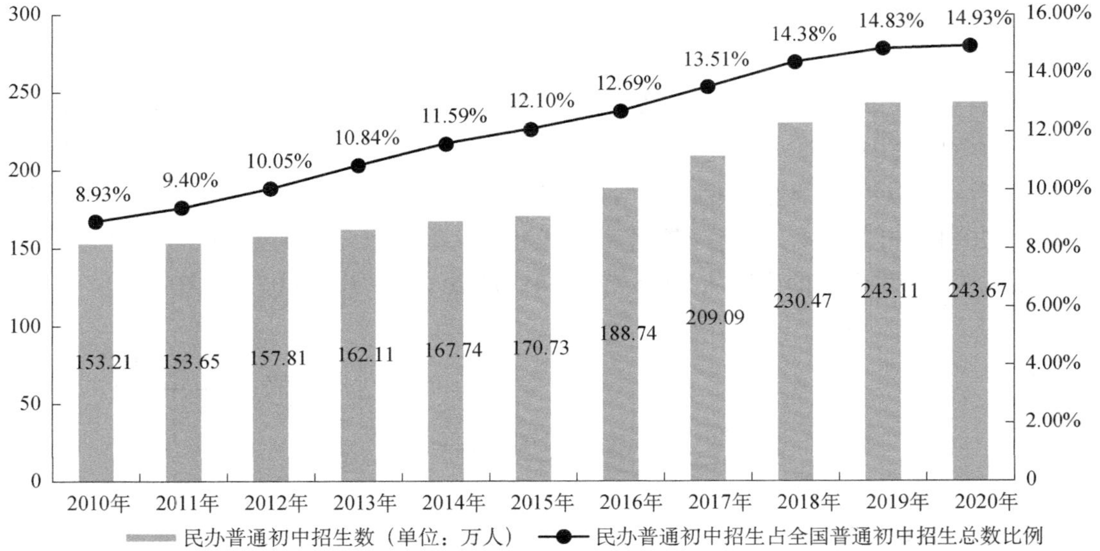

图 2-11　2010—2020 年民办普通初中招生数及所占比例

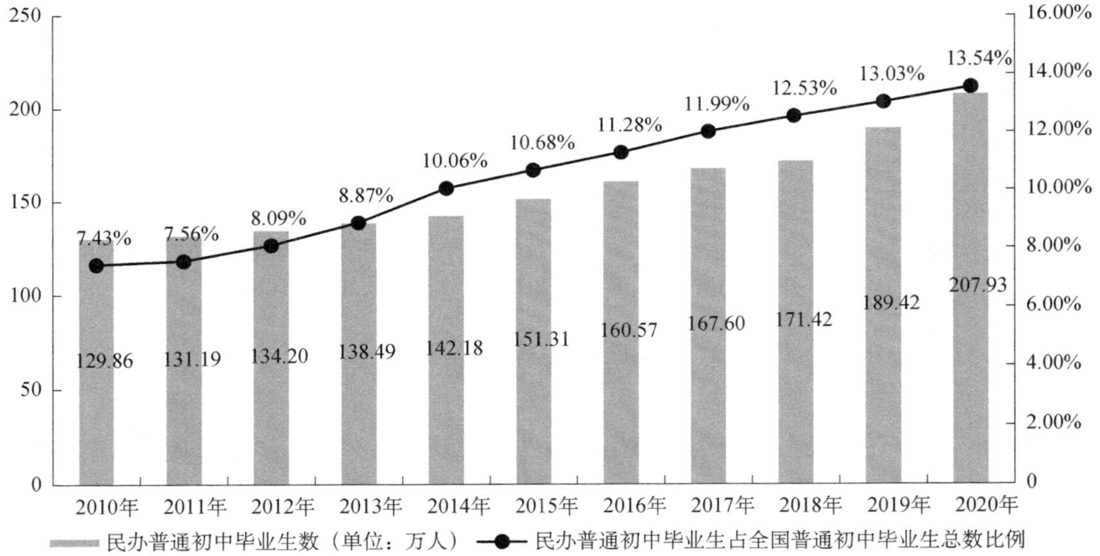

图 2-12　2010—2020 年民办普通初中毕业生数及所占比例

五、民办普通小学学生数及所占比例稳步增长

2010—2020 年，全国民办普通小学学生数及占全国普通小学学生数的比例大致呈增长趋势。同民办初中相似，随着相应扶持政策和保障机制的不断完善，民办小学的教育教学质量及市场吸引力有所上升，日渐受到家长和学生的欢迎。

（一）民办普通小学在校生数及所占比例稳步增长

2010—2020 年，民办普通小学在校生数及占全国普通小学在校生总数的比例稳步增长，从 2010 年的 537.63 万人逐年增至 2020 年的 966.03 万人，民办普通小学在校生数占全国普通小学在校生总数的比例稳步增长，但 2013 年有所波动。2013 年，所占比例增至 7.40%，2014 年开始下降，此后恢复平稳增长状态。总体上，民办普通小学在校生数占全国普通小学在校生总数的比例从 2010 年的 5.41%增至 2020 年的 9.01%（图 2-13）。

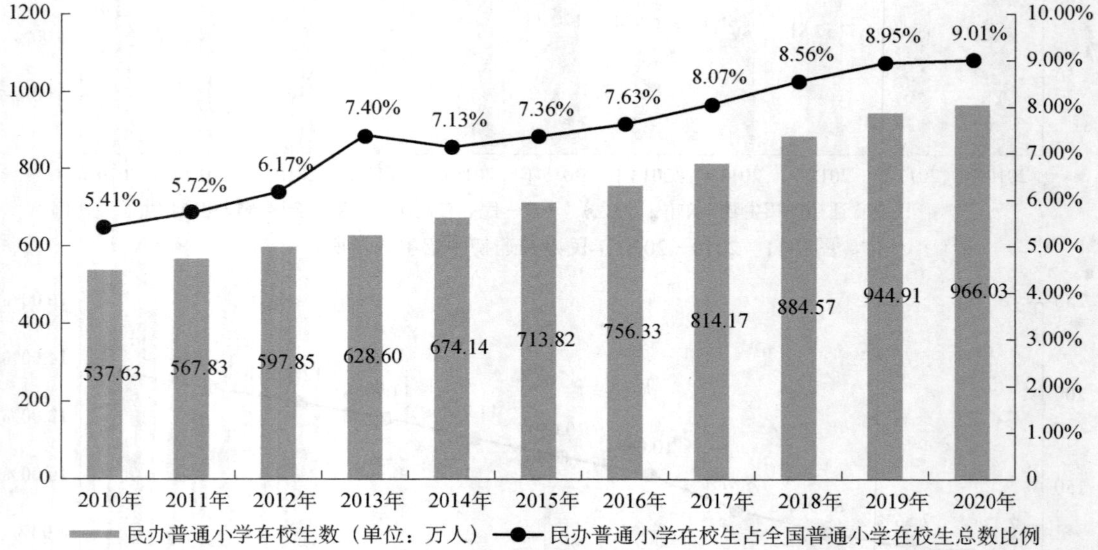

图 2-13　2010—2020 年民办普通小学在校生数及所占比例

（二）民办普通小学招生数及所占比例波动性增长

2010—2020 年，民办普通小学招生数及占全国普通小学招生总数的比例呈波动性增长。民办普通小学招生数从 2010 年的 94.72 万人增至 2020 年的 145.20 万人，民办普通小学招生数占全国普通小学招生总数的比例也从 5.60%增至 8.03%（图 2-14）。

（三）全国民办普通小学毕业生数及所占比例波动性增长

2010—2020 年，民办普通小学毕业生数及占全国普通小学毕业生总数的比例呈波动性增长。民办普通小学毕业生数从 2010 年的 86.43 万人增至 2020 年的 156.55 万人，民办普通小学毕业生数占全国普通小学毕业生总数的比例也从 4.97%增至 9.54%（图 2-15）。

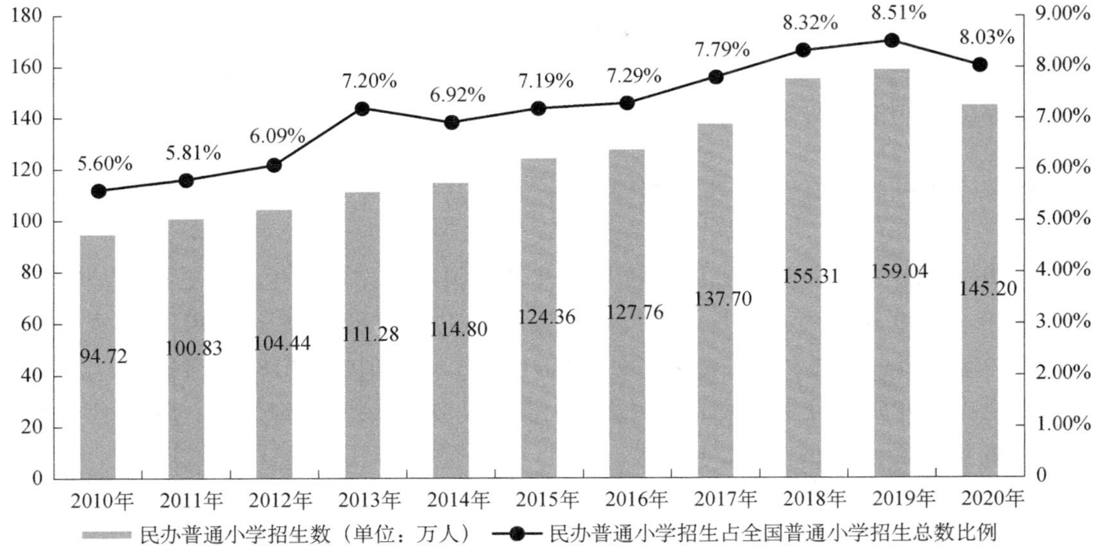

图 2-14　2010—2020 年民办普通小学招生数及所占比例

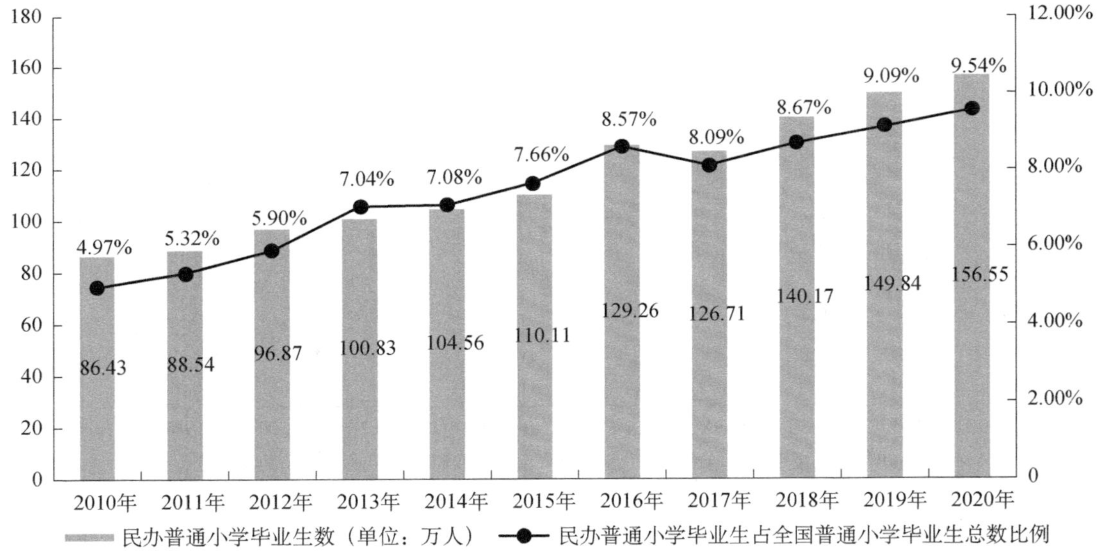

图 2-15　2010—2020 年民办普通小学毕业生数及所占比例

六、民办幼儿园学生数及所占比例稳步增长

2010—2020 年，全国民办幼儿园学生数及占全国幼儿园学生数的比例大致呈现增长趋势，但在 2020 年有所下降。伴随社会经济发展及人口规模和结构的变化，我国生育政策有所调整，多孩政策及相关配套措施的持续完善，我国迎来婴儿潮，适龄儿童数量有所增长，民办幼儿园学生数及占全国幼儿园学生数的比例随之增长。同时，随着普惠性学前

政策的推行，普惠性民办幼儿园有所发展，吸纳更多适龄儿童。而新冠肺炎疫情以来，由于国家和地方管控以及幼儿园自身经营困境，许多幼儿园无力支撑被迫停业或结业，幼儿园学生数在2020年明显下降。

（一）民办幼儿园在校生数及所占比例波动性增长

2010—2020年，民办幼儿园在校生数及占全国幼儿园在校生总数的比例波动性增长。2010—2019年，民办幼儿园在校生数从1399.47万人逐年增至2649.44万人，2020年，民办幼儿园在校生数有所减少，减为2360.10万人。2010—2018年，民办幼儿园在校生数占全国幼儿园在校生总数的比例逐年上升，从47.01%增至56.69%；2019年开始下降，2020年降至52.26%（图2-16）。

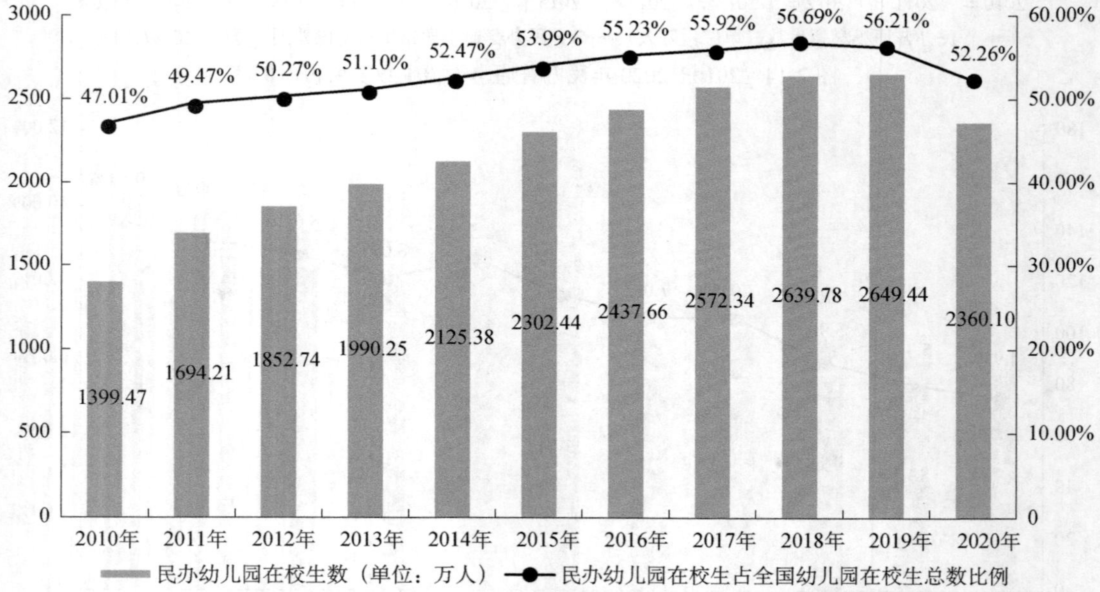

图2-16　2010—2020年民办幼儿园在校生数及所占比例

（二）民办幼儿园招生数及所占比例波动性增长

2010—2017年，民办幼儿园招生数波动性增长，从711.63万人增至999.32万人，2018年开始逐年减少，2020年，减少至812.90万人。2010—2019年，民办幼儿园招生数占全国幼儿园招生总数的比例逐年增加，从41.85%增至53.59%，而2020年又下降至49.43%（图2-17）。

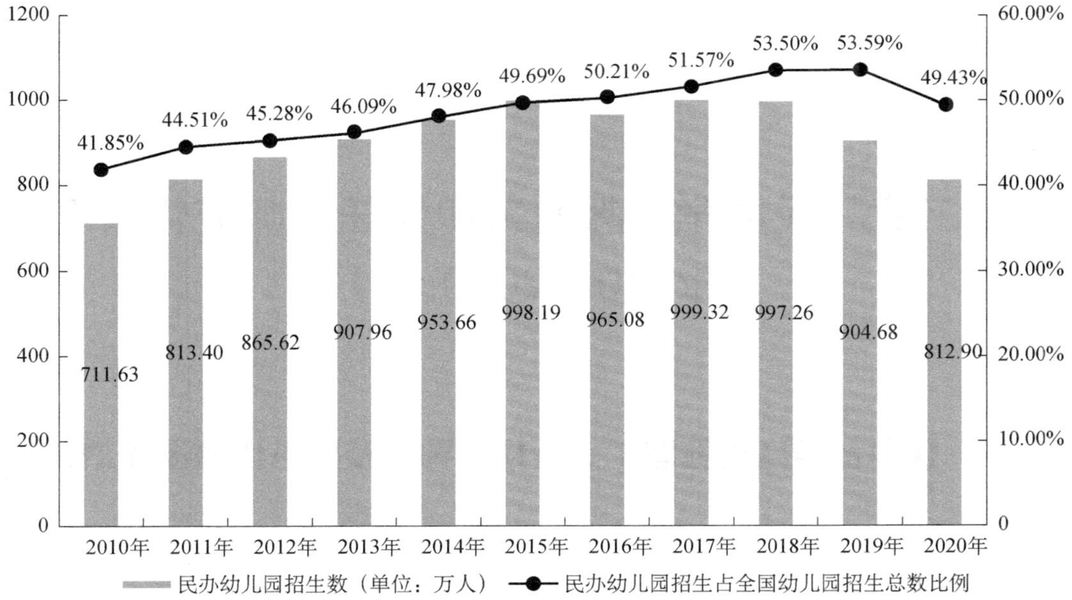

图 2-17　2010—2020 年民办幼儿园招生数及所占比例

（三）民办幼儿园毕业生数及所占比例波动性增长

2010—2019 年，民办幼儿园毕业生数持续增长，从 2010 年的 388.94 万人增至 2019 年的 945.14 万人，2020 年降为 911.31 万人。2010—2020 年，民办幼儿园毕业生数占全国幼儿园毕业生总数的比例逐年增长，从 36.78%增至 56.65%（图 2-18）。

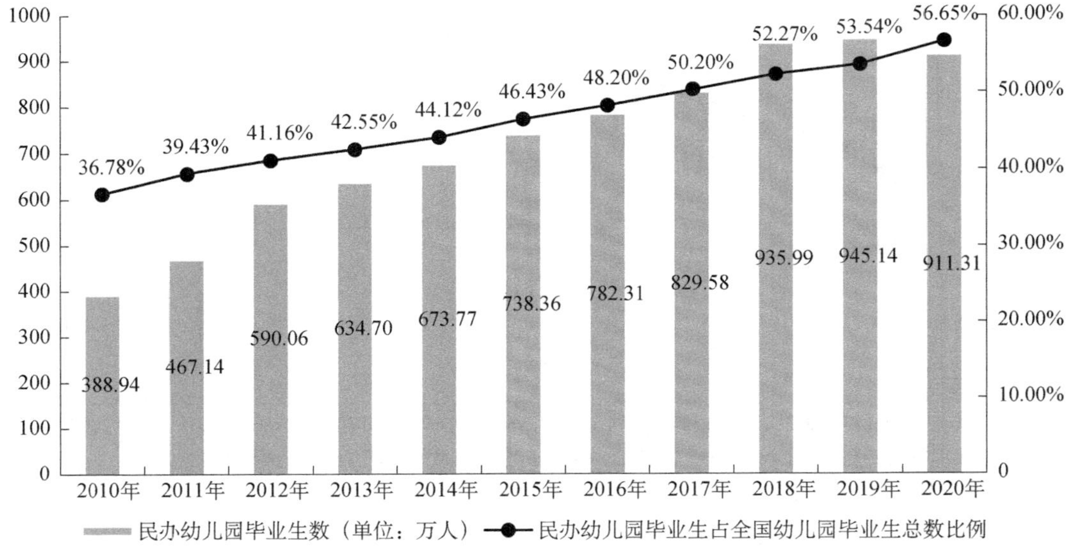

图 2-18　2010—2020 年民办幼儿园毕业生数及所占比例

第三章　民办学校教职工和专任教师变化情况（2010—2020年）

一、民办普通高校教职工、专任教师数及所占比例逐年增长

（一）民办普通高校教职工数及所占比例呈增长态势

2010—2020年，民办普通高校教职工数及所占比例呈增长态势。民办普通高校教职工数从2010年的34.89万人增至2020年的49.31万人。民办普通高校教职工数占全国普通高校教职工总数的比例总体呈增长趋势，从2010年的16.18%增至2020年的18.48%（图3-1）。

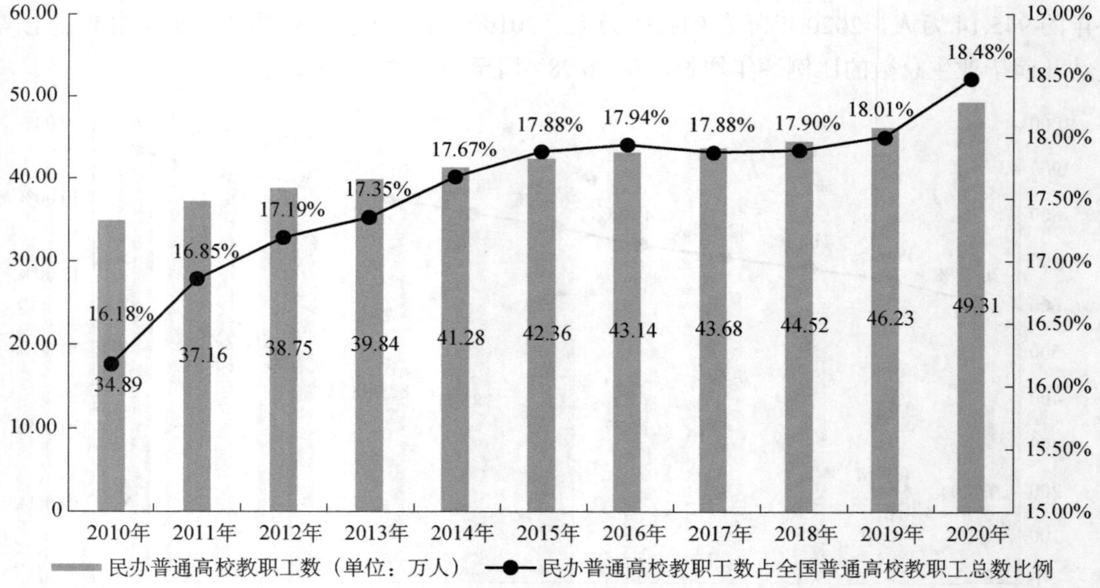

图3-1　2010—2020年民办普通高校教职工数及所占比例[①]

其中，民办本科院校教职工数从2016年的31.47万人增至2020年的35.57万人，占

① 图3-1至图3-16根据《中国教育经费统计年鉴》数据整理而成，不再逐一标注。

全国本科院校教职工总数的比例从 17.98%增至 18.49%。民办普通高职高专教职工数从 2016 年的 11.63 万人增至 2020 年的 13.72 万人，占全国普通高职高专教职工总数的比例从 17.82%增至 18.42%（图 3-2）。

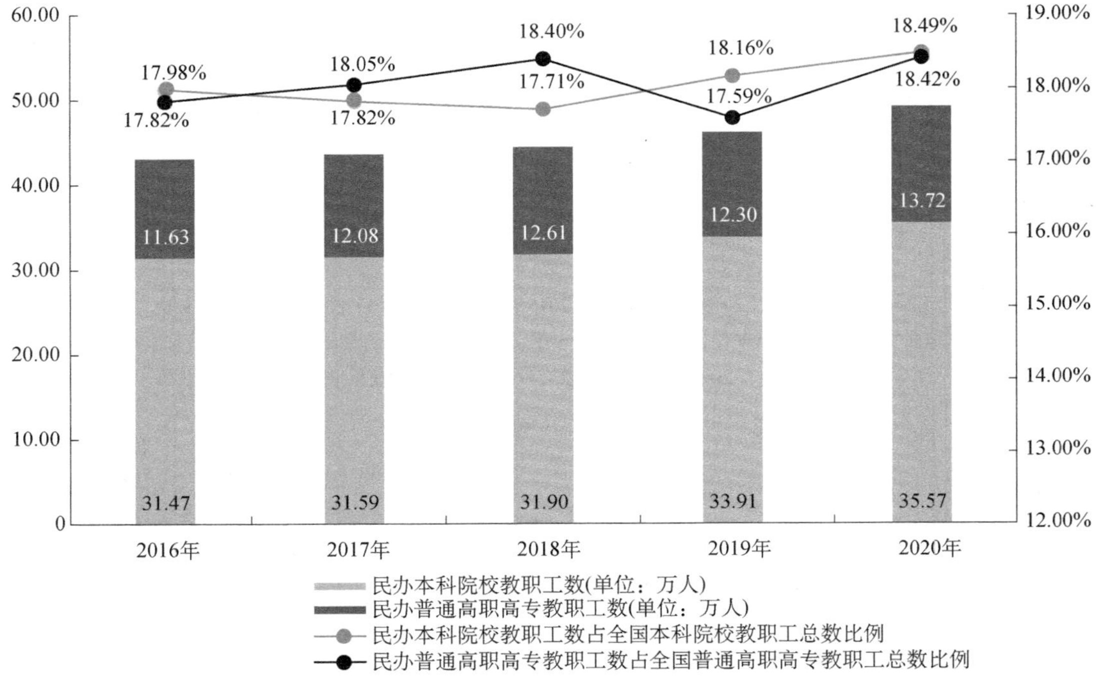

图 3-2　2016—2020 年民办本科院校、民办普通高职高专教职工数及所占比例[①]

2010—2020 年，独立学院教职工数及所占比例总体呈先增后降态势。2010—2012 年，全国独立学院教职工数逐年增长，2012 年数量最多，为 18.92 万人。随着独立学院转设工作取得阶段性进展，2012 年后，独立学院教职工数呈下降态势，2020 年降至 15.20 万人，较 2010 年约少 2.33 万人。独立学院教职工数占全国普通高校教职工总数的比例总体下降，从 2010 年的 8.13%下降至 2020 年的 5.70%（图 3-3）。

（二）民办普通高校专任教师数及所占比例呈增长态势

2010—2020 年，民办普通高校专任教师数及所占比例呈增长态势。民办普通高校专任教师数从 2010 的 23.65 万人增至 2020 年的 36.89 万人。2010—2016 年，民办普通高校专任教师数占全国普通高校专任教师总数的比例总体增长，从 17.61%增至 19.45%；2017 年有所下降，2018 年后恢复逐年增长趋势，2020 年增至 20.13%（图 3-4）。

① 由于《中国教育统计年鉴》2010—2015 年关于民办本科院校、民办普通高职高专教职工数的统计数据缺失，故从 2016 年开始统计与分析。

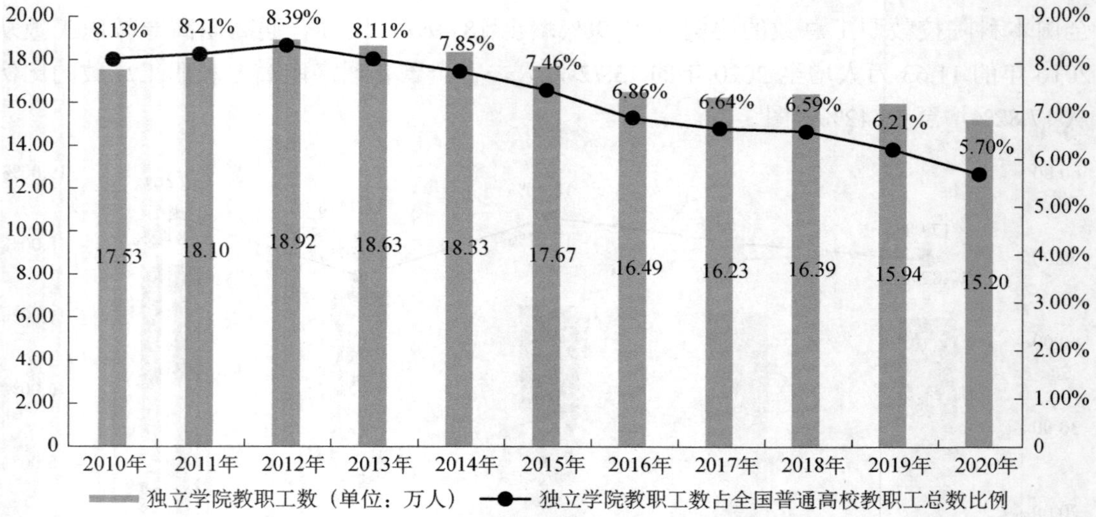

图 3-3　2010—2020 年独立学院教职工数及所占比例

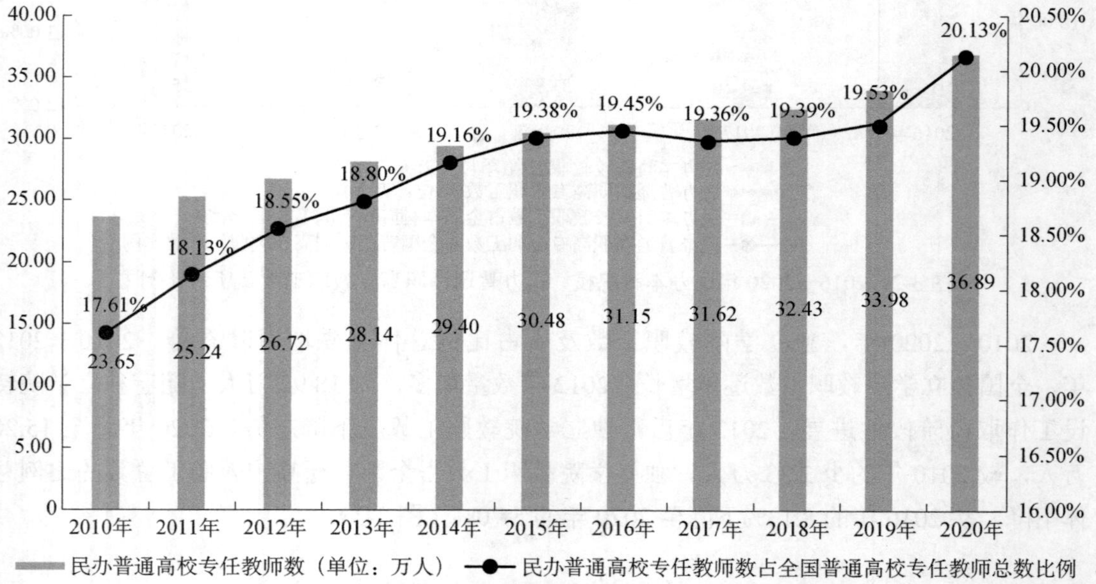

图 3-4　2010—2020 年民办普通高校专任教师数及所占比例

其中，民办本科院校专任教师数从 2016 年的 23.03 万人增至 2020 年的 26.77 万人，民办本科院校专任教师数占全国本科院校专任教师总数的比例从 20.30%增至 20.98%。民办普通高职高专专任教师数从 2016 年的 8.10 万人增至 2020 年的 10.10 万人，普通高职高专专任教师数占全国普通高职高专专任教师总数的比例从 17.36%增至 18.16%（图 3-5）。

2010—2020 年，独立学院专任教师数及所占比例先增后降。2010 年独立学院专任教师有 12.67 万人；2012 年数量最多，为 13.97 万人；之后总体呈逐渐下降态势，2020 年人数下降至 11.72 万人，与 2010 年相比约少 1 万人。专任教师数占全国普通高校专任教师总数的比例总体呈下降趋势，从 2010 年的 9.43%下降至 2020 年的 6.39%（图 3-6）。

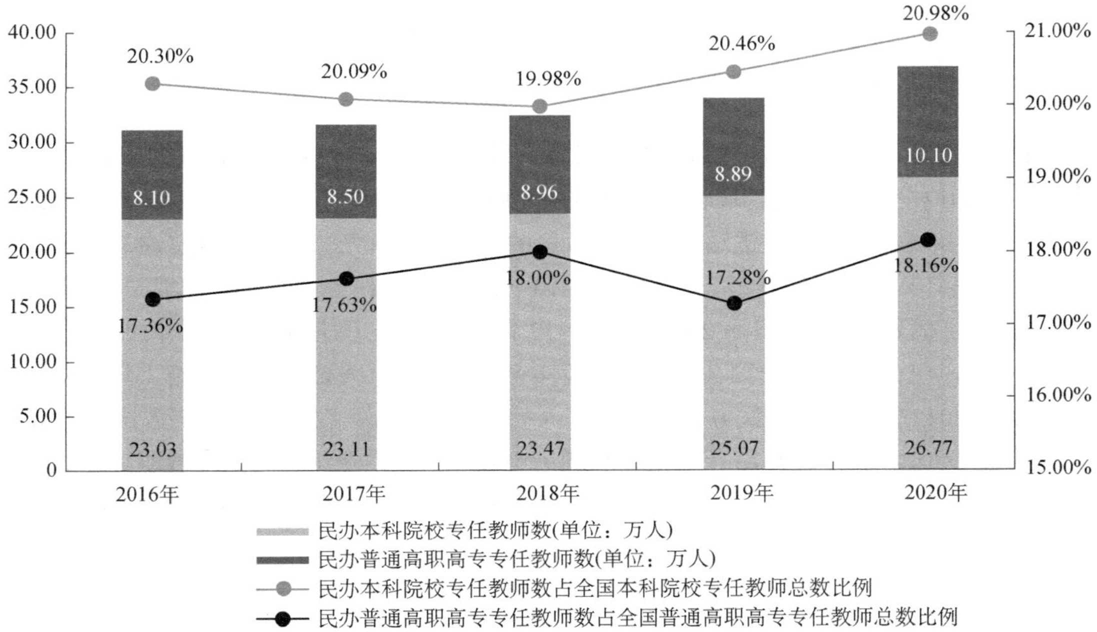

图 3-5　2016—2020 年民办本科院校、民办普通高职高专专任教师数及所占比例①

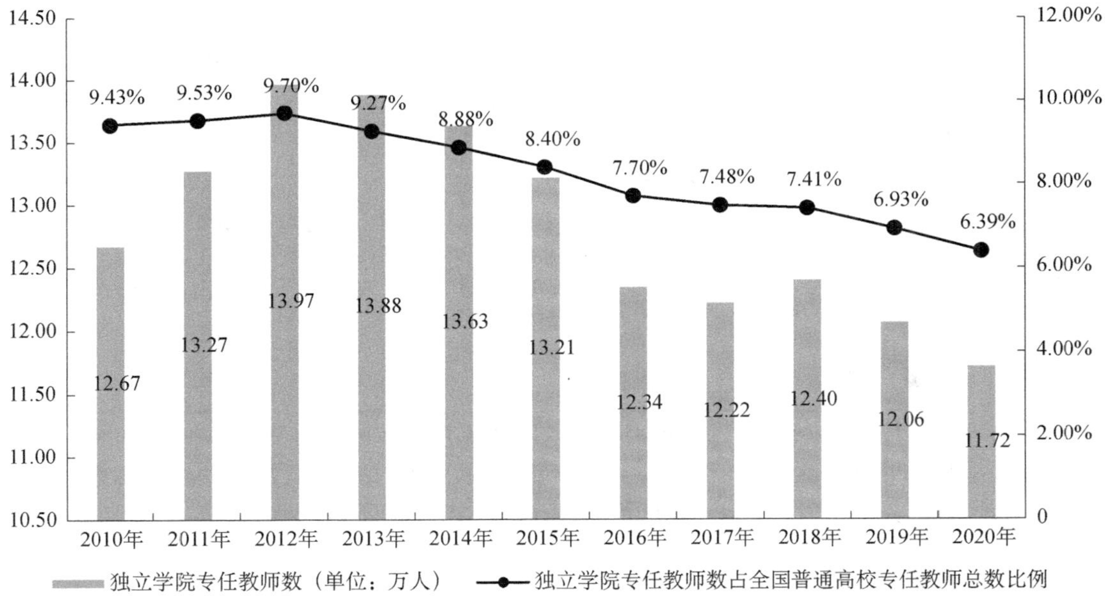

图 3-6　2010—2020 年独立学院专任教师数及所占比例

① 由于《中国教育统计年鉴》2010—2015 年关于民办本科院校、民办高职（专科）专任教师数的统计数据缺失，故从 2016 年开始统计与分析。

二、民办普通高中教职工、专任教师数及所占比例波动性增长

（一）民办普通高中教职工数及所占比例波动性变化

2010—2020 年，民办普通高中教职工数及所占比例呈阶段式变化，2010—2012 年先增后降，2012—2020 年逐年增长。随着《国家中长期教育改革和发展规划纲要（2010—2020 年）》和《民办教育促进法》等法规政策的颁布、实施及修订，民办普通高中社会地位显著提升，对教职工的吸引力增强。2010—2011 年，民办普通高中教职工数增长，2011 年增至 60.61 万人。但在 2012 年降至 32.18 万人，这可能与内蒙古在内的部分地区试行公办高中免费教育，全国公办中职学校实行学费减免、发放补助、实施“代转公”政策有关。①2012—2020 年，民办普通高中进入稳定发展阶段，教职工数逐年增长，2020 年增至 67.67 万人。2010—2012 年，民办普通高中教职工数占全国普通高中教职工总数的比例先增后降，2011 年最高，为 24.97%，但在 2012 年降至 13.07%，2012 年之后，所占比例稳步增长，2020 年增至 22.95%（图 3-7）。

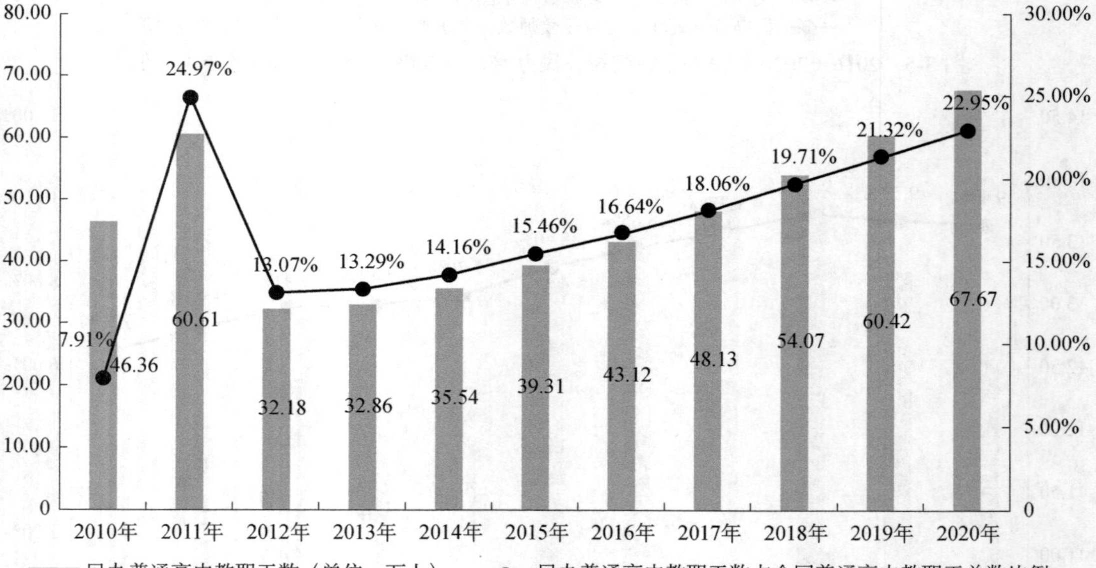

图 3-7　2010—2020 年民办普通高中教职工数及所占比例

（二）民办普通高中专任教师数及所占比例波动性变化

2010—2020 年，民办普通高中专任教师数及所占比例总体上呈阶段性变化，2010—

① 为解决农村义务教育学校代课教师问题，2006 年 3 月教育部新闻发布会宣布，可将符合条件的代课教师转为公办教师或清退代课教师。

2015 年先增后降，2016—2020 年逐年增长。2010—2011 年，民办普通高中专任教师数显著增长，2011 年增至 45.22 万人；2012—2015 年，教职工数显著下降，2015 年降至 15.33 万人；2016—2020 年，专任教师数逐年增长，2020 年增至 26.60 万人。

2010—2015 年，民办普通高中专任教师数占全国普通高中专任教师总数的比例先增后降，2011 年最高，为 29.05%，但在 2015 年下降至 9.04%；2015 年之后稳步增长，2020 年增至 13.76%（图 3-8）。

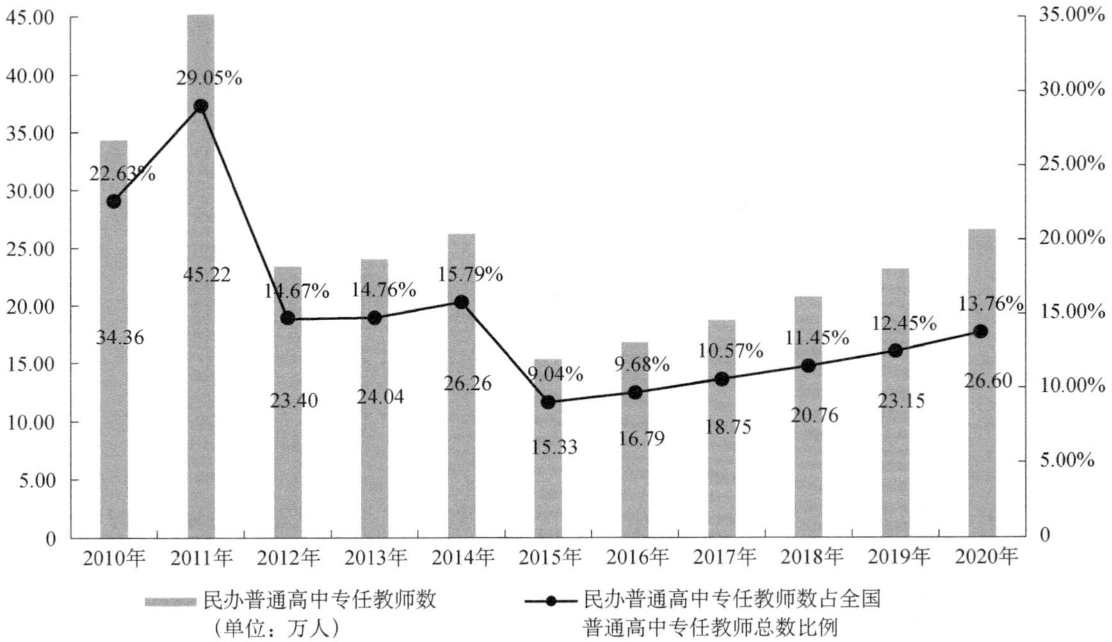

图 3-8　2010—2020 年民办普通高中专任教师数及所占比例

三、民办中等职业学校教职工、专任教师数及所占比例先降后增

（一）民办中等职业学校教职工数及所占比例先降后增

2010—2020 年，民办中等职业学校教职工数及所占比例先降后增。2010—2016 年，民办中等职业学校教职工数呈下降趋势，从 16.56 万人降至 10.28 万人。随着国家脱贫攻坚战略的实施和职业教育受重视程度的提升，2017—2020 年民办中等职业学校教职工数稳步增长，2020 年增至 12.61 万人。2010—2016 年，民办中等职业学校教职工数占全国中等职业学校教职工总数的比例逐年下降，2016 年降至 9.46%；2017—2020 年逐年增长，2020 年增至 11.64%（图 3-9）。

图 3-9　2010—2020 年民办中等职业学校教职工数及所占比例

（二）民办中等职业学校专任教师数及所占比例先降后增

2010—2020 年，民办中等职业学校专任教师数及所占比例先降后增。2010—2016 年，民办中等职业学校专任教师数呈下降趋势，从 10.34 万人降至 7.01 万人；2017 年开始稳步增长，2020 年增至 8.85 万人。2010—2016 年，民办中等职业学校专任教师数占全国中等职业学校专任教师总数的比例逐年下降，2016 年降至 8.35%；2017 年起开始逐年增长，2020 年增至 10.32%（图 3-10）。

四、民办普通初中教职工、专任教师数及所占比例逐年增长

（一）民办普通初中教职工数及所占比例呈增长态势

随着我国教师储备队伍的扩充和民办普通初中办学质量与社会地位的显著提升，民办普通初中教职工数及所占比例平稳增长。民办普通初中教职工数从 2012 年的 31.46 万人增至 2020 年的 68.30 万人，涨幅较大；民办普通初中教职工数占全国普通初中教职工总数的比例从 2012 年的 7.99%增至 2020 年的 15.17%（图 3-11）。①

① 由于《中国教育统计年鉴》2010—2011 年关于民办普通初中教职工数的统计数据缺失，故从 2012 年开始分析。

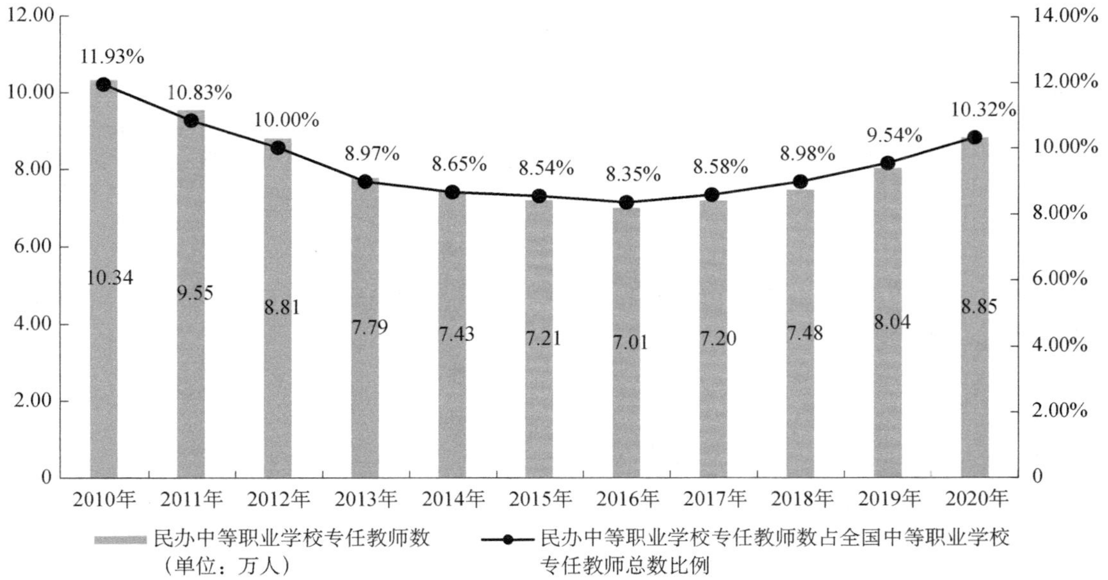

图 3-10　2010—2020 年民办中等职业学校专任教师数及所占比例

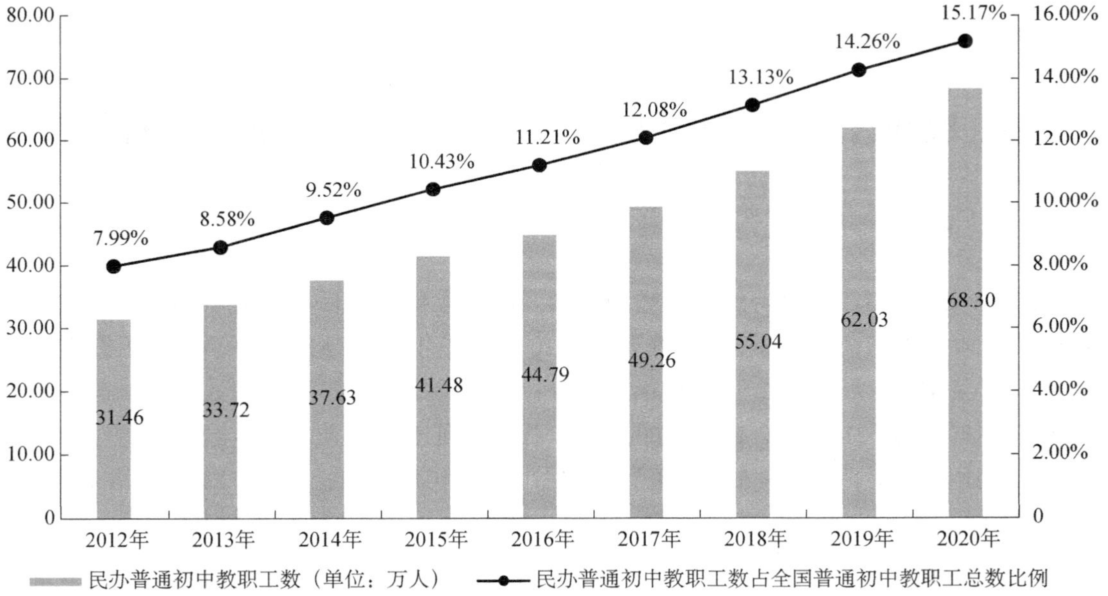

图 3-11　2012—2020 年民办普通初中教职工数及所占比例

（二）民办普通初中专任教师数及所占比例呈增长态势

2012—2020 年，民办普通初中专任教师数及所占比例平稳增长。民办普通初中专任教师数从 2012 年的 23.79 万人增至 2020 的 46.29 万人，相较于 2012 年涨幅较大；民办普通初中专任教师数占全国普通初中专任教师总数的比例从 2012 年的 6.79%增至 2020 年的

11.99%（图 3-12）。

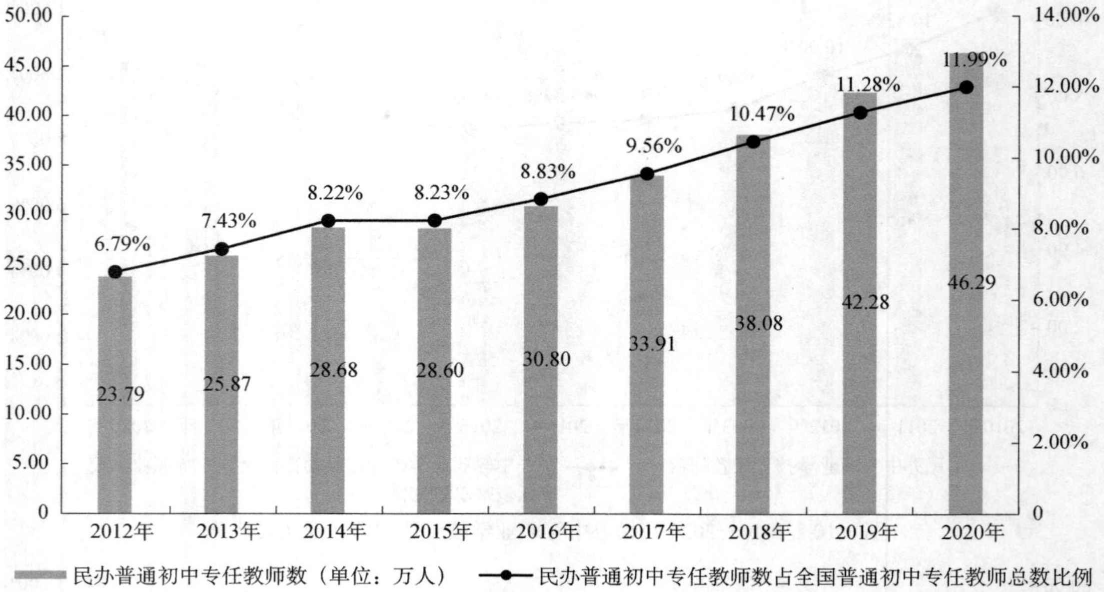

图 3-12　2012—2020 年民办普通初中专任教师数及所占比例[①]

五、民办普通小学教职工、专任教师数及所占比例先降后增

（一）民办普通小学教职工数及所占比例先降后增

2010—2020 年，民办普通小学教职工数及所占比例先降后增。随着国家“代转公”政策的持续推进和免费师范生[②]的补充，2010—2011 年，民办普通小学教职工数下降，2011 年降至 18.60 万；2012—2020 年，随着社会的稳定发展，教职工数呈增长态势，从 19.69 万人增至 31.21 万人。2010—2011 年，民办普通小学教职工数占全国普通小学教职工总数的比例大幅下降，从 5.14%降至 3.33%；2011 年后呈增长态势，2020 年增至 5.23%（图 3-13）。

（二）民办普通小学专任教师数及所占比例先降后增

2010—2020 年，民办普通小学专任教师数及所占比例先降后增。2010—2011 年，民办普通小学专任教师数有所下降，从 22.95 万人降至 13.48 万人；2012—2020 年，专任教师数呈增长态势，从 14.31 万人增至 53.97 万人。但 2012—2014 年，专任教师数增长速度

① 由于《中国教育统计年鉴》2010—2011 年关于民办普通初中教专任教师数的统计数据缺失，故从 2012 年开始分析。

② 第一批免费师范生的入学年份为 2007 年，毕业年份为 2011 年。

相对较慢；2015—2020 年，增长速度相对较快。2010—2020 年，民办普通小学专任教师数占全国普通小学专任教师总数的比例同步变化。2010—2011 年，民办普通小学专任教师数占全国普通小学专任教师总数的比例降低，从 4.09%降至 2.41%；2011 年后呈增长态势，2020 年增至 8.39%（图 3-14）。

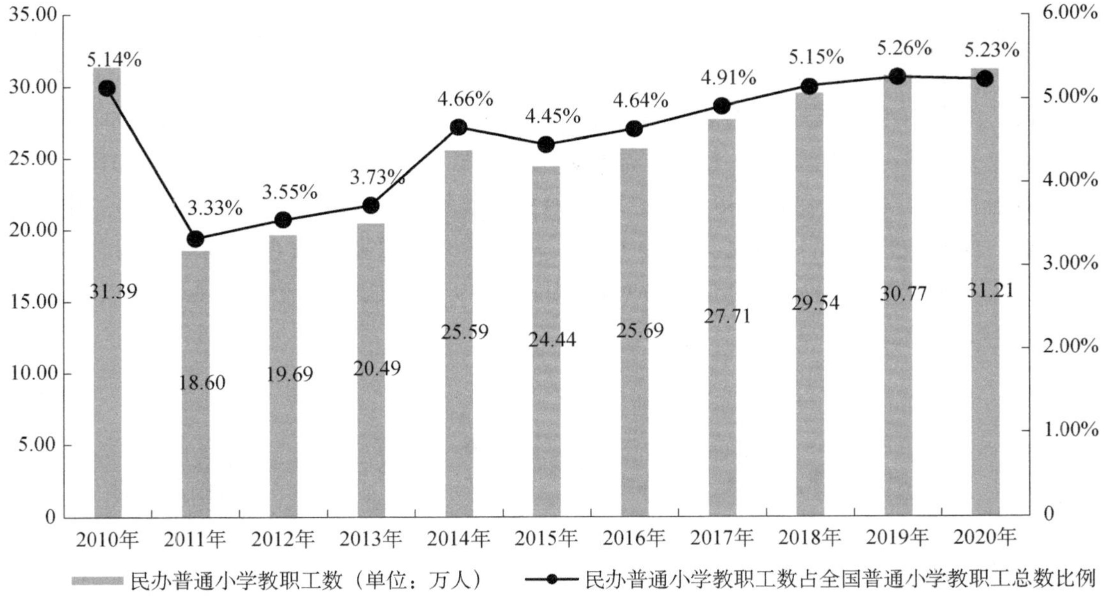

图 3-13　2010—2020 年民办普通小学教职工数及所占比例

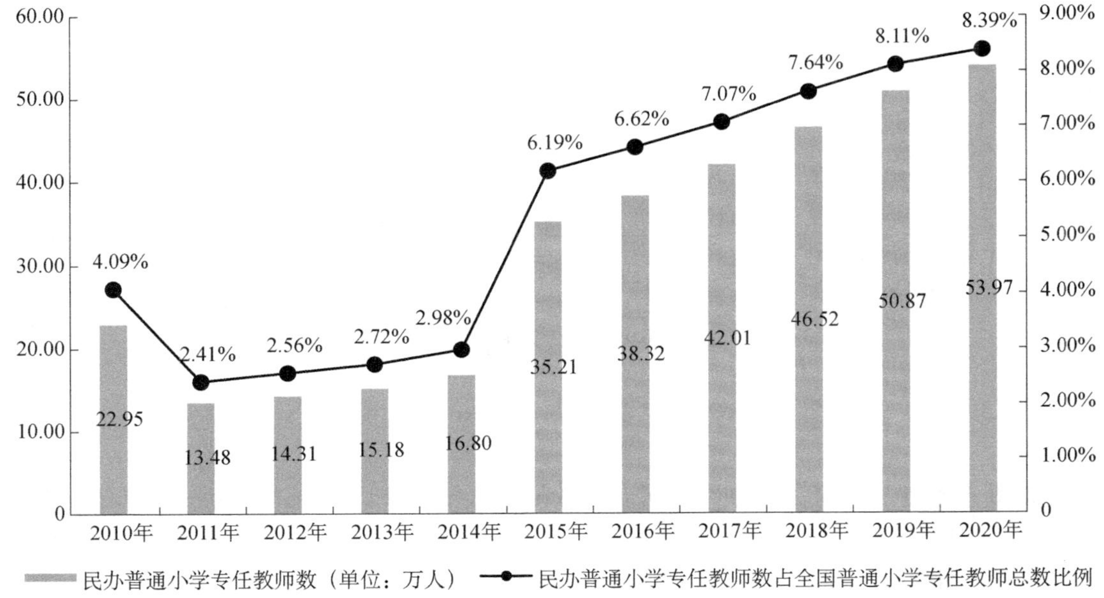

图 3-14　2010—2020 年民办普通小学专任教师数及所占比例

六、民办幼儿园教职工数、专任教师数及所占比例总体增长

（一）民办幼儿园教职工数及所占比例先增后降

2010—2020年，民办幼儿园教职工数呈增长态势。2011年，国家计划生育政策放开，推动新生儿人口快速增长，民办幼儿园生源规模进一步扩大，教职工数在这个阶段随之增长，但在2020年略有下降，为307.60万人；2010—2020年，民办幼儿园教职工数整体涨幅较大。民办幼儿园教职工数占全国幼儿园教职工总数的比例先增后降，2010—2018年平缓增长，从63.18%增至66.22%；受新冠肺炎疫情的影响，一些民办幼儿园办学资金链断裂，面临关停倒闭。因此，2019年起，民办幼儿园教职工数占全国幼儿园教职工总数的比例开始下降，2020年降至59.18%，相较2019年降低约6 个百分点，相较2010年降低约4个百分点（图3-15）。

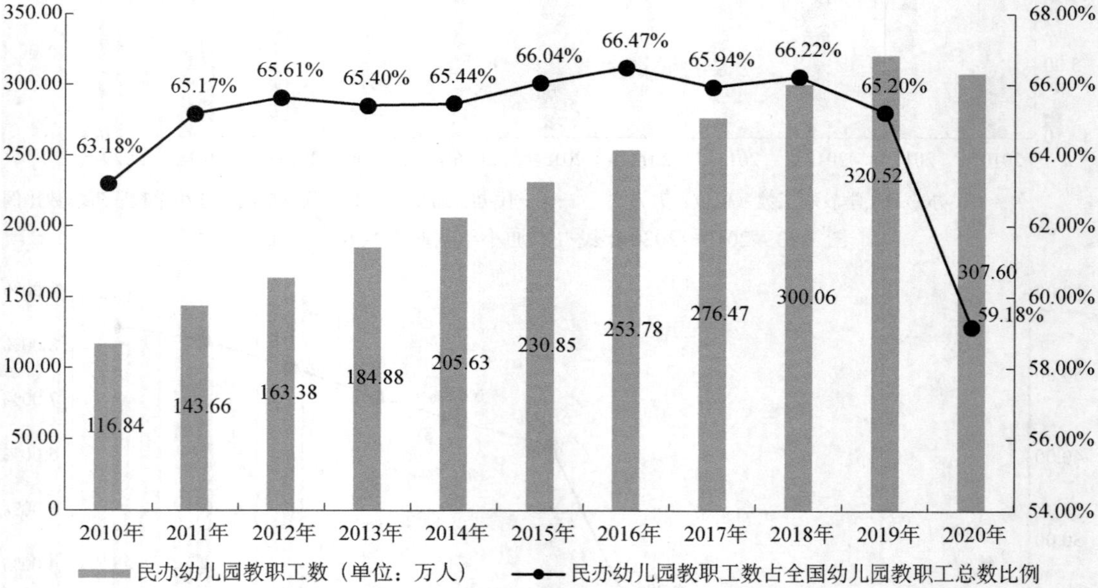

图3-15　2010—2020年民办幼儿园教职工数及所占比例

（二）民办幼儿园专任教师数及所占比例先增后降

2010—2020年，全国民办幼儿园专任教师数总体呈增长态势，2010—2019年，专任教师数逐年稳定增长，2019年达到最高，为169.30万人；2020年略有下降，为161.88万人；2010—2020年，民办幼儿园专任教师数整体涨幅较大。民办幼儿园专任教师数占全国幼儿园专任教师总数的比例先增后降，2010—2018年波动增长，从2010年的59.46%增至2018年的62.33%，2019年开始，下降趋势明显，2020年，所占比例为55.56%，相较

2019 年下降约 6 个百分点，相较 2010 年下降约 4 个百分点（图 3-16）。

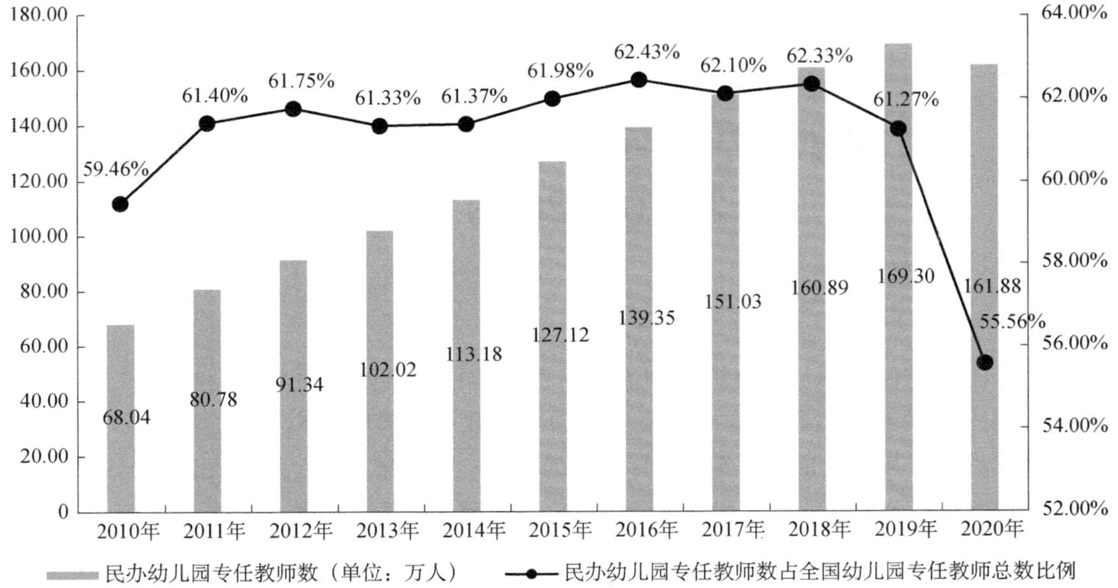

图 3-16　2010—2020 年民办幼儿园专任教师数及所占比例

第四章 民办学校教育经费变化情况（2010—2019年）

教育经费是保障教育发展的关键因素。民办学校教育经费可以分为收入和支出两部分。民办学校教育经费收入情况主要包括国家财政性教育经费[①]、举办者投入、捐赠投入、事业收入、其他教育经费5个统计指标的情况。民办学校教育经费支出情况主要包括个人经费支出、公用经费支出和基本建设支出3个统计指标的情况。

一、民办普通高等本科学校经费收支逐年增长

2010—2019年，民办普通高等本科学校教育经费总收入和总支出逐年增长。其中，民办普通高等本科学校教育经费总收入从2010年的418.39亿元增至2019年的1114.18亿元；民办普通高等本科学校教育经费总支出从2010年的381.73亿元增至2019年的987.93亿元。民办普通高等本科学校教育经费总收入占全国普通高等本科学校教育经费总收入的比例从2010年的9.41%增至2019年的10.23%，呈先下降再增长的波动变化趋势（图4-1）。

2010—2019年，民办普通高等本科学校教育经费收入主要依靠事业收入、举办者投入以及国家财政性教育经费三种途径，其中以学费为主的事业收入为主要来源。具体而言：①国家财政性教育经费呈增长趋势，从2010年的16.40亿元增至2019年的113.16亿元。②举办者投入逐年波动，从2010年的12.40亿元增至2019年的13.95亿元，在2011年达到19.2亿元的最高值。③事业收入逐年增长，从2010年的383.25亿元增至2019年的942.81亿元。其中学费收入逐年增长，从2010年的367.29亿元增至2019年的844.63亿元。④捐赠收入逐年增长，从2010年的0.91亿元增至2019年的5.24亿元。⑤其他教育经费收入逐年增长，从2010年的5.42亿元增至2019年的39.03亿元。

---

① 注：2011—2014年《中国教育经费统计年鉴》中未直接出现国家财政性教育经费统计指标数据，根据《全国教育经费指标说明》，国家财政性教育经费包括公共财政预算教育经费、各级政府征收用于教育的经费、企业办学中的企业拨款、校办产业和社会服务收入用于教育的经费以及其他属于国家财政性教育经费的。因此本报告中2010—2013年国家财政性教育经费统计指标数据由上述指标数据相加得到。

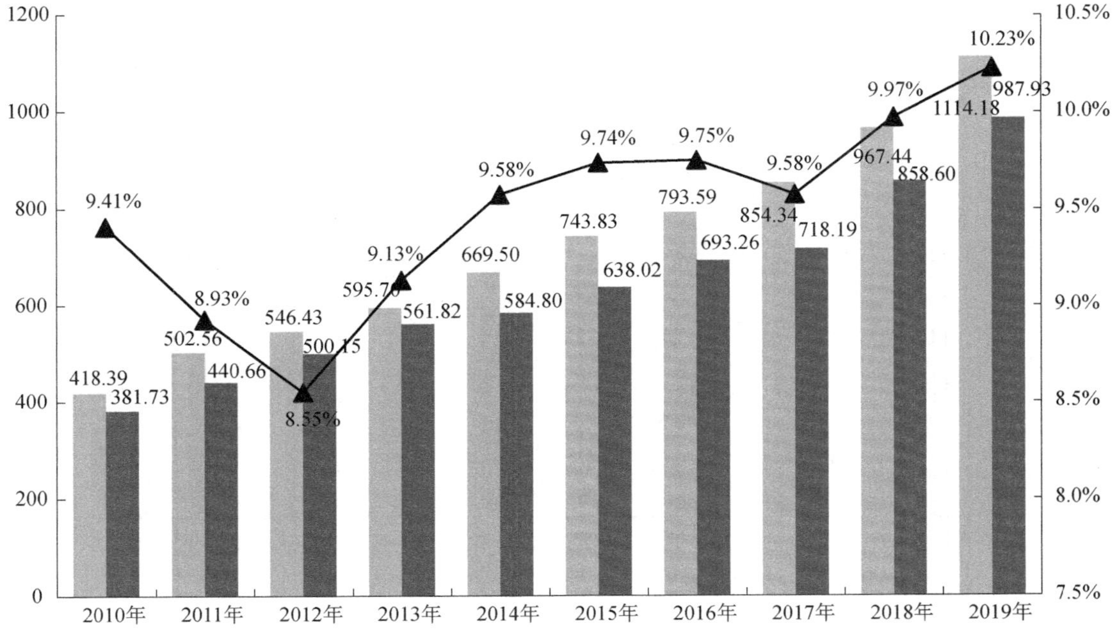

图 4-1　2010—2019 年民办普通高等本科学校教育经费收支情况及所占比例①

2010—2019 年，民办普通高等本科学校教育经费支出主要为个人经费支出和公用经费支出。具体而言：①个人经费支出逐年增长，从 2010 年的 109.99 亿元增至 2019 年的 390.70 亿元。②公用经费支出逐年增长，从 2010 年的 252.68 亿元增至 2019 年的 589.80 亿元。③基本建设支出波动下降，从 2010 年的 19.07 亿元下降至 2019 年的 7.44 亿元。

二、民办高普通职高专学校经费收支波动性增长

2010—2019 年，民办普通高职高专学校教育经费总收入和总支出波动性增长。其中民办普通高职高专学校教育经费总收入从 2010 年的 151.75 亿元增至 2019 年的 251.63 亿元；民办普通高职高专学校教育经费总支出从 2010 年的 165.84 亿元增至 2019 年的 273.01 亿元。民办普通高职高专学校教育经费总收入占全国普通高职高专学校教育经费总收入的比例从 2010 年的 14.43%下降至 2019 年的 10.47%，呈现波动下降的变化趋势（图 4-2）。

2010—2019 年，民办普通高职高专学校教育经费收入主要依靠事业收入、举办者投入以及国家财政性教育经费三种途径，其中以学费为主的事业收入为主要来源。具体而言：①国家财政性教育经费逐年波动，从 2010 年的 12.42 亿元增至 2016 年的 36.44 亿

① 图 4-1 至图 4-11 均根据历年《中国教育经费统计年鉴》数据整理而成，不再逐一标注。

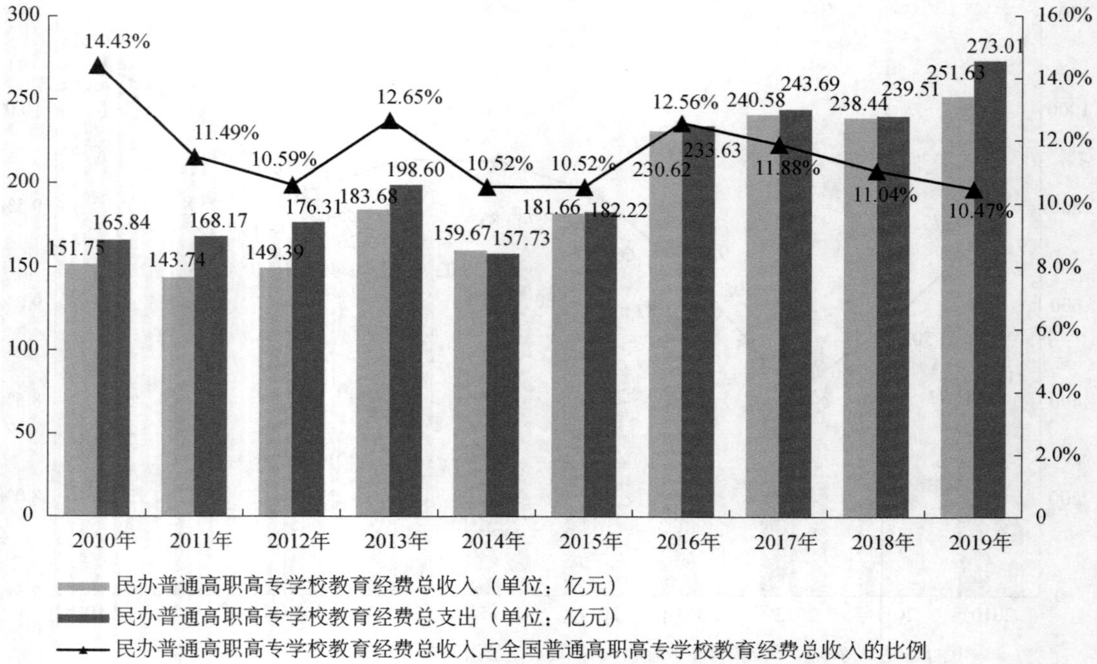

图 4-2　2010—2019 年民办普通高职高专学校教育经费收支情况及所占比例

元，其后又下降至 2019 年的 31.96 亿元。②举办者投入逐年波动，从 2010 年的 14.57 亿元增至 2013 年的 19.83 亿元，其后又下降至 2019 年的 12.68 亿元。③事业收入逐年增长，从 2010 年的 121.51 亿元增至 2019 年的 194.49 亿元。其中学费收入逐年增长，从 2010 年的 114.26 亿元增至 2019 年的 169.13 亿元。④捐赠收入变动不大，从 2010 年的 0.32 亿元增至 2019 年的 0.87 亿元。⑤其他教育经费收入逐年增长，从 2010 年的 2.93 亿元增至 2019 年的 11.63 亿元。

2010—2019 年，民办普通高职高专学校教育经费支出主要为个人经费支出和公用经费支出。具体而言：①个人经费支出逐年增长，从 2010 年的 44.93 亿元增至 2019 年的 99.28 亿元。②公用经费支出整体保持增长趋势，从 2010 年的 109.75 亿元增至 2019 年的 173.50 亿元。③基本建设支出波动下降，从 2010 年的 11.16 亿元逐年下降至 0.23 亿元。

三、民办中等职业学校经费收支稳后增长

2010—2019 年，民办中等职业学校教育经费收支稳后增长。其中民办中等职业学校教育经费总收入从 2010 年的 100.77 亿元增至 2019 年的 180.64 亿元；民办中等职业学校教育经费总支出从 2010 年的 102.76 亿元增至 2019 年的 176.92 亿元。民办中等职业学校教育经费总收入占全国中等职业学校教育经费总收入的比例从 2010 年的 7.42%下降至 2013 年的 4.73%，后又增至 2019 年的 6.92%，呈现先降后增的变化趋势（图 4-3）。

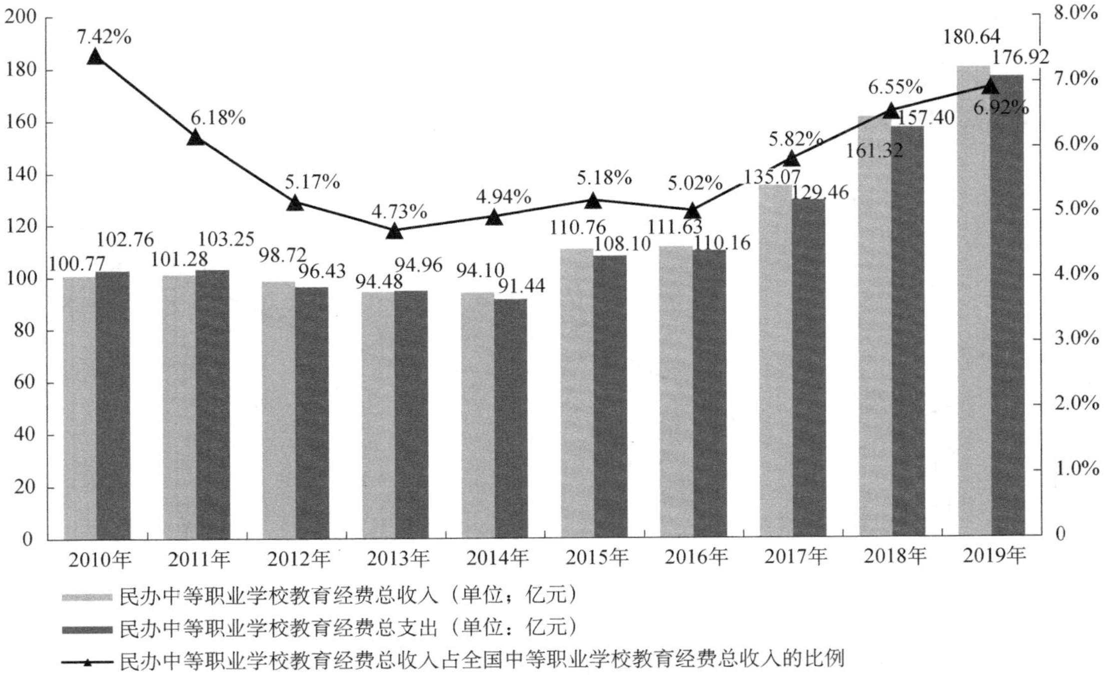

图 4-3 2010—2019 年民办中等职业学校教育经费收支情况及所占比例

2010—2019 年，民办中等职业学校教育经费收入主要依靠事业收入、举办者投入以及国家财政性教育经费三种途径，其中以学费为主的事业收入为主要来源。具体而言：①国家财政性教育经费呈增长趋势，从 2010 年的 25.52 亿元增至 2019 年的 61.22 亿元。②举办者投入先降后增，从 2010 年的 12.90 亿元降至 2014 年的 5.42 亿元，其后又逐年增至 2019 年的 10.44 亿元。③事业收入逐年增长，从 2010 年的 59.35 亿元增至 2019 年的 103.11 亿元。其中学费收入逐年增长，从 2010 年的 51.30 亿元增至 2019 年的 82.89 亿元。④捐赠收入先增后降，从 2010 年的 0.22 亿元增至 2016 年的 0.67 亿元，后又逐渐下降至 2019 年的 0.25 亿元。⑤其他教育经费收入变动不大，从 2010 年的 2.77 亿元增至 2019 年的 5.63 亿元。

2010—2019 年，民办中等职业学校教育经费支出主要为个人经费支出和公用经费支出。具体而言：①个人经费支出逐年增长，从 2010 年的 51.25 亿元增至 2019 年的 89.30 亿元。②公用经费支出逐年增长，从 2010 年的 49.11 亿元增至 2019 年的 87.59 亿元。③基本建设支出波动下降，从 2010 年的 2.39 亿元下降至 2019 年的 0.03 亿元。

四、民办普通高中经费收支逐年增长

2010—2019 年，民办普通高中教育经费收支水平逐年增长。其中，民办普通高中教育经费总收入从 2010 年的 159.34 亿元增至 2019 年的 532.66 亿元；民办普通高中教育经费总支出从2010年的122.68亿元增至2019年的518.26亿元。民办普通高中教育经费总收入占全国普通高中教育经费总收入的比例从2010年的7.95%下降至2012年的6.20%，后又增至2019年的10.42%，呈现先降后增的变化趋势（图4-4）。

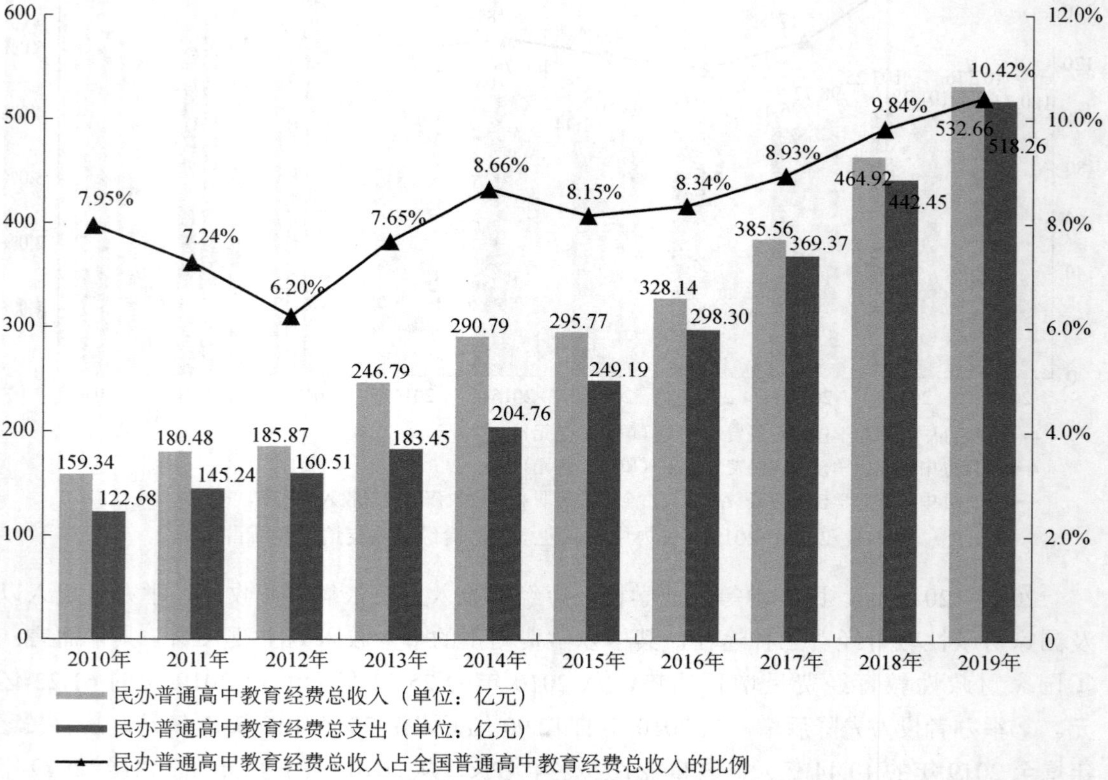

图4-4　2010—2019年民办普通高中教育经费收支情况及所占比例

2010—2019年，民办普通高中教育经费收入主要依靠事业收入、举办者投入以及国家财政性教育经费三种途径，其中以学费为主的事业收入为主要来源。具体而言：①国家财政性教育经费逐年增长，从2010年的7.93亿元增至2019年的53.17亿元。②举办者投入逐年增长，从2010年的9.87亿元增至2019年的33.43亿元。③事业收入逐年增长，从2010年的134.06亿元增至2019年的434.76亿元。其中学费收入逐年增长，从2010年的118.04亿元增至2019年的386.87亿元。④捐赠收入波动下降，从2010年的3.67亿元下降至2019年的2.15亿元。⑤其他教育经费收入先增后降，从2010年的3.80亿元增至2018年的14.42亿元，其后又下降至2019年的9.15亿元。

2010—2019年，民办普通高中教育经费支出主要为个人经费支出和公用经费支出。具体而言：①个人经费支出逐年增长，从2010年的62.40亿元增至2019年的300.82亿元。②公用经费支出逐年增长，从2010年的59.25亿元增至2019年的216.77亿元。③基本建设支出波动下降，从2010年的1.03亿元下降至2019年的0.67亿元。

五、民办普通初中经费收支逐年增长

2010—2019 年，民办普通初中教育经费收支逐年增长。其中，民办普通初中教育经费总收入从 2010 年的 178.29 亿元增至 2019 年的 851.12 亿元；民办普通初中教育经费总支出从 2010 年的 195.20 亿元增至 2019 年的 856.87 亿元。民办普通初中教育经费总收入占全国普通初中教育经费总收入的比例从 2010 年的 5.22%增至 2019 年的 9.66%，呈稳后增长的变化趋势（图 4-5）。

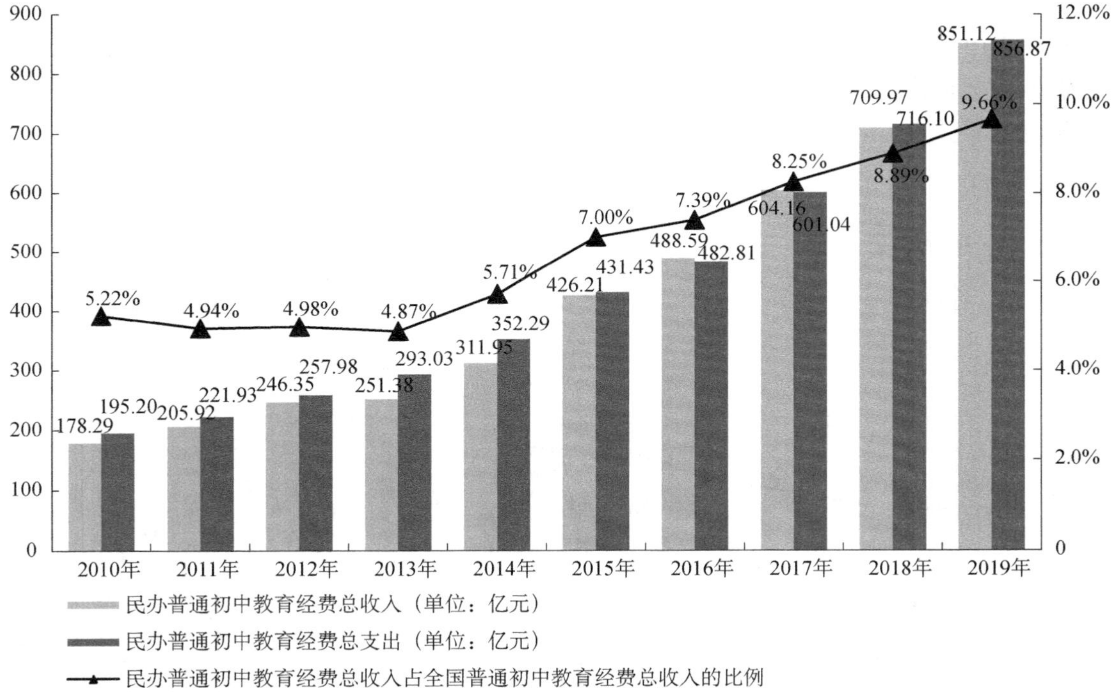

图 4-5　2010—2019 年民办普通初中教育经费收支情况及所占比例

2010—2019 年，民办普通初中教育经费收入主要依靠事业收入、举办者投入以及国家财政性教育经费三种途径，其中以学费为主的事业收入为主要来源。具体而言：①国家财政性教育经费逐年增长，从 2010 年的 20.08 亿元增至 2019 年的 132.30 亿元。②举办者投入逐年增长，从 2010 年的 14.61 亿元增至 2019 年的 46.30 亿元。③事业收入逐年增长，从 2010 年的 134.66 亿元增至 2019 年的 653.46 亿元。其中学费收入逐年增长，从 2010 年的 98.59 亿元增至 2019 年的 585.18 亿元。④捐赠收入先降后增，从 2010 年的 4.17 亿元下降至 2016 年的 2.09 亿元，其后又逐年增至 2019 年的 4.60 亿元。⑤其他教育经费收入先增后降，从 2010 年的 4.96 亿元增至 2017 年的 16.10 亿元，其后又逐年下降至 2019 年的 14.45 亿元。

2010—2019 年，民办普通初中教育经费支出主要为个人经费支出和公用经费支出。具体而言：①个人经费支出逐年增长，从 2010 年的 99.78 亿元增至 2019 年的 503.08 亿元。②公用经费支出逐年增长，从 2010 年的 93.42 亿元增至 2019 年的 352.83 亿元。③基本建设支出波动下降，从 2010 年的 2.00 亿元下降至 2019 年的 0.97 亿元。

六、民办普通小学经费收支逐年增长

2010—2019 年，民办普通小学教育经费的收支水平逐年增长。其中，民办普通小学教育经费总收入从 2010 年的 150.67 亿元增至 2019 年的 944.09 亿元；民办普通小学教育经费总支出从 2010 年的 156.45 亿元增至 2019 年的 950.27 亿元。民办普通小学教育经费总收入占全国普通小学教育经费总收入的比例从 2010 年的 3.08%增至 2019 年的 6.84%，呈现逐年增长的变化趋势（图 4-6）。

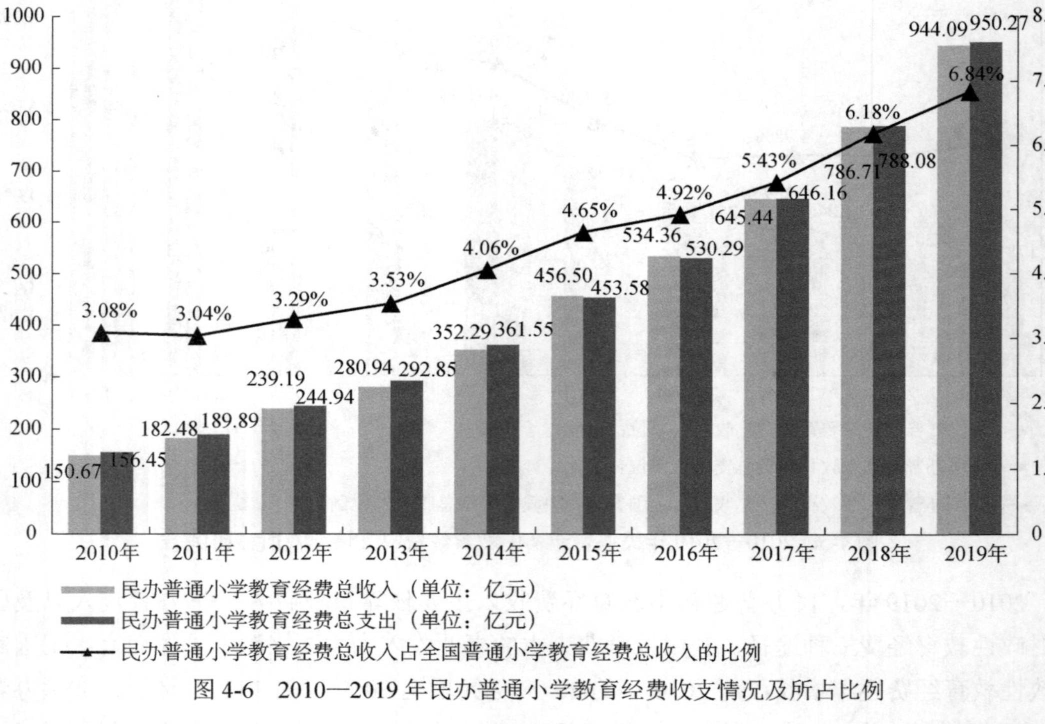

图 4-6　2010—2019 年民办普通小学教育经费收支情况及所占比例

2010—2019 年，民办普通小学教育经费收入主要依靠事业收入、举办者投入以及国家财政性教育经费三种途径，其中，学费收入为主要来源。具体而言：①国家财政性教育经费逐年增长，从 2010 年的 16.86 亿元增至 2019 年的 160.07 亿元。②举办者投入逐年增长，从 2010 年的 12.95 亿元增至 2019 年的 39.79 亿元。③事业收入逐年增长，从 2010 年的 115.23 亿元增至 2019 年的 724.33 亿元。其中学费收入逐年增长，从 2010 年的 89.04 亿元增至 2019 年的 662.93 亿元。④捐赠收入逐年增长，从 2010 年的 1.38 亿元增至 2019

年的 4.54 亿元。⑤其他教育经费收入先增后降，从 2010 年的 4.25 亿元增至 2017 年的 18.01 亿元，其后逐年下降至 2019 年的 15.36 亿元。

2010—2019 年，民办普通小学教育经费支出主要为个人经费支出和公用经费支出。具体而言：①个人经费支出逐年增长，从 2010 年的 81.13 亿元增至 2019 年的 551.72 亿元。②公用经费支出逐年增长，从 2010 年的 73.22 亿元增至 397.59 亿元。③基本建设支出波动下降，从 2010 年的 2.10 亿元降至 2019 年的 0.96 亿元。

七、民办幼儿园经费收支逐年增长

2010—2019 年，民办幼儿园教育经费的收支逐年增长。其中，民办幼儿园教育经费总收入从 2010 年的 323.77 亿元增至 2019 年的 1736.71 亿元；民办幼儿园教育经费总支出从 2010 年的 318.32 亿元增至 2019 年的 1735.60 亿元。民办幼儿园教育经费总收入占全国幼儿园教育经费总收入的比例从 2010 年的 44.47%逐年下降至 2012 年的 37.80%，其后逐步增至 2019 年的 42.31%，呈现先下降后稳中增长的趋势（图 4-7）。

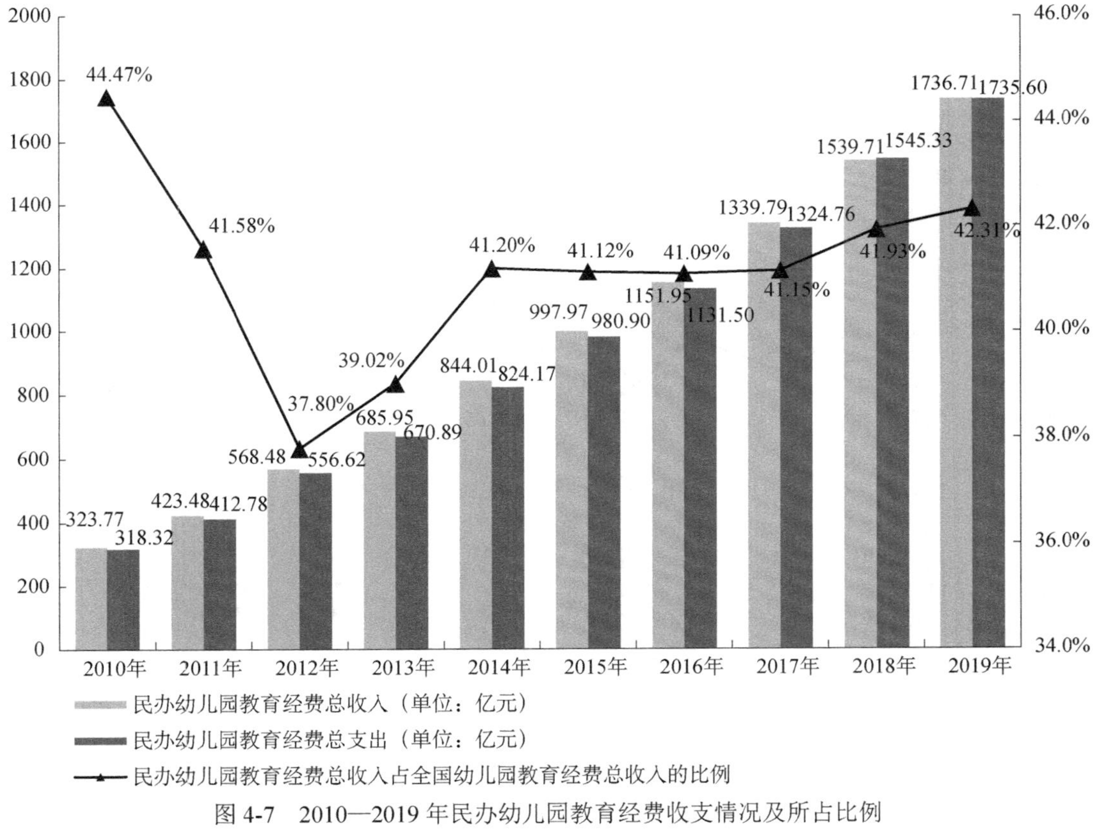

图 4-7　2010—2019 年民办幼儿园教育经费收支情况及所占比例

2010—2019 年，民办幼儿园教育经费收入主要依靠事业收入、举办者投入以及国家财政性教育经费三种途径，其中以学费为主的事业收入为主要来源。具体而言：①国家财政性教育经费逐年增长，从2010年的4.22亿元增至2019年的153.46亿元。②举办者投入逐年增长，从2010年的28.11亿元增至2019年的63.46亿元。③事业收入逐年增长，从2010年的284.29亿元增至2019年的1505.08亿元。其中学费收入逐年增长，从2010年的248.41亿元增至2019年的1475.29亿元。④捐赠收入变动不大，从2010年的0.69亿元降至2019年的0.59亿元。⑤其他教育经费收入先增后降，从2010年的6.46亿元增至2018年的16.27亿元，其后下降至2019年的14.12亿元。

2010—2019年，民办幼儿园教育经费支出主要为个人经费支出和公用经费支出。具体而言：①个人经费支出逐年增长，从2010年的185.70亿元增至2019年的1103.13亿元。②公用经费支出逐年增长，从2010年的130.86亿元增至2019年的632.45亿元。③基本建设支出逐年下降，从2010年的1.76亿元下降至2019年的0.01亿元。

八、民办学校举办者投入总额及比例逐年波动

举办者投入是民办学校教育经费的重要来源之一，自筹办学资金为民办教育发展节省了大量的公共财政经费。2010—2019年，全国民办学校举办者投入总额从2010年的105.43亿元增至2019年的220.13亿元，总体上呈现波动性增长趋势。同时，民办学校举办者投入占全国教育经费总收入的比例较低，2010—2019年在 0.41%—0.55%区间内波动变化（图4-8）。

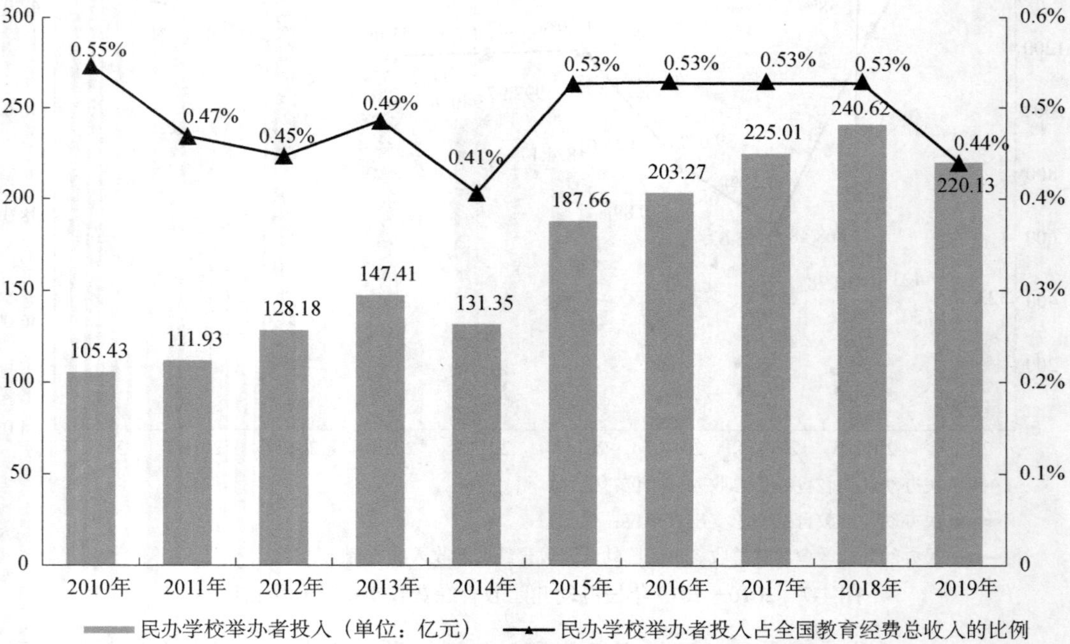

图4-8　2010—2019年全国民办学校举办者投入总额及所占比例

由于各地区经济社会发展和民办教育政策环境存在差异，民办学校举办者投入总量也各不相同。具体来看，2019 年，全国各地民办学校举办者投入总量由高到低，前十位依次为河南（30.52 亿元）、浙江（30.08 亿元）、广东（24.36 亿元）、湖南（24.08 亿元）、山东（14.03 亿元）、河北（11.07 亿元）、四川（9.48 亿元）、江苏（8.59 亿元）、广西（7.73 亿元）、安徽（7.19 亿元）。同时 2019 年民办学校举办者投入占各地区教育经费收入的比例由高到低，前十位依次是湖南（1.29%）、河南（1.14%）、浙江（1.05%）、海南（0.85%）、天津（0.57%）、河北（0.55%）、广西（0.54%）、广东（0.48%）、山东（0.47%）、云南（0.46%）（图 4-9）。

九、民办学校捐赠收入总额及比例逐年波动

捐赠收入是民办学校教育经费收入的重要来源之一。2010—2019 年，全国民办学校捐赠收入总额从 11.39 亿元增至 18.28 亿元，总体上呈波动后增长趋势（图 4-10）。同时，民办学校捐赠收入占全国教育经费总收入的比例较小。[①]究其原因，一是我国捐赠传统较弱，税收减免等支持性政策和奖励性措施不完善，外部激励不足；二是我国许多民办学校由于办学时间短、社会认同度低，尚未形成有知名度的特色学校品牌，捐赠吸引力不足；三是民办学校捐赠资金使用监管的规章制度不完善，社会公众对民办学校的捐赠有限。

由于各地区民办教育发展传统、办学质量和社会影响存在较大差异，民办学校捐赠收入总额也各不相同。具体来看，2019 年，民办学校捐赠收入总额由高到低，前十位依次为浙江（5.77 亿元）、江苏（2.96 亿元）、重庆（2.03 亿元）、广东（1.94 亿元）、上海（0.88 亿元）、广西（0.53 亿元）、福建（0.49 亿元）、北京（0.44 亿元）、吉林（0.37 亿元）、宁夏（0.34 亿元）。同时，2019 年民办学校捐赠收入占各地区教育经费收入的比例前十位依次是浙江（0.202%）、重庆（0.165%）、宁夏（0.129%）、江苏（0.087%）、上海（0.049%）、吉林（0.049%）、广东（0.038%）、广西（0.037%）、福建（0.035%）、湖南及天津（0.017%）（图 4-11）。

① 注：由于捐赠收入所占比例较小，为凸显各年份差异，占比数据保留三位小数。

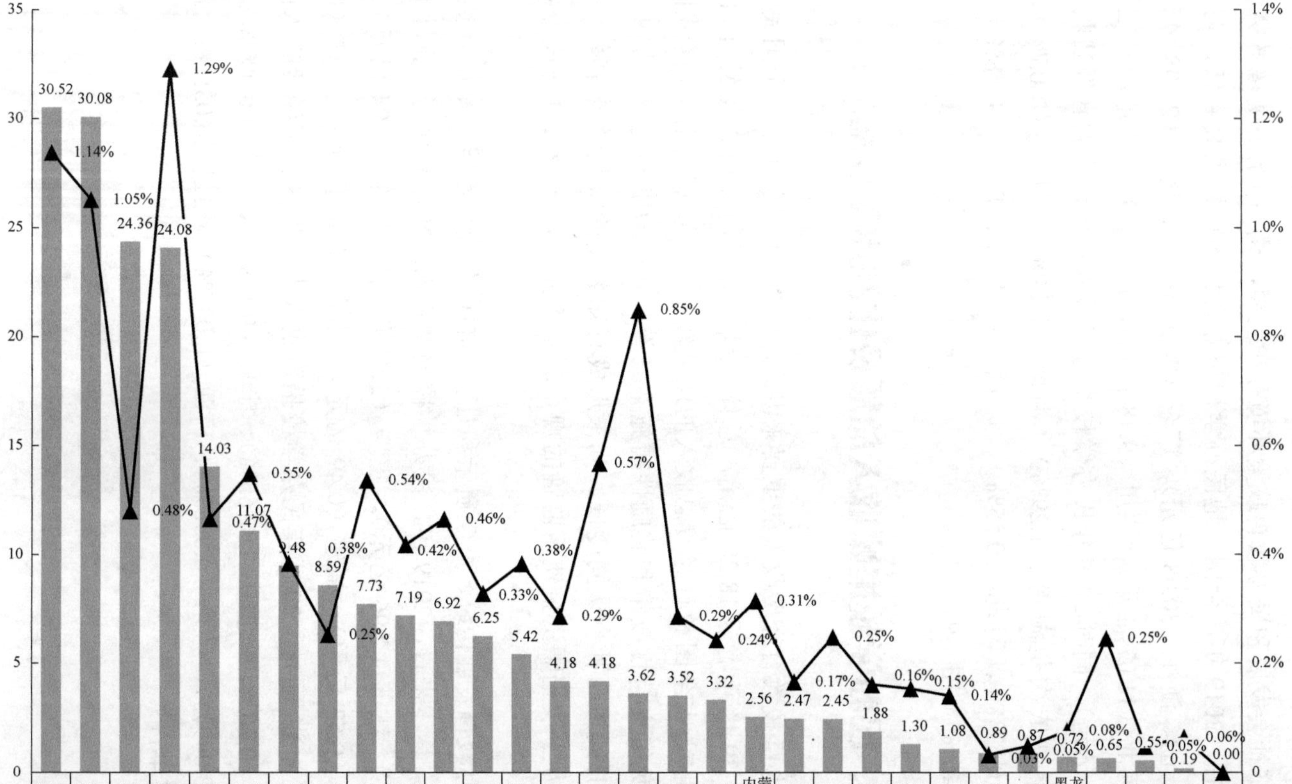

	河南	浙江	广东	湖南	山东	河北	四川	江苏	广西	安徽	云南	湖北	福建	江西	天津
民办学校举办者投入（单位：亿元）	30.52	30.08	24.36	24.08	14.03	11.07	9.48	8.59	7.73	7.19	6.92	6.25	5.42	4.18	4.18
占各地区教育经费收入的比例	1.14%	1.05%	0.48%	1.29%	0.47%	0.55%	0.38%	0.25%	0.54%	0.42%	0.46%	0.33%	0.38%	0.29%	0.57%

	海南	重庆	贵州	内蒙古	陕西	山西	辽宁	甘肃	吉林	北京	上海	黑龙江	宁夏	新疆	青海	西藏
民办学校举办者投入（单位：亿元）	3.62	3.52	3.32	2.56	2.47	2.45	1.88	1.30	1.08	0.89	0.87	0.72	0.65	0.55	0.19	0.00
占各地区教育经费收入的比例	0.85%	0.29%	0.24%	0.31%	0.17%	0.25%	0.16%	0.15%	0.14%	0.03%	0.05%	0.08%	0.25%	0.05%	0.06%	0.00%

图 4-9　2019 年各地区民办学校举办者投入及所占比例

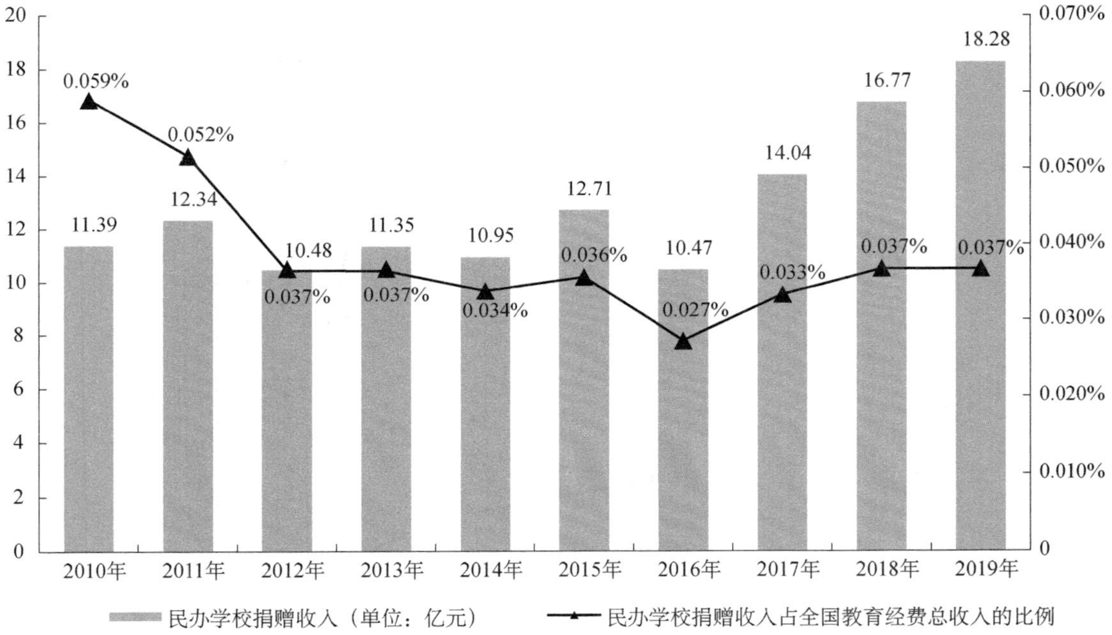

图 4-10　2010—2019 年全国民办学校捐赠收入总额及所占比例

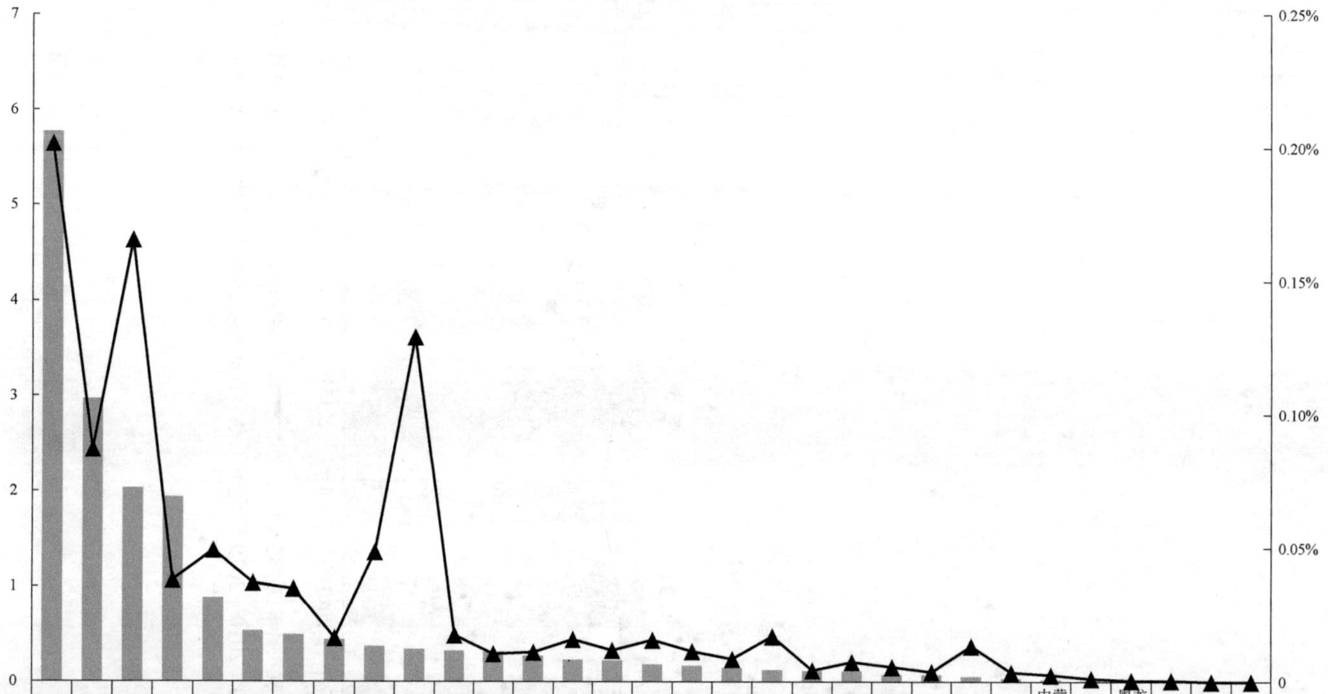

	浙江	江苏	重庆	广东	上海	广西	福建	北京	吉林	宁夏	湖南	山东	四川	江西	湖北
2019年民办学校捐赠收入（单位：亿元）	5.77	2.96	2.03	1.94	0.88	0.53	0.49	0.44	0.37	0.34	0.32	0.32	0.27	0.23	0.22
占各地区教育经费收入的比例	0.202%	0.087%	0.165%	0.038%	0.049%	0.037%	0.035%	0.016%	0.049%	0.129%	0.017%	0.010%	0.011%	0.016%	0.012%

	辽宁	陕西	安徽	天津	河南	云南	贵州	河北	海南	山西	内蒙古	甘肃	黑龙江	青海	新疆	西藏
2019年民办学校捐赠收入（单位：亿元）	0.18	0.17	0.15	0.13	0.12	0.11	0.08	0.08	0.06	0.04	0.02	0.01	0.01	0.00	0.00	0.00
占各地区教育经费收入的比例	0.016%	0.011%	0.009%	0.017%	0.004%	0.007%	0.006%	0.004%	0.013%	0.004%	0.003%	0.001%	0.001%	0.001%	0.000%	0.000%

图 4-11　2019 年各地区民办学校捐赠收入及所占比例

中　篇

民办教育法规政策内涵与地方实践

（2010—2020 年）

第五章　推进民办学校分类登记

作为分类管理改革的首要环节，分类登记影响民办学校分类扶持与管理的后续进展。目前，民办学校分类登记相关的法规政策具体涉及分类登记要求与程序、现有民办学校转为非营利性民办学校的补偿奖励办法、现有民办学校转为营利性民办学校的税费补缴办法三个方面。

一、民办学校分类登记要求和程序

（一）基本内涵

国家立法机关和行政管理部门陆续发布系列法规政策，对民办学校分类登记类型和程序做出明确规定，形成了相对完善的制度性框架（表 5-1）。

表 5-1　关于民办学校分类登记类型和程序的法规政策

相关法规政策	具体条款
《民办教育促进法》（2016 年）	第十九条
《民办教育促进法实施条例》（2021 年）	第十五条、第十七条、第十八条、第二十条、第二十一条、第二十二条、第二十三条、第二十四条
“民办教育 30 条”（2016 年）	第（五）条
《民办学校分类登记实施细则》（2016 年）	第三条、第四条、第五条、第六条、第七条、第八条、第九条、第十条、第十一条、第十四条、第十五条、第十六条
《营利性民办学校监督管理实施细则》（2016 年）	第五条、第六条、第十一条、第十二条、第十三条、第十四条
《上海市民办学校分类许可登记管理办法》（2017 年）	第五条、第七条、第九条、第十条、第十一条、第十二条、第十三条

根据相关法规政策内容，民办学校在相应部门自主选择登记为非营利性或营利性民办学校。非营利性民办学校中，符合《事业单位登记管理暂行条例》等相关规定的，需到机构编制部门登记为事业单位；符合《民办非企业单位登记管理暂行条例》等相关规定的，需到民政部门登记为民办非企业单位。营利性民办学校应登记为企业法人，由工商管理部

门（市场监管部）负责受理相应登记工作。此外，新设立民办学校和现有民办学校[①]在分类登记具体条件与程序上有所差异。

1. 新设立民办学校的分类登记条件及程序

新设立民办学校分类登记的具体等级条件及程序包括：①名称预核准。《民办学校分类登记实施细则》规定，民办学校的名称应当符合国家有关规定，体现学校的办学层次和类别。相关部门应依法依规开展预核准名称工作，对民办学校名称进行规范。[②]②筹设与设立。一般分为申请筹设与正式设立两个环节。《民办教育促进法》[③]明确了民办学校举办者筹设环节需提交的申请材料清单。筹设审批结束后，由审批机关向获准设立的民办学校颁发筹设批准书，以书面形式作出是否同意的决定。③提交登记申请及材料。正式获准的民办学校，应依照规定到登记管理机关提交登记申请及相关材料。[④]④登记管理部门审核并批准。申请正式设立民办学校的，审批机关应当自受理之日起三个月内以书面形式作出是否批准的决定，并送达申请人；其中申请正式设立民办高等学校的，审批机关也可以自受理之日起六个月内以书面形式作出是否批准的决定，并送达申请人。⑤获取登记证书或营业执照。审批机关对批准正式设立的民办学校发给办学许可证。

2. 现有民办学校的分类登记条件及程序

现有民办学校选择登记为非营利性民办学校的，按照《民办学校分类登记实施细则》规定，办理新的办学许可证，重新登记。现有民办学校选择登记为营利性民办学校的，应当进行财务清算，经省级以下人民政府有关部门和相关机构依法明确土地、校舍、办学积累等财产的权属并缴纳相关税费，办理新的办学许可证，重新登记，继续办学。其中，财务清算是现有民办学校选择登记为营利性民办学校的关键环节，国家法律法规在做出原则性要求的基础上，为各地区制定具体的财务清算办法预留相对的自主空间。现有民办学校终止办学时，对于现有非营利性民办学校，各地根据实际情况制定补偿奖励办法；对于现有营利性民办学校，依法清偿债务后，需综合参照相关法律法规与学校原有章程，处置剩余资产。

---

① 2016年11月7日《全国人民代表大会常务委员会关于修改〈中华人民共和国民办教育促进法〉的决定》公布前设立的民办学校为现有民办学校，公布后设立的学校为新设立民办学校。

② 中国政府网. 教育部等五部门关于印发《民办学校分类登记实施细则》的通知[EB/OL].（2017-01-19）. http://www.gov.cn/xinwen/2017-01/19/content_5160937.htm#2.

③ 本报告中提及的《民办教育促进法》均指2016年修正后的版本，文内不再逐一标注。

④ 民政部网站. 民办非企业单位登记管理暂行条例[EB/OL].（1998-10-25）. http://www.mca.gov.cn/article/gk/fg/shzzgl/201507/20150715847908.shtml.

（二）现存难题

近年来，民办学校分类登记体系基本形成，但地方性政策规定仍存在一些难题，这增加了政策落地落实的难度。

第一，分类登记的操作性规定有待完善。一方面，现有法律法规与配套政策对民办学校分类登记要求进行了总体性规定，各地区陆续出台实施意见以推动新法新政落地，但由于不同地方的民办学校存在数量、规模、层次、类别等方面的差异，地方性政策需结合地方实际情况与特殊需求，进一步完善法规政策的操作性规定。目前，有的地方性政策规定宏观性、指导性、原则性较强，操作性规定相对不足，对本地民办学校办学层次和办学类别的综合考虑相对欠缺。仅少数地区能够依据地方民办教育发展情况与实际需求进一步细化政策规定，减少政策落地阻力。另一方面，随着《民办学校分类登记实施细则》的出台，各地区相继制定了地方性的民办学校分类登记办法，上海市形成了较为完整的民办学校分类登记与差异化管理政策体系，也有一些地区尚未制定专门针对营利性民办学校的监督管理规章，对营利性民办学校规范发展的引导不够。

第二，分类登记程序和实施规则亟待细化。目前，各地区基于国家政策出台分类登记的实施办法，对分类登记的基本流程与要求做出明确规定，但具体实施规则与关键环节有待进一步细化。①法人属性变更规定有待明确。有些地区的政策明确规定，民办学校可在营利性与非营利性之间进行变更，但有的地区尚未明确属性变更问题。②名称预核准环节有待完善。有的地区的分类登记程序尚存在名称预核准环节缺失的情况，对民办学校名称表述、内容、简称的使用范围等内容未做出详细规定，存在名称不规范现象。③过渡期设置不尽合理。合理的过渡期是稳步推动民办学校分类登记实践的重要保障。有的地区尚未明确规定现有民办学校实施分类登记的过渡期限。一些地区虽设置了相应过渡期，但过渡期限起点不明确，过渡期限差异大，对不同利益相关者群体的现实诉求关注不到位。

第三，分类登记的协同管理机制有待优化。目前，地方分类登记任务繁重，有的地区管理部门协同不力。民办教育领域涉及多个政府部门的职责范围，有时进一步造成了分类登记改革效率的内部耗散。相关法律法规和各地区的分类登记实施细则在方向和原则上达成了共识，但对于具体操作和一些细节问题，如对于不同民办学校适用何种扶持政策，奖励补偿、税费优惠如何具体执行等，有的还未能达成一致，影响政策落地效果。

（三）地方实践探索

支持和规范民办教育发展是“十四五”时期国家建设高质量教育体系的政策目标之一，各地也科学运用政策手段清晰传递“支持”和“规范”的政策导向，稳定社会力量对民办教育未来发展前景的积极预期。

第一，聚焦办学性质、权责及归属，推动政策创新。进一步落实分类登记政策精神，综合考虑各地民办学校办学层次和办学类别，结合本地民办教育发展的现实诉求，完善分类登记办法，为各地民办学校分类登记提供清晰指导。

山东省详细规定了不同办学层次、不同类别新设非营利性民办学校的相应登记管理机构。①北京市规定，公民个人利用非国有资产举办的非营利性民办学校，经批准设立后，依照《民办非企业单位登记管理暂行条例》的规定提交民办非企业单位法人登记申请文件。②

重庆市明确了义务教育阶段的分类登记办法，针对现有义务教育和非义务教育一体化民办学校，非义务教育段选择登记为营利性的，必须将义务教育段和非义务教育段依法拆分并分别登记为两类法人，独立校园办学，执行两种财务会计核算制度。③

第二，细化民办学校设立审批、分类登记程序及要求。进一步细化民办学校设立审批、分类登记程序及要求，结合本省民办学校发展的实际情况，对不同民办学校分类登记归口部门、名称预核准、过渡期限等问题做出明确、细化的规定。

上海市结合当地民办学校实际情况，对不同办学层次、办学类别民办学校的设立申请、登记受理部门、权责所属做出进一步明晰，规定设立实施学前教育、义务教育、高级中等教育、中等及以下职业技术学历教育以及以文化培训为主的民办学校，由学校所在地的区教育部门审批，并报市教育部门备案；设立实施高等学历教育的民办学校，由市教育部门统一受理，报市政府审批，然后报国家教育部门备案；设立实施以职业技能为主的职业资格培训、职业技能培训的民办学校，由区人力资源社会保障部门按照相关法律法规的规定审批，报市人力资源社会保障部门备案，并抄送同级教育部门备案。④

北京、重庆、山东、上海、广西等11个地区均在分类登记细则中明确规定，新设营利性学校应到工商部门预先核准名称。

重庆市规定，民办学校的名称应当符合国家法律法规有关规定，未取得办学许可或者授权的社会组织，不得在名称中使用“大学”“学院”“中学”“小学”“幼儿园”“学校”等字样。⑤

在过渡期限上，安徽省和河南省规定，民办教育促进法修改前设立的民办高校，应于2022年底前提出分类登记申请，其他学段民办学校的分类登记时限由各市、省直管县决定，但不应迟于2022年底，还有一些地区将全面完成重新登记的期限设置在2021—2023

① 山东省教育厅网. 关于印发《山东省民办学校分类审批登记实施办法》的通知[EB/OL].（2019-07-12）. http://edu.shandong.gov.cn/art/2019/11/22/art_11989_8239770.html.

② 北京市人民政府网. 关于印发《北京市民办学校分类登记办法》的通知[EB/OL].（2018-11-26）. http://www.beijing.gov.cn/zhengce/zhengcefagui/201905/t20190522_61637.html.

③ 重庆市人民政府网. 关于印发《重庆市民办学校分类登记实施细则》的通知[EB/OL].（2018-07-30）. http://jw.cq.gov.cn/zwgk_209/fdzdgknr/zcwj/xzgfxwj/201912/t20191226_3088326.html.

④ 上海市人民政府网. 关于印发《上海市民办学校分类许可登记管理办法》的通知[EB/OL].（2017-12-26）. https://www.shanghai.gov.cn/nw41430/20200823/0001-41430_54536.html.

⑤ 重庆市人民政府网. 关于印发《重庆市民办学校分类登记实施细则》的通知[EB/OL].（2018-07-30）. http://jw.cq.gov.cn/zwgk_209/fdzdgknr/zcwj/xzgfxwj/201912/t20191226_3088326.html.

年。①②

第三，明确管理部门的权责范畴，健全民办学校管理机制。进一步健全民办学校协同管理机制，创建民办学校分类登记管理绿色通道，适度扩大民办教育管理部门的权责范畴，提升职能部门服务能力，推进民办学校分类管理改革实践。

重庆市、河北省和甘肃省根据审批部门对非营利性民办学校归口的登记部门进行分类。例如，河北省规定，正式批准设立的非营利性民办学校，符合《事业单位登记管理暂行条例》规定的，到事业单位登记管理机关登记为事业单位；符合《民办非企业单位登记管理暂行条例》规定的，到民政部门登记为民办非企业单位。非营利性民办高等学校和由省级教育、人力资源和社会保障部门审批的其他非营利性民办学校，由省级事业单位登记管理机关或民政部门办理登记。由设区市和县级审批部门审批的非营利性民办学校，到同级事业单位登记管理机关或民政部门办理登记。③

二、现有民办学校转为非营利性民办学校的补偿奖励办法

（一）基本内涵

明确补偿奖励办法是实施分类登记的关键环节，影响举办者、创始人分类登记的积极性和最终选择。近年来，国家陆续出台多项法规政策，对现有民办学校转为非营利性民办学校的补偿奖励办法做出原则性规定（表 5-2）。

表 5-2　关于现有民办学校转为非营利性民办学校补偿奖励办法的法规政策

相关法规政策	具体条款
“民办教育 30 条”（2016 年）	第（十）条
《北京市民办学校分类登记办法》（2018 年）	第二十一条
《上海市民办学校分类许可登记管理办法》（2017 年）	第三十二条、附件
《江苏省政府关于鼓励社会力量兴办教育 促进民办教育健康发展的实施意见》（2018 年）	第（六）条
《湖北省人民政府关于鼓励社会力量兴办教育促进民办教育健康发展的实施意见》（2017 年）	第 7 条

《全国人民代表大会常务委员会关于修改〈中华人民共和国民办教育促进法〉的决定》（简称《民办教育促进法修法决定》）提出，“本决定公布前设立的民办学校，选择登记为非营利性民办学校的，根据依照本决定修改后的学校章程继续办学，终止时，民办学校的财产依照本法规定进行清偿后有剩余的，根据出资者的申请，综合考虑在本决定施行前的

① 安徽省教育厅网. 安徽省教育厅等七部门关于印发《安徽省民办学校分类登记实施办法》的通知[EB/OL].（2019-12-10）. http://jyt.ah.gov.cn/public/7071/39918613.html.

② 河南省人民政府网. 河南省人民政府关于鼓励社会力量兴办教育进一步促进民办教育健康发展的实施意见[EB/OL].（2018-02-02）. http://www.henan.gov.cn/2018/02-23/239873.html.

③ 河北省教育厅网. 关于印发《河北省民办学校分类登记实施办法》的通知[EB/OL].（2018-02-09）. http://jyt.hebei.gov.cn/col/1410097726928/2018/02/09/1518162929592.html.

出资、取得合理回报的情况以及办学效益等因素，给予出资者相应的补偿或者奖励，其余财产继续用于其他非营利性学校办学；选择登记为营利性民办学校的，应当进行财务清算，依法明确财产权属，并缴纳相关税费，重新登记，继续办学。具体办法由省、自治区、直辖市制定”①。《民办教育促进法修法决定》一方面明确了奖励或补偿的对象、资金来源和考虑因素；另一方面将制定具体办法的自主权留给地方。“民办教育30条”做出了相同规定。②

根据相关法规政策的原则性要求，各地区出台了落实民办教育新法新政的实施意见，有的地区对补偿奖励的设定对象、考虑因素、计算办法进一步做出规定。在设定对象上，各地区基本按照《民办教育促进法修法决定》的原则性要求，对现有民办学校选择登记为非营利性法人的，终止时给予出资者相应的补偿或者奖励；在考虑因素上，各地区给予出资者补偿奖励的前提是依法清偿后有剩余资产，综合考虑已有出资、办学成本、办学效益等因素；在计算办法上，有的地区明确了奖励和补偿的具体计算方法和标准框架。

（二）现存难题

补偿与奖励对现有民办学校举办者、创始人分类登记的积极性和最终选择有重要影响。目前，一些地区关于现有民办学校转为非营利性民办学校的补偿奖励办法尚不完善，亟需健全相关制度设计。

第一，补偿与奖励办法的具体实施问题有待明确。针对民办学校的补偿与奖励办法，在两种情况下存在具体实施层面的问题：①选择登记为非营利性民办学校，举办者前期投入是否计入办学成本并获得利息偿还？虽然利益相关者普遍认为应当将前期投入计入办学成本，但如何给予补偿需要细致的政策规定。②非营利性民办学校终止办学时，学校增值资产多少比例可用于奖励或补偿举办者？③此外，目前国家和各地区还需明确对2016年11月7日至2017年9月1日期间举办的民办学校是否应该进行补偿与奖励，补偿与奖励的获取条件是否必须终止办学？在学校运行期间，如果以不影响学校的资金稳定为前提，提前获得补偿与奖励的情形又是否可行？④补偿与奖励的具体实施细则仍需进一步完善。

第二，补偿奖励办法的具体规定相对较少。综合发现，大部分地区规定了补偿奖励的具体对象、补偿奖励的考虑因素及资金来源，有的地区政策中详细规定补偿或奖励的具体办法。上海、云南等地的配套政策中规定了补偿与奖励的具体计算办法，将补偿与奖励作为两个环节加以区分，并对不同环节的适用范围做出了明确的规定。北京、上海等少数地

---

① 中国政府网. 全国人民代表大会常务委员会关于修改《中华人民共和国民办教育促进法》的决定[EB/OL].（2016-11-07）. h ttp://www.gov.cn/xinwen/2016-11/07/content_5129792.htm.

② 中国政府网. 国务院关于鼓励社会力量兴办教育 促进民办教育健康发展的若干意见[EB/OL].（2017-01-18）. http://www.gov.cn/zhengce/content/2017-01/18/content_5160828.htm.

③ 李虔，卢威. 民办学校分类管理十大未决问题探析[J]. 中国教育学刊，2018（8）：5-12.

④ 刘永林，左伊妍，张婧梅. 选择登记为非营利性民办学校的补偿与奖励制度设计[J]. 教育与经济，2019（6）：79-86.

区基于国家政策对补偿与奖励办法做出了简单规定，但仍然缺少明确、具体的内容。补偿与奖励规定不明确、不具体，会导致政策制定的未来预期与现实需求存在较大差距，从而出现政策执行难、落地难等问题。此外，现有民办学校选择登记为非营利性类型并继续办学的民办学校可获得补偿或奖励，少部分地区还根据终止前办学质量、农村地区现有民办学校、恶意终止办学等特殊对象及情况做出特别规定。各地政策大多规定补偿及奖励资金主要来自学校财产清算后剩余财产，相关管理部门需综合考虑已有出资、办学成本等因素予以补偿或奖励。

第三，补偿奖励的计算方法与标准尚存争议。国家政策明确了奖励或补偿的对象、资金来源和考虑因素，将制定具体办法的自主权留给了地方。目前，各地区针对补偿与奖励的计算方式与标准，尤其是合理回报认定、办学积累划分、补偿与奖励可否同时获得等方面尚存争议。首先，根据落实民办教育新法新政的实施意见，由于各方利益诉求明显，有的地方性法规政策并未明确补偿或者奖励的具体办法，奖励形式、具体程序等方面规定不明确，尚存争议，容易影响民办学校举办者的合法权益。①其次，上海、云南等地均以2017年8月31日或9月1日划分界限，在此基础上计算举办者出资额或设定标准，在具体的计算方式和数额要求上存在差异。最后，各地在合理回报认定和办学积累划分上存在争议，对滚动发展起来的民办学校举办者投入部分认定不清晰。

（三）地方实践探索

各地区结合地方需求和实际情况，综合考量举办者利益诉求，进一步明确了补偿与奖励办法，制定了更加具体的分类管理配套政策。

第一，提升民办学校分类登记补偿奖励的基础水平。进一步落实相关政策的原则性要求，对现有民办学校选择登记为非营利性法人的，终止时给予相应的补偿或者奖励，综合考虑相关管理部门意见、当地经济社会发展状况和鼓励支持民办教育改革发展的政策导向，探索补偿和奖励兼得的民办学校登记鼓励办法。把握民办教育分类登记、分类管理发展的重要契机，为民办学校蓬勃发展奠定基础，为补充教育资源供给与提升配置水平提供助力。

目前，安徽、湖北、内蒙古、陕西、河南、江苏、重庆、江西、云南9个地区提出，在返还举办者核定出资额之后，还可以提出一部分给举办者作为奖励，即补偿与奖励可以同时获得。同时，上海市、四川省、福建省还规定，现有民办学校未及选择直接终止的也可获得补偿或奖励，对获得补偿和奖励的民办学校对象做了探索。

第二，明确转设学校的补偿奖励计算方法。目前湖北省、上海市和江苏省，综合考虑已有出资、办学成本等因素，进一步明确现有补偿奖励的具体计算办法，推动政策落地。

湖北省规定，2016年11月7日前设立的民办学校选择登记为非营利性民办学校的，

---

① 刘永林，左伊妍，张婧梅. 选择登记为非营利性民办学校的补偿与奖励制度设计[J]. 教育与经济，2019（6）：79-86.

依法修改学校章程，继续办学，履行新的登记手续，终止时，学校财产依法清偿后有剩余的，根据出资者的申请，综合考虑出资者在2017年9月1日前的出资、取得合理回报的情况以及办学效益等因素，可以给予出资者相应的补偿或奖励，补偿奖励总额占学校依法清偿后剩余财产总额的比例不高于出资者2017年9月1日前的出资占学校办学总投入的比例。终止时，民办学校的财产依法清偿后有剩余的，依照《中华人民共和国公司法》有关规定处理。①

上海市规定：①补偿金额为出资金额与该出资的历年折算利息之和，在扣除出资者历年取得的合理回报与合理回报相应的历年折算利息后的金额，但不得超过剩余财产扣除财政扶持和社会捐赠形成资产后的金额。其中，折算利息分别按照出资时或者取得合理回报时，至学校停止办学或者办学许可失效的先至时间，同期一至三年期或者一至五年期金融机构人民币贷款基准利率和一年期金融机构人民币定期存款基准利率的平均值计算。②奖励金额以学校停止办学或者办学许可失效的先至时间前5年内的最高年度学费总收入金额为基数，以2017年9月1日之后历年年度检查的结果为系数予以折算，奖励金额最高不超过清偿后的剩余财产扣除财政扶持和社会捐赠形成的资产以及补偿后的金额。其中，系数初始值和最低值为0，学校每获得一次年度检查"合格"的结论，系数增加0.1；每获得一次"不合格"的结论，系数扣除0.5。办学许可或者法人登记被注销前2年年度检查连续不合格的，或者办学许可证或者法人登记证被吊销的民办学校，对其出资者不予奖励。②

江苏省规定，补偿数额为出资额（即学校在登记管理机关登记的开办资金数额）及其增值，增值按照清算当年中国人民银行5年期存款基准利率计算；同时，综合考虑出资者取得合理回报的情况、办学成本、办学效益、社会声誉等因素，可采取一次结算、分期奖励的形式，从民办教育专项资金和民办学校剩余净资产中给予出资者一定奖励，奖励数额不高于民办学校补偿后剩余净资产的20%。③

第三，明确转设学校补偿奖励框架标准。为落实奖励补偿办法提供相应的参考，推进奖励补偿程序落地。陕西、重庆等地明确了补偿奖励的制度框架和标准要求。陕西省规定，补偿的数额为原始出资额加上追加出资额，总额不得超过剩余的办学财产。④重庆市要求，补偿额最高不超过2017年8月31日前举办者的累计投入；若补偿后仍有结余净资产，可以在该结余净资产额度内按照结余净资产种类、不同的时间段和终止的情形等情况

① 湖北省人民政府网. 省人民政府关于鼓励社会力量兴办教育促进民办教育健康发展的实施意见[EB/OL].（2019-01-22）. http://www.hunan.gov.cn/xxgk/wjk/szfwj/201901/t20190124_5266228.html.

② 上海市人民政府网. 关于印发《上海市民办学校分类许可登记管理办法》的通知[EB/OL].（2017-12-26）. https://www.shanghai.gov.cn/nw41430/20200823/0001-41430_54536.html.

③ 江苏省人民政府网. 江苏省政府关于鼓励社会力量兴办教育 促进民办教育健康发展的实施意见[EB/OL].（2018-02-22）. http://www.jiangsu.gov.cn/art/2018/3/1/art_46143_7498102.html.

④ 陕西省人民政府网. 陕西省人民政府关于鼓励社会力量兴办教育促进民办教育健康发展的实施意见[EB/OL].（2018-04-03）. http://www.shaanxi.gov.cn/zfxxgk/zfgb/2018_3966/d6q_3972/201804/t20180403_1638316.html.

综合考虑实施奖励，实行“一地（校）一策”。①

北京市规定，补偿或奖励数额不应超过2017年8月31日时学校法人名下的净资产扣除国有资产、社会捐赠资产之后的数额的30%，其中出资者已获得合理回报的，应再做相应扣除；2017年9月1日以后出资者的投入和新增办学积累不再作为补偿或奖励的参考依据；确定补偿或奖励数额，应在学校终止时由学校决策机构作出决议，并经审批机关和登记管理机关同意，在学校资产依法清偿其他债务以及扣除国有资产和社会捐赠资产之后仍有剩余的前提下，向出资者一次性给付。②

福建省规定，补偿或者奖励金额原则上不超过2017年9月1日前的出资金额与该出资金额的历年折算利息之和，并扣除出资者历年取得的合理回报与合理回报的历年折算利息之和后的金额，具体补偿或奖励办法由学校所属同级人民政府结合实际情况研究制定。③

三、现有民办学校转为营利性民办学校的税费补缴办法

（一）基本内涵

税费政策是民办学校举办者做出分类登记选择的重要考虑因素。目前，现有民办学校转为营利性民办学校的税费补缴办法受到国家法律与政策层面的关注（表5-3）。

表5-3　关于现有民办学校转为营利性民办学校税费补缴的法规政策

相关法规政策	具体条款
“民办教育30条”（2016年）	第（十）条
《民办学校分类登记实施细则》（2016年）	第十五条
《上海市民办学校分类许可登记管理办法》（2017年）	第三十条
《重庆市民办学校分类登记实施细则》（2018年）	第十九条

《民办教育促进法修法决定》规定，现有民办学校“选择登记为营利性民办学校的，应当进行财务清算，依法明确财产权属，并缴纳相关税费，重新登记，继续办学。具体办法由省、自治区、直辖市制定”④。《民办学校分类登记实施细则》进一步明确了民办学校

① 重庆市人民政府网. 重庆市人民政府关于进一步促进民办教育健康发展的实施意见[EB/OL].（2018-06-07）. http://www.cq.gov.cn/zwgk/zfxxgkzl/fdzdgknr/zdmsxx/jy/zyzc/201806/t20180607_8837010.html.

② 北京市人民政府网. 关于印发《北京市民办学校分类登记办法》的通知[EB/OL].（2018-11-26）. http://www.beijing.gov.cn/zhengce/zhengcefagui/201905/t20190522_61637.html.

③ 福建省教育厅. 福建省人民政府关于民办教育分类管理改革的通知[EB/OL].（2019-06-03）. http://www.fujian.gov.cn/zwgk/zfxxgk/szfwj/jgzz/kjwwzcwj/201906/t20190612_4898578.html.

④ 中国政府网. 全国人民代表大会常务委员会关于修改《中华人民共和国民办教育促进法》的决定[EB/OL].（2016-11-07）. http://www.gov.cn/xinwen/2016-11/07/content_5129792.htm.

财务清算的范围，具体包括土地、校舍、办学积累等财产。①

上述规定为现有民办学校选择登记为营利性民办学校的税费补缴工作，提供了法律法规依据，也为各地区制定具体的税费补缴办法提供了充分的创造空间。在国家政策的指引下，有的地区明确了财产清算办法、税费补缴类型和税费计算标准等内容，进一步推动分类管理政策落地。例如，重庆市规定，民办学校财务清算可以在政府部门的指导下由举办者邀请股东、院校专家、法律顾问等相关人员组成清算委员会，委托会计师事务所进行。②

（二）现存难题

按照国家政策规定，现有民办学校转为营利性民办学校税费补缴的具体办法由地方制定。但在制定相关政策时面临一些操作性难题。

第一，有的法规政策规定模糊。按照相关规定，现有学校选择登记为营利性民办学校的需变更土地及校舍的用途，并补缴相应的契税、土地出让金、房产税、增值税等税费。民办学校财务清算的受理组织、财产产权的具体归属、国有资产的具体划分、税费缴纳的具体标准和计算办法等问题，涉及不同行业、部门、领域，需完善制度设计，明确制度要求，有的地方性政策仍存在规定不明确的问题，容易出现政策执行缺少制度指引，各部门间协调不顺，执行差异较大，政策落实不规范等问题，更易造成民办学校举办者等相关利益主体的消极态度，加大政策执行阻力。③

第二，资产清算的具体要求尚未明确。资产清算是税费补缴的前置环节，是明确民办学校财产权属的必要依据。但现有政策尚未明确规定资产清算的组织方和相关费用的承担方，各利益主体均倾向于由共同指定的第三方机构组织进行清算，但在费用承担主体方面仍然存在较大争议，从而使得清产核资的实施和推进面临难题。④

第三，有的地方配套措施及规定笼统。《民办教育促进法修法决定》和《民办学校分类登记实施细则》为税费补缴办法提供了原则性指引。有研究指出，现有民办学校选择登记为营利性民办学校，应缴纳的税费可能会占到累计资产的一半以上，可能对民办学校产生较大的经济压力，⑤明确税费缴纳的配套措施与规定，具有重要的实践意义。但一些地区的配套措施及规定，尚未明确各类财产权属的认定和处置、税费补缴的对象范围、具体类型、计算标准等内容。

---

① 中国政府网. 教育部等五部门关于印发《民办学校分类登记实施细则》的通知[EB/OL].（2017-01-19）. http://www.gov.cn/xinwen/2017-01/19/content_5160937.htm#2.

② 重庆市人民政府网. 关于印发《重庆市民办学校分类登记实施细则》的通知[EB/OL].（2018-07-30）. http://jw.cq.gov.cn/zwgk_209/fdzdgknr/zcwj/xzgfxwj/201912/t20191226_3088326.html.

③ 方建锋. 民办教育收费该不该全面放开？[N]. 江苏教育报，2015-04-24（007）.

④ 李虔，卢威. 民办学校分类管理十大未决问题探析[J]. 中国教育学刊，2018（8）：5-12.

⑤ 方建锋. 推进民办学校分类管理中面临的瓶颈问题分析[J]. 复旦教育论坛，2018，16（2）：43-48.

（三）地方实践探索

各地区在国家法律法规授权的范畴内，补充出台分类管理的配套政策，尝试进一步优化制度设计、明确政策规定、完善配套措施，为现有民办学校转为营利性民办学校的税费补缴工作提供清晰指引。

第一，加强跨部门的制度衔接与协同配合。从顶层制度设计入手，强化不同部门间的制度衔接，避免出现同一税种因执行主体不同而将部分类型举办者排除在外的情况，促进普适性的税收优惠真正惠及民办学校，为营利性民办学校发展创设良好的政策环境。[①]营利性民办学校税收优惠的制度设计可由教育部和税务总局协商，并对地方提出统一的指导意见，地方财税部门可协同教育主管部门，探索设立民办教育财税监管中心，制定和执行专职审核与监管、分类优惠税制等法规政策。[②]税费补缴涉及重大利益调整，具体税费清单需由各地税务部门的政策依据为主，同时在一定范围内征求核心利益群体的意见，如税务部门、教育部门、民办学校举办者等，提前做好风险预判和防控工作，防止出现重大舆情事件。

第二，完善税费补缴制度设计，细化税费办法规定。有的地区尝试进一步完善税费补缴的制度设计，细化相关规定。例如，重庆市规定，现有民办学校选择登记为营利性民办学校的，可以在政府部门的指导下由举办者邀请股东、院校专家、法律顾问等相关人员组成清算委员会，委托会计师事务所进行清算，明确学校从批准设立日至 2017 年 8 月 31 日期间举办者投入形成的资产、财政补助形成的资产、捐赠形成的资产、自身办学积累形成的资产、债务资金形成的资产等，依法依规修改学校章程，继续办学，履行新的登记手续。[③]

第三，明确税费补缴程序及要求，填补现有政策空白。有的地区在明确财产清算组织方及费用承担者等方面做出进一步探索，并尝试从政策层面引导各级政府综合考虑举办者利益，适当减免相关税费。

甘肃省规定，现有民办学校选择登记为营利性民办学校的，可以在审批机关的指导下，由具备资质的第三方机构进行财务清算，明确学校批准设立日至申请变更时之间的土地、校舍、举办者投入的资产、财政补助、捐赠资产、办学积累、债务等财产权属，依法依规修改学校章程，继续办学，履行新的登记手续。[④]

温州市规定，现有民办学校清算注销申请获得批准后，学校清算注销工作小组委托有

---

① 李曼. 制度设计与衔接：现有民办学校分类登记困境破解的关键[J]. 中国教育学刊，2019（7）：8-13.

② 尹峰，匡爱花. 民办学校分类管理税收优惠对策与建议[EB/OL].（2018-09-21）. http://www.sohu.com/a/255301672_379440.

③ 重庆市人民政府网. 关于印发《重庆市民办学校分类登记实施细则》的通知[EB/OL].（2018-07-30）. http://jw.cq.gov.cn/zwgk_209/fdzdgknr/zcwj/xzgfxwj/201912/t20191226_3088326.html.

④ 甘肃省教育厅. 关于印发《甘肃省民办学校分类登记实施办法》的通知[EB/OL].（2018-11-16）. http://jyt.gansu.gov.cn/jyt/c107226/202106/61f3b0ca8623479c9ba8fb337e2ec02a.shtml.

资质的中介机构进行清产核资和资产评估；清算期间的财务，由学校清算注销工作小组承接，现有民办学校注销前继续承担办学的权利和义务；现有民办学校经董（理）事会确认后，将清算注销工作结果、学校清算报表送审批机关核准，净资产分配处置方案报送审批机关审批；审批机关自受理之日起1个月内对学校清算注销工作结果和净资产分配处置方案作出书面批复，并牵头有关部门依法明确土地、校舍、办学积累等财产的权属。

现有民办学校选登记为营利性民办学校，原以行政划拨方式供地的，可改为出让、租赁等有偿方式使用土地；原以出让方式供地的，按规定申请办理产权转移登记。原以行政划拨方式取得土地使用权的现有民办学校，经学校主管部门同意，土地需转移给选登记为营利性民办学校的，其原划拨土地使用权改为出让后方可列入清算范围。列入清算范围的土地资产可以补缴土地出让金方式进行土地资产处置。补缴土地出让金按照出让时的出让土地使用权市场价格减去拟出让时的划拨土地使用权权益价格的差价确定。土地出让价款可在规定期限内一次性缴纳或按合同约定分期缴纳。现有民办学校选登记为营利性学校，土地使用权不转移给营利性学校的，其原以行政划拨方式取得土地使用权由政府收回，回收价款按现时点的划拨土地使用权权益价格计算。举办者要求继续使用原有土地的，可以采用租赁方式。[①]

---

① 温州市教育局网. 关于印发温州市现有民办学校选登记营利性民办学校办法的通知[EB/OL].（2018-12-25）. http://edu.wenzhou.gov.cn/art/2018/12/25/art_1229126017_709264.html.

第六章　加强党对民办学校的全面领导

始终“坚持和加强党的全面领导”是新时代教育领域党的建设总体要求。民办学校是社会主义教育事业的重要组成部分，承担着培养社会主义建设者和接班人的重任。加强党对民办学校的全面领导，具体涉及牢牢掌握党对民办学校的领导权、加强和改进民办学校思想政治教育工作、切实加强民办学校基层党建工作三个方面。

一、掌握党对民办学校的领导权

（一）基本内涵

改革开放以来，各级各类民办学校快速发展，进一步满足人民群众多层次、多样化的教育需求，为推动教育现代化、促进经济社会发展做出了积极贡献。加强党对民办学校的全面领导，是全面贯彻党的教育方针、坚持社会主义办学方向、落实立德树人任务的根本保障。民办教育是我国社会主义教育事业的重要组成部分，需要坚持党的全面领导和社会主义办学方向，承担培养德智体美劳全面发展的社会主义建设者和接班人的使命。近年来，国家及地方出台了一系列法规政策，确保党在民办学校办学治校、教书育人等方面的领导地位（表 6-1）。

表 6-1　关于加强党对民办学校领导的法规政策

相关法规政策	具体条款
《民办教育促进法》（2016 年）	第九条
《民办教育促进法实施条例》（2021 年）	第四条
《国家中长期教育改革和发展规划纲要（2010—2020 年）》（2010 年）	第四十四条
“民办教育 30 条”（2016 年）	第（三）条、第（四）条
《关于加强民办学校党的建设工作的意见（试行）》（2016 年）	第二点、第三点
《民办学校分类登记实施细则》（2016 年）	第二条
《营利性民办学校监督管理实施细则》（2016 年）	第三条

第一，明确民办学校党组织的法律地位。《中华人民共和国教育法》（2021 年修正）第三条规定，国家坚持中国共产党的领导，坚持以马克思列宁主义、毛泽东思想、邓小平

理论、“三个代表”重要思想、科学发展观、习近平新时代中国特色社会主义思想为指导，遵循宪法确定的基本原则，发展社会主义的教育事业。[①]2021年修订后的《民办教育促进法实施条例》[②]中增加了关于加强党建工作的相关规定，强调“民办学校应当坚持中国共产党的领导，坚持社会主义办学方向，坚持教育公益性，对受教育者加强社会主义核心价值观教育，落实立德树人根本任务”[③]。

第二，凸显民办学校党组织的职责担当。牢牢掌握党对民办学校的领导权，充分发挥党委对民办教育的领导核心作用，把党的领导、党的建设贯穿民办教育改革发展始终，非营利性和营利性民办学校需坚守教育公益属性，贯彻执行党的教育方针，有效落实立德树人的根本任务。《民办教育促进法实施条例》第十九条明确，民办学校的章程应当规定“学校党组织负责人或者代表进入学校决策机构和监督机构的程序”，以强调党组织在民办学校法人治理结构中的重要地位；第二十六条规定，“民办学校的理事会、董事会或者其他形式决策机构应当由举办者或者其代表、校长、党组织负责人、教职工代表等共同组成”，在优化董事会（理事会）人员构成、推进党组织班子成员进入学校决策层和管理层等政策的基础上，将党的领导上升至法律层面，进一步强调、固化、细化相关政策。[④]

（二）现存难题

近年来，各级政策不断强调党对民办学校的领导，关注民办学校党组织的政治核心作用，在取得显著成效的同时也存在一些新问题、新情况、新挑战。

第一，党的教育政策落实有差距。民办高校的办学方式、组织结构、运行模式可以不同，但均需坚持正确的政治方向和育人导向。加强党对民办高校的领导，为立德树人保驾护航，需以实际行动推动民办高校课程思政高质量发展，促进民办教育特色化发展。根据十九大报告强调坚持党对一切工作领导的总要求，目前一些民办学校在具体办学过程中存在方向有偏差、党组织设置不健全、基层党建工作薄弱、党的教育方针难以有效落实等问题。[⑤]

第二，党的领导模式特色不鲜明。改革开放以来，多元化的所有制结构催生了多样化的教育体制，民办教育作为公办教育的重要补充，有效地缓解了改革开放初期教育资源相对匮乏的问题，增加了教育服务供给，为人民提供了更多教育选择。与公办教育相比，民

---

① 教育部网站. 中华人民共和国教育法[EB/OL].（2021-07-30）. http://www.moe.gov.cn/jyb_xxgk/xxgk_jyfl/flfg_jyfl/202107/t20210730_547843.html.

② 本报告中提及的《民办教育促进法实施条例》均为2021年修订本，文内不再逐一标注。

③ 中国政府网. 中华人民共和国民办教育促进法实施条例[EB/OL].（2021-05-14）. http://www.gov.cn/zhengce/content/2021-05/14/content_5606463.htm.

④ 教育部网站. 阙明坤：加强党对民办教育事业的全面领导[EB/OL].（2021-05-17）. http://www.moe.gov.cn/jyb_xwfb/moe_2082/2021/2021_zl38/202105/t20210517_531839.html.

⑤ 王洪才，景安磊，阙明坤，等. 终身教育体系建设中我国民办教育的作用与发展——“构建服务全民终身学习的教育体系”笔会系列四[J]. 终身教育研究，2020，31（5）：24-35.

办教育具有一定的特殊性，与市场机制的密切联系，一定程度上容易弱化民办学校与党的理论方针、党组织领导等方面的联系。[①]一些民办学校存在相对忽视自身特色与需求，简单复制公办学校党组领导的运行模式，出现定位不清、方向迷失、思想滞后等问题。

（三）地方实践探索

为牢牢掌握党对民办教育事业的领导权，各地区政府在政策层面积极鼓励民办学校在实践过程中，充分发挥党委对民办学校的领导核心作用，改进党的领导方式，完善党的领导体制。

第一，充分发挥党委对民办学校的领导核心作用。北京、天津、湖南等地及部分学校进一步加强党委在民办学校办学及发展等方面的核心领导地位，完善党的基层组织建设。

北京市、天津市强调，应全面加强民办学校党的思想建设、组织建设、作风建设、制度建设，进一步增强政治意识、大局意识、核心意识、看齐意识。强调民办学校党组织要发挥政治核心作用，强化思想引领，牢牢把握社会主义办学方向，牢牢把握党对民办学校意识形态工作的领导权、话语权，切实维护民办学校的和谐稳定。[②③]

湖南省以习近平新时代中国特色社会主义思想为指导，全面贯彻落实党的十九大和十九届二中、三中全会精神，坚持党的教育方针，坚持社会主义办学方向，坚持立德树人，培育和践行社会主义核心价值观。[④]

第二，改进党的领导方式，完善党的领导体制。为进一步提高党对民办学校办学及发展等方面的领导能力，提高领导质量，黑龙江、浙江、安徽等省政府在政策规定中强调，民办学校党组织应加快改进党的领导方式，完善党的领导体制。

黑龙江省规定，民办学校党组织实行主管部门管理与属地管理相结合，以主管部门党组织管理为主，学校所在地党组织要积极配合、主动做好指导和管理工作；有特殊情况的，党组织隶属关系由党委教育工作部门或教育行政部门、人社部门党组织商同级党委组织部门确定。[⑤]

浙江省温州市规定，加大民办学校党组织组建力度，采取联合组建、挂靠组建、派入党员教师单独组建等形式建立党组织，做到应建必建，确保民办学校社会主义办学方向。

---

① 光明网. 加强党的全面领导 民办教育怎么做[EB/OL].（2021-08-04）. https://m.gmw.cn/baijia/2020-08/04/34054470.html.

② 北京市人民政府网. 北京市人民政府关于鼓励社会力量兴办教育促进民办教育健康发展的实施意见[EB/OL].（2018-11-29）. http://www.beijing.gov.cn/zhengce/zfwj/zfwj2016/szfwj/201905/t20190522_61648.html.

③ 天津市人民政府网. 天津市人民政府关于鼓励社会力量兴办教育促进民办教育健康发展的实施意见[EB/OL].（2017-12-08）. http://www.tj.gov.cn/zwgk/szfwj/tjsrmzf/202005/t20200519_2365885.html.

④ 湖南省人民政府网. 湖南省人民政府关于鼓励社会力量兴办教育促进民办教育健康发展的实施意见[EB/OL].（2019-01-22）. http://www.hunan.gov.cn/xxgk/wjk/szfwj/201901/t20190124_5266228.html.

⑤ 黑龙江省人民政府网. 黑龙江省关于鼓励社会力量兴办教育促进民办教育健康发展的实施意见[EB/OL].（2019-03-29）. https://www.hlj.gov.cn/n200/2019/0329/c75-10896840.html.

要把党建工作作为民办学校注册登记、年检年审、评估考核、管理监督的必备条件和必查内容。①

安徽省规定，加大民办学校党组织组建力度，实现党组织和党的工作全面覆盖。按照主管部门管理与属地管理相结合的原则，理顺民办学校党组织隶属关系，民办本科高校党组织关系隶属于省委教育工委，民办高职院校党组织关系隶属于设区市党委教育工作部门或教育行政部门党组织。民办中小学校党组织关系一般隶属于县（含市、区，下同）党委教育工作部门或教育行政部门党组织。民办技工学校党组织关系一般隶属于市、县人力资源社会保障部门党组织。民办培训机构党组织关系一般隶属于县教育行政部门或人力资源社会保障部门党组织。②

二、加强和改进民办学校思想政治教育工作

（一）基本内涵

加强和改进思想政治工作，是继承党的优良传统、发挥鲜明特色和突出政治优势的重要体现，事关国家长治久安以及教育事业的凝聚力和向心力。党的十八大以来，以习近平同志为核心的党中央高度重视思想政治工作，采取一系列举措，推动思想政治工作取得显著成效。近年来，国家及地方出台了一系列法规政策，落实立德树人根本任务，扎实推进民办学校思想政治工作高质量发展（表6-2）。

表6-2 关于民办学校加强和改进思想政治教育工作的法规政策

相关法规政策	具体条款
《民办教育促进法实施条例》（2021年）	第四条
“民办教育30条”（2016年）	第（四）条
《关于加强民办学校党的建设工作的意见（试行）》（2016年）	第七点
《民办学校分类登记实施细则》（2016年）	第二条
《营利性民办学校监督管理实施细则》（2016年）	第二十二条
《普通高等学校学生管理规定》（2017年）	第三条、第四条

领导思想政治教育和德育工作，是民办学校党组织的首要政治责任。“加强思想政治工作者人才队伍建设”和“推动中国特色社会主义理论体系进课堂、进头脑”是加强和改进思想政治教育工作的两个主要方面。

第一，加强思想政治工作者人才队伍建设。“民办教育30条”提出，把思想政治教育

① 温州市教育局网站. 温州市人民政府关于进一步深化综合改革促进民办教育健康发展的实施意见[EB/OL].（2018-11-27）. http://edu.wenzhou.gov.cn/art/2018/11/27/art_1329703_25962994.html.

② 安徽省人民政府网. 安徽省人民政府关于鼓励社会力量兴办教育促进民办教育健康发展的实施意见[EB/OL].（2017-10-27）. https://www.ah.gov.cn/public/1681/7927491.html.

工作纳入学校事业发展规划，把思想政治工作队伍建设纳入学校人才队伍培养规划。[①]同时，《关于加强民办学校党的建设工作的意见（试行）》提出，“上级党委和有关部门要推动民办学校设立思想政治教育和德育工作机构，配齐配强辅导员、班主任、思想政治课教师等工作力量。思想政治课教师的平均收入，应不低于学校其他专业教师平均水平。推进民办高校辅导员专业化职业化，打通职业发展和专业晋升通道，激发他们的工作积极性”[②]，规范了思想政治工作队伍的准入、培训、晋升等环节。此外，实施思想政治课“名师工程”，党组书记要带头讲形势政策课，回答好师生关心的热点、难点问题。

第二，推动中国特色社会主义理论体系进课堂、进头脑。《关于加强民办学校党的建设工作的意见（试行）》指出：①督促民办学校加强教材、教师、教学体系建设，按有关课程标准，优选经依法审定的思想政治课和德育课教材，保证足够的教学时间；②民族地区和边疆地区的民办学校，还要加强马克思主义祖国观、民族观、宗教观和民族团结进步教育教学；③要把思想政治教育融入学生学习生活各环节，抓好学校教室、寝室和网络等思想文化阵地建设与管理，促进全员全过程全方位育人。“民办教育 30 条”进一步强调，大力开展社会实践和志愿服务，积极开展心理健康教育。创新网络思想政治教育方式，大力弘扬主旋律、传播正能量。

（二）现存难题

国家法律法规为民办学校抓好思想政治教育和德育工作提供了重要依据和理论指导，但实际情况表明，各地方政府的民办学校思想政治教育工作在开展过程中仍存在一些难题。

第一，思想政治课教学质量有待提升。提升思想政治课的教学质量是民办高校思想政治教育的重中之重，目前，民办高校思想政治课教学仍存在一些难题。①重视程度不够。有的民办学校教师对思想政治课程的重视程度不够，对于思想政治课程设计创新、精品打造、实践教学基地建设等方面的经费投入不足，有的存在重教轻学、重理论轻实践、重结果轻过程等方面的问题。②教学模式创新不够。有的学校的思想政治课教学模式仍以传统教学模式为主，教学手段较守旧，课堂教学以教师讲授为主，学生缺乏主动参与教学的积极性，加之思政课内容理论性较强，较难激发学生的学习兴趣。教学内容的历史性与故事性不足、教学方法的情境性与互动性不足、呈现方式的生动性与多元性不足，均一定程度上影响学生思想政治课的学习质量。③教学评价方式相对滞后。目前，有的民办学校思想政治课教学评价，仍以期中、期末的书面考核为主，多为终结性评价、量化评价，形成性评价与质性评价相对较少。综合而言，民办学校需推动思想政治课教学守正创新，加强重

---

① 中国政府网. 国务院关于鼓励社会力量兴办教育 促进民办教育健康发展的若干意见[EB/OL].（2017-01-18）. http://www.gov.cn/zhengce/content/2017-01/18/content_5160828.htm.

② 中国民办教育协会网站. 中共中央办公厅印发《关于加强民办学校党的建设工作的意见（试行）》的通知[EB/OL].（2018-12-21）. https://www.canedu.org.cn/site/content/632.html.

视程度，推动教学模式创新，优化教学评价，进而提升教学质量。

第二，思想政治教育的优质师资不足。习近平总书记强调，“办好思想政治理论课关键在教师，关键在发挥教师的积极性、主动性、创造性”①，优化民办学校思政课师资结构，关键在于处理好“引进来”“留下来”“走出去”的关系。思想政治教育教学，对教师的理论实力、教学实力、引导能力、创造力等多元素质能力提出要求。但是，由于民办学校教师数量相对紧张、针对思想政治类教师的专业培训不足，专业进修发展机会较少、职业晋升空间较小等方面原因，民办学校思想政治教育的优秀师资相对缺乏。

（三）地方实践探索

为加强和改进民办学校思想政治教育工作，一些地方在整合课程教学体系、加强思政教师人才队伍建设、发挥网络思想政治教育功能等方面做出进一步尝试。

第一，整合课程教学体系。山东、湖北、甘肃三地在政策中进一步引导民办学校，切实加强思想政治课程教学体系建设工作，打造思想政治教育“金课”。

山东省规定，把社会主义核心价值观融入教育教学全过程、教书育人各环节，不断增强广大师生“四个自信”。发挥好“灯塔—党建在线”综合管理服务平台作用，有效利用山东高校党建精品课，构建多层次、多渠道的党员经常性学习教育体系。②

湖北省规定，深入推进习近平新时代中国特色社会主义思想进教材、进课堂、进头脑，把社会主义核心价值观融入教育教学全过程、教书育人各环节；大力推进学生思政、教师思政、课程思政、学科思政、环境思政等“五个思政”建设，切实加强理想信念和优秀传统文化、革命传统文化、民族团结教育，引导学生树立正确的世界观、人生观、价值观；大力开展社会实践和志愿服务，积极开展心理健康教育。③

甘肃省规定，提高思想政治教育的针对性、实效性和吸引力、感染力；切实加强理想信念、爱国主义、集体主义、中国特色社会主义教育和中华优秀传统文化、革命传统文化、民族团结教育，引导学生树立正确的世界观、人生观、价值观。④

第二，加强思政教师人才队伍建设。辽宁、江西两地在政策内容中进一步强调思政教师人才队伍建设的重要性，引导民办学校积极落实思政教师核定配额，提升思政教师的工作水平。

辽宁省规定，把思想政治工作队伍建设纳入学校人才队伍培养规划，全面提升思想政

① 中国政府网. 办好思政课关键在教师——论学习贯彻习近平总书记在学校思政课教师座谈会上重要讲话[EB/OL].（2019-03-19）. http://www.gov.cn/xinwen/2019-03/19/content_5375220.htm?cid=303.

② 山东省人民政府网. 省政府关于鼓励社会力量兴办教育促进民办教育健康发展的实施意见[EB/OL].（2018-06-17）. http://edu.shandong.gov.cn/art/2018/6/17/art_107055_7735795.html.

③ 湖北省人民政府网. 省人民政府关于鼓励社会力量兴办教育促进民办教育健康发展的实施意见[EB/OL].（2017-12-20）. http://www.hubei.gov.cn/zfwj/ezf/201712/t20171228_1712063.shtml.

④ 甘肃省人民政府网. 甘肃省人民政府关于进一步促进民办教育健康发展的实施意见[EB/OL].（2017-11-14）. http://www.gansu.gov.cn/gsszf/c100054/201711/173341.shtml.

治教育工作水平。民办高校一线专职辅导员按照师生比不低于 1∶200 的比例配备，每个班级要配备 1 名班主任。民办高校配备专职团委书记一名，待遇参照学校中层干部标准。①

江西省规定，要推动民办学校设立思想政治教育和德育工作机构，配齐配强辅导员、班主任、思想政治课教师等工作力量，强调思想政治课教师的平均收入应不低于学校其他专业教师平均水平。推进民办高校辅导员专业化职业化，打通职业发展和专业晋升通道。②

第三，发挥网络思想政治教育功能。教育信息化的发展，为思想政治教育提供了新思路、新方法，开辟了新阵地。有的地方政府积极探索网络化思政教育新模式。

北京、天津、江西等地创新网络思想政治教育方式，大力弘扬主旋律、传播正能量，全面提高教书育人、实践育人、科研育人、管理育人、服务育人的水平。③

安徽省规定，民办学校需适应形势变化和师生思想特点，强化互联网思维，深度融合思想政治工作传统优势与信息技术优势，不断创新理念思路、内容形式、方法手段和制度机制，增强思想政治工作的时代感和时效性；建设好课堂教学、第二课堂、网络空间和社会实践等四大阵地，形成全员育人、全程育人、全方位育人的大格局。④

三、切实加强民办学校的基层党建工作

（一）基本内涵

加强民办学校党的基层建设是推进党建工作有效覆盖的重中之重。近年来，国家政策将加强民办学校基层党建工作摆在十分重要的位置，不断加大工作力度，先后出台一系列法规政策，在民办学校加强基层党建工作，健全党的领导机制，完善党组织参与决策和监督的内部治理体系等方面做出重要规定（表 6-3）。

表 6-3　关于加强民办学校基层党建工作的法规政策

相关法规政策	具体条款
《民办教育促进法》（2016 年）	第九条
《民办教育促进法实施条例》（2021 年）	第四条
“民办教育 30 条”（2016 年）	第（三）条、第（四）条
《关于加强民办学校党的建设工作的意见（试行）》（2016 年）	第三点、第四点、第五点、第六点、第七点、第八点
《营利性民办学校监督管理实施细则》（2016 年）	第二十条

① 辽宁省人民政府网. 辽宁省人民政府关于鼓励社会力量兴办教育促进民办教育健康发展的实施意见[EB/OL].（2017-10-11）. http://www.ln.gov.cn/zfxx/zfwj/szfwj/zfwj2011_119230/201710/t20171011_3072130.html.

② 江西教育网. 江西省人民政府关于鼓励社会力量兴办教育促进民办教育健康发展的实施意见[EB/OL].（2018-06-29）. http://jyt.jiangxi.gov.cn/art/2018/6/29/art_25869_1516936.html.

③ 天津市人民政府网. 天津市人民政府关于鼓励社会力量兴办教育促进民办教育健康发展的实施意见[EB/OL].（2017-12-08）. http://www.tj.gov.cn/zwgk/szfwj/tjsrmzf/202005/t20200519_2365885.html.

④ 安徽省人民政府网. 安徽省人民政府关于鼓励社会力量兴办教育促进民办教育健康发展的实施意见[EB/OL].（2017-10-27）. https://www.ah.gov.cn/public/1681/7927491.html.

面对全面加强党对教育工作领导的新要求，相关法规政策同步加强民办教育的基层党建工作。

第一，坚持党的领导与依法治校有机统一。推动党建工作写入学校章程，理顺学校党组织、理事会（董事会）和校长间的关系，促进学校党组织负责人进入决策机构、监督机构，依法参与学校重大决策并实施监督。

第二，选好管好民办学校党组书记。把党组书记队伍建设作为抓好民办学校党建工作的重中之重，加强选拔培养、教育培训和管理监督，努力提高整体素质和履职能力。

第三，做好发展党员和党员教育管理工作。以增强党性、提高素质为重点，加强和改进民办学校党员队伍建设，引导党员激发内在动力，增强党员队伍生机活力。

第四，领导思想政治教育和德育工作。引导民办学校党组织认真履责，加强分析研判，研究解决重要问题，巩固学校思想文化和意识形态阵地。

（二）现存难题

近年来，国家政策高度重视民办学校的党建工作，强调民办学校党组织的政治核心作用。但目前，我国民办学校实际的党建工作仍存在以下三个方面的难题。

第一，民办学校重视程度不够。与公办学校相比，民办学校的党建工作起步较晚、基础较弱、经验较缺乏，有的民办学校对党建工作的重视程度有待提高。对于党组织的领导作用和教育作用，尚未形成共识，存在研究不够、投入不够、认识不足等问题。有的民办学校出于经济效益的考虑，相对偏重宣传、招生、考核等工作，相对忽视党建工作，加上缺乏强有力的制度支撑和工作抓手，党建工作实际成效不好。民办学校对于党建工作的重视程度不够，容易影响党建工作者的积极性，不利于民办学校的长远发展。

第二，作用发挥不充分。①党组织的话语权不足。民办学校治理结构相对复杂，董（理）事会是学校重大事项的决策机构。虽然有关政策明确指出民办学校董（理）事会需在综合考虑并听取党组织意见的前提下做出重要决策。在实际工作过程中，由于重视程度不够，有的学校的党组织相对缺乏话语权，参与学校决策监督的作用难以充分发挥。②党组织管理体制不完善。由于有的民办学校党组织与各管理部门工作的实践融合尚未到位，党委工作成员，在学校重要决策、具体办学等方面的参与程度不高，党组织工作的正常开展受限。

第三，党建工作与业务工作结合不深。有的民办学校还存在党建和业务“两张皮”的现象。①教育管理环节与党建工作环节脱节。有的地方教育行政部门尚未将党建工作内容、过程、成效，与民办学校审批、登记、备案、年检等管理环节紧密挂钩。②党建经验不足，缺乏创新能力。由于有的党务工作者的工作经验不足，较难把握业务工作的难点和党建工作的重点；较难创新工作思路、工作方法和活动载体；较难在实践层面平衡并融合党建工作与业务工作，容易出现党建工作与业务工作目标不统一、过程相冲突、工作合力难形成等问题。

（三）地方实践探索

为进一步加强民办学校的基层党建工作，增强基层党组织的凝聚力。有的地区在优化各级党组织工作保障机制、优化党组织领导班子选配任免机制方面做出进一步尝试。

第一，优化各级党组织工作保障机制。党组织工作保障机制，是保障基层党组织工作顺利开展的重要抓手。北京、天津、云南、安徽、江西等地均在政策层面强调，应优化各级党组织工作保障机制，以减少党组织工作阻力，完善党组织工作体系。

北京、天津、云南等地持续推进民办学校党支部规范化建设，积极做好党员发展、党员教育、党员管理、党员监督工作。例如，北京市规定，持续推进民办学校党支部规范化建设，积极做好党员发展和对党员的教育、管理、监督工作。健全各级党组织工作保障机制，不断提高民办学校党的建设质量。坚持党建带群建，推进民办学校依法建立健全工会组织，加强民办学校共青团组织建设。把民办学校党组织建设、党对民办学校的领导作为民办学校年度检查的重要内容。①

安徽省规定，将党组织活动经费列入学校年度经费预算，保证党组织必要的活动经费、活动时间和活动阵地等，保证党务干部的工作条件和相关待遇。上级党组织对民办学校上缴的党费可全额返还学校党组织。②

江西省规定，民办学校要将党组织活动经费列入年度经费预算，保证必要支出。学校党员缴纳党费可全额返还，拓宽经费来源渠道，有条件的地方财政可以给予一定支持。各地要与时俱进，创出特色亮点，使党建工作、督导监督工作既富有红土地特色，又绽放新时代光芒。③

四川省规定，涉及民办学校发展规划、重要改革、人事安排等重大事项，党组织要参与讨论研究，董（理）事会或者其他形式决策机构在做出决定前，要征得党组织同意；涉及党的建设、思想政治工作和德育工作的事项，要由党组织研究决定。坚持党建带群建，加强民办学校工会、共青团、妇联、教职工代表大会、学生代表大会等群众组织和学生社团建设。把民办学校党组织建设作为民办学校年度检查（年度报告）的重要内容。④

第二，健全党组织领导班子选配任免机制。党组织领导班子选配与任免，是党组织建设工作的关键环节。天津、上海、江苏、江西等地在政策层面引导民办学校健全选配与任

① 北京市人民政府网. 北京市人民政府关于鼓励社会力量兴办教育促进民办教育健康发展的实施意见[EB/OL].（2018-11-29）. http://www.beijing.gov.cn/zhengce/zfwj/zfwj2016/szfwj/201905/t20190522_61648.html.

② 安徽省人民政府网. 安徽省人民政府关于鼓励社会力量兴办教育促进民办教育健康发展的实施意见[EB/OL].（2017-10-27）. https://www.ah.gov.cn/public/1681/7927491.html.

③ 江西教育网. 江西省人民政府关于鼓励社会力量兴办教育促进民办教育健康发展的实施意见[EB/OL].（2018-06-29）. http://jyt.jiangxi.gov.cn/art/2018/6/29/art_25869_1516936.html.

④ 四川省人民政府网. 四川省人民政府关于鼓励社会力量兴办教育促进民办教育健康发展的实施意见[EB/OL].（2018-09-17）. http://www.sc.gov.cn/10462/11555/11562/2018/10/29/10461744.shtml.

免机制，以优化党组织治理结构，推动党组织治理现代化。

天津市规定，理顺民办学校党组织隶属关系，健全各级党组织工作保障机制，选优配强党组织负责人，推行向民办高校选派党组织负责人，拓宽民办中小学和民办培训机构党组织负责人选配渠道，加强党组织负责人管理和培训。①

上海市规定，学校党组织领导班子成员的选配与任免，要报上级党组织批准。积极落实“双向进入、交叉任职”的规定，选好配强民办学校党组织负责人。完善民办高校党政干部选聘机制，制定《上海市民办高校党组织领导干部选拔任用暂行办法》。民办高校党组织负责人兼任政府派驻学校的督导专员。涉及民办学校发展规划、重要改革、人事安排等重大事项，党组织要参与讨论研究，董（理）事会在做出决定前要征得党组织同意；涉及党的建设、思想政治工作和德育工作的事项，要由党组织研究决定。②

江苏省规定，加强民办学校党的建设，选好配强民办学校党组织负责人，推行向民办高校选派党组织负责人，党组织负责人一般兼任政府督导专员；民办中小学、幼儿园党组织负责人一般从学校管理层中产生，符合条件的董（理）事长、校长经上级党组织同意也可担任党组织负责人。③

江西省规定，继续坚持和完善民办高校党组织负责人选任委派制度，民办高校党组织负责人兼任政府派驻学校的督导专员。民办学校党组织负责人要充分发挥“导向引领、把关监督、保障护航、动力促进”作用，为民办学校稳健发展系紧“安全带”，把稳“方向盘”，当好“助推器”，行使“制动阀”。④

---

① 天津市人民政府网. 天津市人民政府关于鼓励社会力量兴办教育促进民办教育健康发展的实施意见[EB/OL].（2017-12-08）. http://www.tj.gov.cn/zwgk/szfwj/tjsrmzf/202005/t20200519_2365885.html.

② 上海市人民政府网. 上海市人民政府关于促进民办教育健康发展的实施意见[EB/OL].（2017-12-27）. https://www.shanghai.gov.cn/nw41430/20200823/0001-41430_54537.html.

③ 江苏省人民政府网. 江苏省政府关于鼓励社会力量兴办教育 促进民办教育健康发展的实施意见[EB/OL].（2018-02-22）. http://www.jiangsu.gov.cn/art/2018/3/1/art_46143_7498102.html.

④ 江西教育网. 江西省人民政府关于鼓励社会力量兴办教育促进民办教育健康发展的实施意见[EB/OL].（2018-06-29）. http://jyt.jiangxi.gov.cn/art/2018/6/29/art_25869_1516936.html.

第七章　健全民办学校体制机制

健全办学体制机制是促进民办教育健康发展，吸纳社会力量更好投入教育的重要举措，是民办学校提升教育教学质量，增强社会影响力，实现可持续发展的重要支撑。目前，健全民办学校办学体制机制主要涉及规范办学准入条件，健全学校办学退出机制，探索多元主体合作办学，拓宽办学筹资渠道和推动独立学院转设工作进程等内容。

一、规范民办学校办学准入条件

（一）基本内涵

现阶段，民办教育分类登记、分类管理改革进入实践深水区，中央和地方政府出台了规范和调整民办学校办学准入条件的系列政策。民办学校办学准入条件的调整和变化，一方面规范了不同类型民办学校管辖机关和基本设立程序，细化了民办学校分类登记与扶持等相关规定；另一方面表达了国家鼓励社会力量投入教育的殷切希望，通过简政放权，吸引社会资源聚向民办教育领域（表 7-1）。

表 7-1　关于规范民办学校准入条件的法规政策

相关法规政策	具体条款
《民办教育促进法》（2016 年）	第十条、第十一条、第十三条、第十五条
《民办教育促进法实施条例》（2021 年）	第五至第八条、第十至第十三条、第十九条、第二十一条
“民办教育 30 条”（2016 年）	第（七）条
《中共中央　国务院关于学前教育深化改革规范发展的若干意见》（2018 年）	第（二十四）条
《国务院办公厅关于规范校外培训机构发展的意见》（2018 年）	第（六）条
《民办学校分类登记实施细则》（2016 年）	第三条、第七至第九条、第十四条、第十五条
《营利性民办学校监督管理实施细则》（2016 年）	第六条、第九条、第十条、第十五条
《市场准入负面清单》（2020 年）	第 92 条

民办学校办学准入的相关政策内容，主要聚焦规范民办学校准入边界、明确民办学校

办学准入流程、适当放宽民办学校办学准入条件三个方面。

第一，厘清民办学校准入边界。①规范和明确民办学校资格审查标准化流程。对民办学校举办方（包括社会组织及自然人等）的法人资格进行严格审查，进一步明确举办营利性民办学校申请举办者的详细资格条件。②明确义务教育阶段民办学校的准入边界。不得设立义务教育阶段的营利性民办学校，外商不得参与举办、投资或控制义务教育民办学校，义务教育阶段的公办学校不得参与举办民办学校等。③对非营利性与营利性民办学校设置标准进行规定。非营利性民办学校不得获取办学收益，支持公办职业教育学校参与举办营利性民办学校。在学前教育方面，禁止社会资本控制公有或非营利性幼儿园，禁止民办园参与上市与融资。

第二，明确民办学校办学准入流程。①明确民办学校设立的流程与所需材料。对申请筹设阶段与正式设立阶段民办学校审批材料进行清单化管理，批准正式设立的民办学校由审批机关按照相应程序颁发办学许可证。②规定正式申请设立民办学校的审批批复时间。对正式申请设立的民办学校，规定受理时限：民办高校在 6 个月内给予正式书面答复，其他民办学校在 3 个月内给予正式书面答复。③进一步规范民办学校举办者变更流程。要求民办学校进行举办者变更的，不得干扰学校正常发展运行，必须签订变更协议，在变更发生前 6 个月内向审批机关办理申请。

第三，适当放宽民办学校办学准入条件。①鼓励创新民办学校举办方式。鼓励探索捐资办学、基金会办学等新型举办方式，鼓励公办职业学校利用企业优势资本、技术、管理条件等资源，举办营利性职业教育学校。②创新民办学校出资类型与方式。除法律明确不得出资的财产外，有条件的社会组织或个人可以通过货币出资、可用货币估值和转让非货币资产如实物、建设用地使用权、知识产权等出资举办民办学校。③进一步激发社会力量的办学积极性。地方政府应简化准入程序，加强准入引导与支持，吸引社会资源进入教育领域。同时，在法律法规禁止进入的，或可能损害第三方利益、社会公共利益、国家安全的领域，加强对社会力量办学的限制、监督与规范。

（二）现存难题

办学准入条件是政府对民办学校办学基本条件的最低限制要求，是国家调整民办教育发展规模与总体占比的重要手段。规范社会资本投资民办学校的办学准入条件，扩大社会资源进入教育领域投资规模已成为鼓励和支持民办教育事业发展的共识。然而，民办学校办学准入条件调整过程中仍存在以下难题。

第一，规范民办学校准入标准的配套机制不到位。①针对民办学校准入达标的指导不到位。针对地方民办学校分类登记及设立过程中的困难与问题，有关部门在办学资格与个人办学资格方面进行审查并给予反馈，但在材料审核、批准等方面主观能动意识有待增强，积极规范、主动引导的职能发挥不充分。②对民办教育准入调整的认识不到位。有的地方政府对国家支持和鼓励社会力量投入教育的认识不全面、不到位，鼓励性措施推动相对缓慢，社会资本投入教育的积极性未完全释放出来。③民办学校准入标准体系建设不到位。民办学校办学标准、运行标准、教学质量标准以及评估办法等标准体系，是实现民办学校规范化、标准化办学的基础条件。但目前，有的地方政府尚未完善标准体系，存在部分标准不明确，标准制定对非营利性民办学校与营利性民办学校的差异性考虑不足等问题。

第二，民办学校“准入负面清单”的相关制度建设不完善。①“准入负面清单”的地方管理责任不明确，“责任机制”尚未建立。有的地方政府尚未建立针对民办教育管理的跨部门协调机制。一方面，“准入负面清单”的内容设置与施行涉及教育、税务、民政、证监、市场监管等多部门协调参与，需要地方根据民办教育需求及时调整；另一方面，民办教育的管理主体涉及省、市地方政府及教育主管部门的对接合作，“准入负面清单”未对各级政府权责范围进行明确，不利于对清单规定内容进行及时监管。②“准入负面清单”内容待扩充，“个体约束”关注不足。目前，大部分地方政府的清单内容主要规定了市场主体的禁止准入事项，学校、企业、公司等规范对象，相关规定内容仍有进一步明确与扩充的空间。

第三，民办学校准入管理的简政放权目标待落实。①有的地方对民办学校办学准入审核的认识待更新。民办教育分类管理背景下，审核民办学校办学准入条件，涉及管理部门与市场主体的初期合作，对市场主体的管理态度成为直接影响社会力量投入程度的因素。淡化传统管理模式中的上下级意识，探索服务式治理应成为支撑地方吸引社会力量办学的重要支撑。②民办学校准入管理的方式待更新。传统管理方式对民办教育分类管理改革需求的反馈较慢，窗口式服务、一站式受理等政府管理优秀经验亟需借鉴。③民办学校准入工作的管理协同机制待健全。民办学校准入管理事务涉及较多部门协同参与，部门间协同合作机制尚未健全，不同类型民办学校的设置标准、审批程序、材料目录的标准化创建有待完善。

（三）地方实践探索

各地对民办学校准入条件方面的调整措施主要集中于明确分类管理背景下各级各类民办学校准入条件、规范准入负面清单制度的内容、提出准入监管的简政放权要求以及营造良好的办学准入环境四个方面。

第一，体现地方差异的准入标准逐渐明确。在国家法律政策要求基础上，有的地区结合社会力量办学的准入标准与地方经济、社会、教育发展现实，明确不同阶段、层级民办学校的审批准入流程、设置要求及设置红线，体现了地方发展特色。

上海市规定，积极鼓励和大力支持社会力量举办非营利性民办学校。同时，制定完善上海市民办中小学、幼儿园、培训机构设置标准，规范审批程序、审批材料目录及相应的格式化文本。①

重庆市对普惠性幼儿园的准入环节采取专项支持措施，支持城区住宅小区配套幼儿园、政府投资建设保障性住房或旧城改造的小区配套幼儿园举办普惠性幼儿园。②

浙江省鼓励社会力量举办社区教育、老年教育等。探索举办混合所有制职业院校。③

第二，进一步完善民办教育“准入负面清单”制度成为共识。上海、安徽、陕西等地规定，实施社会力量办学负面清单制度，通过简政放权，规范与吸引并重，引导社会资源进入民办教育领域合理投资。上海市提出，深入推进一站式受理、窗口式服务，明确并联式审批的管理要求，以吸引社会资源投入民办教育。④

第三，细化民办教育准入管理权责划分。不同地区对民办学校准入管理的权责划分具体情况有所不同，全国共有 12 个地区明确了民办学校准入管理的权责划分。其中，有的地区参照传统教育管理逻辑进行权责划分。辽宁、山西、四川、黑龙江、贵州、青海等地大体明确了由省教育厅、省人力资源和社会保障厅统一规划，各市、县人民政府为主要责任单位的权责划分。

有的地区根据地方管理需要，对民办学校准入权责进行了初步分工。如安徽省规定，省发展改革委、省教育厅、省人力资源社会保障厅等，各市、县人民政府按职责分工负责；⑤江西省明确，以省教育厅、省国资委、省人社厅，各设区市人民政府、赣江新区管委会为责任主体；⑥广西壮族自治区规定，自治区教育厅、人力资源社会保障厅、发展改革委、财政厅，各设区市、县（市、区）人民政府是管理主体。⑦

有的地区初步建立了民办学校准入的系统化管理体系。如江苏省明确了以省教育厅、省发展改革委、省经济和信息化委、省财政厅、省人力资源社会保障厅、人民银行南京分行、江苏银监局为主体的准入管理部门。⑧吉林省规定，教育、人力资源和社会保障、民

---

① 上海市人民政府网. 上海市人民政府关于促进民办教育健康发展的实施意见[EB/OL].（2017-12-27）. https://www.shanghai.gov.cn/nw41430/20200823/0001-41430_54537.html.

② 重庆市人民政府网. 重庆市人民政府关于进一步促进民办教育健康发展的实施意见[EB/OL].（2018-06-01）. http://www.cq.gov.cn/zwgk/zfxxgkzl/fdzdgknr/zdmsxx/jy/zyzc/201806/t20180607_8837010.html.

③ 浙江省人民政府网. 浙江省人民政府关于鼓励社会力量兴办教育促进民办教育健康发展的实施意见[EB/OL].（2017-12-26）. http://www.zj.gov.cn/art/2017/12/29/art_1229017138_64638.html.

④ 上海市人民政府网. 上海市人民政府关于促进民办教育健康发展的实施意见[EB/OL].（2017-12-27）. https://www.shanghai.gov.cn/nw41430/20200823/0001-41430_54537.html.

⑤ 安徽省人民政府网. 安徽省人民政府关于鼓励社会力量兴办教育促进民办教育健康发展的实施意见[EB/OL].（2017-10-27）. https://www.ah.gov.cn/public/1681/7927491.html.

⑥ 江西教育网. 江西省人民政府关于鼓励社会力量兴办教育促进民办教育健康发展的实施意见[EB/OL].（2018-06-29）. http://jyt.jiangxi.gov.cn/art/2018/6/29/art_25869_1516936.html.

⑦ 广西壮族自治区人民政府网. 广西壮族自治区人民政府关于鼓励社会力量兴办教育促进民办教育健康发展的实施意见[EB/OL].（2018-07-17）. http://www.gxzf.gov.cn/zwgk/zfwj/20180717-703875.shtml.

⑧ 江苏省人民政府网. 江苏省政府关于鼓励社会力量兴办教育 促进民办教育健康发展的实施意见[EB/OL].（2018-02-22）. http://www.jiangsu.gov.cn/art/2018/3/1/art_46143_7498102.html.

政、编制、工商部门为准入管理的主管部门。[①]宁夏回族自治区规定，建立以自治区教育厅、人力资源社会保障厅、编办、民政厅、工商局为牵头单位，自治区地税局、卫生计生委，各市、县（区）人民政府为配合单位的权责体系。[②]

第四，营造良好的办学准入环境成为目标。江苏省、河北省等20余地区提出，各地要重新梳理民办学校准入条件和程序，进一步简政放权，吸引更多的社会资源进入教育领域。河南省明确强调了开放教育投资和供给领域，政府通过制定教育总体发展规划，协调配置民办教育地方资源，为社会力量办教育提供良好发展环境。[③]

二、健全学校退出机制

（一）基本内涵

完善民办学校退出机制有助于稳定有序地推进分类管理改革。为加快健全民办学校退出机制，国家相关法规政策逐步明确退出要求、退出程序、退出后安置等方面的内容（表7-2）。

表 7-2　关于健全学校退出机制的法规政策

相关法规政策	具体条款
《民办教育促进法》（2016 年）	第五十六条、第五十七条、第五十八条、第五十九条、第六十条
《民办教育促进法实施条例》（2021 年）	第五十条
“民办教育 30 条”（2016 年）	第（十）条

民办学校退出机制的法规政策调整主要涉及规范退出程序、明确清算流程两个方面。

第一，规范民办学校退出程序。①明确学校退出过程中的师生安置问题。民办学校退出的具体步骤大体包括妥善安置师生、组织财务清算、实现适当救济后有序退出。《民办教育促进法》规定，民办学校终止时，应当妥善安置在校学生。实施义务教育的民办学校终止时，审批机关应当协助学校安排学生继续就学。②明确民办学校注销登记程序。民办学校自己要求终止的，应当提前6个月发布拟终止公告，依法依章程制定终止方案。民办学校无实际招生、办学行为的，办学许可证到期后自然废止，由审批机关予以公告。③明确审批机关在终止办学方面的权责划分。审批机关应收回终止办学学校的办学许可证及印章，销毁后进行注销登记程序。在财务清算上，地方审批机关要因地制宜，避免“照搬式政策执行”忽视地方情况特殊性。

① 吉林省人民政府网. 吉林省委省政府关于鼓励社会力量兴办教育促进民办教育健康发展的实施意见[EB/OL].（2018-08-17）. http://www.jl.gov.cn/szfzt/zcfg/swygwj/201904/t20190417_5799703.html.

② 宁夏回族自治区网. 自治区人民政府关于鼓励社会力量兴办教育促进民办教育健康发展的实施意见[EB/OL].（2018-06-01）. http://www.nx.gov.cn/zwgk/qzfwj/201806/t20180607_797066.html.

③ 河南省人民政府网. 河南省人民政府关于鼓励社会力量兴办教育进一步促进民办教育健康发展的实施意见[EB/OL].（2018-02-02）. http://www.henan.gov.cn/2018/02-23/239873.html.

第二，明确民办学校清算流程。①明确民办学校终止办学时的财务清算主体。民办学校根据办学终止条件的不同，对财务清算主体进行区别，可具体分为由民办学校自己组织清算、由审批机关组织清算和由人民法院组织清算三类。②明确财产清偿顺序。基本要求依照保障受教育者权益、教职工权益、偿还其他债务的顺序进行财产清偿。③明确财产清偿后剩余资产的归属权。非营利性民办学校清偿上述债务后的剩余财产继续用于其他非营利性学校办学；营利性民办学校清偿上述债务后的剩余财产，依照公司法的有关规定处理。

（二）现存难题

分类管理对传统民办教育格局产生了根本性影响，既有机遇亦有挑战，民办学校重新洗牌、转型退出可能成为民办教育发展新常态。[①]审视我国民办教育退出机制的地方性政策规定，仍存在一些难题。

第一，操作性细则待落实。①宣示性规定为主，操作性细则缺失。《民办教育促进法实施条例》规定，“民办学校终止的，应当交回办学许可证，向登记机关办理注销登记，并向社会公告”，并未具体明确注销登记流程及社会公告形式。②民办学校退出的监督指导体系待健全。我国民办学校退出机制主要侧重事后处置，缺乏事前预警机制及事中政府辅导机制。③民办学校退出后的剩余财产处置尚存争议。《民办教育促进法》规定，民办学校终止时，剩余财产可用于社会公益事业，而“民办教育30条”规定，选择登记为非营利性民办学校的，终止时，民办学校的财产依法清偿后有剩余的，按照国家有关规定给予出资者相应的补偿或者奖励，其余财产继续用于其他非营利性学校办学[②]。

第二，监督督导功能发挥不充分。①专业评估机构参与有限。政府主要负责民办学校的年度评估任务，政府之外的第三方机构参与较少，评估方式对民办教育的针对性有待加强，同时地方民办教育管理部门的监管专业性有待加强。②民办学校退出辅导机制建设不完善。民办学校的退出路径较为单一，学校重整再建相关的制度建设不完善，尚未适应民办教育领域并购、兼并的新趋势，容易造成社会教育资源的浪费。③学生与教师安置路径不清晰。《民办教育促进法》对于学生与教师安置的相关规定较为宽泛，且操作性不够强。

第三，民办学校财产清偿的补偿奖励措施不到位。一方面，民办学校的财务清理、价值重估、资金核实、资产清查、损益认定等相关制度不健全，监督机制不完善；另一方面，补偿奖励政策不落地。各地方政府可根据具体需求，向待退出民办学校举办者给予相应补偿或奖励。当前，一些地方性政策创造性较弱，原则性规定较多，一定程度上阻碍了

---

① 张利国，石猛. 新政背景下民办学校退出机制的反思与重构[J]. 中国教育学刊，2018（8）：13-17.

② 中国政府网. 国务院关于鼓励社会力量兴办教育 促进民办教育健康发展的若干意见[EB/OL].（2017-01-18）. http://www.gov.cn/zhengce/content/2017-01/18/content_5160828.htm.

分类登记政策落地。

（三）地方实践探索

第一，非营利性民办学校终止办学的补偿办法相对明确。各地区基本按照《民办教育促进法修法决定》的原则要求，对现有民办学校选择登记为非营利性民办学校，继续开展办学的，在民办学校终止时应当给予出资者一定的补偿或奖励。其中，安徽、湖北、内蒙古、陕西、河南、江苏、重庆、江西、云南 9 个地方政府提出，在返还举办者核定出资额之后，相应的补偿和奖励可以同时获得。

天津、湖北、上海、云南、江苏等地提出了明确的计算方式。内蒙古自治区专门针对历年来未取得回报的非营利性民办学校举办者，提出可适当提高奖励水平，实行“一地（校）一策”。①

湖南省规定，非营利性民办学校终止时，清偿后剩余财产统筹用于教育等社会事业。②

第二，营利性民办学校终止办学的具体流程逐渐规范。有的地区明确规定，对于现有营利性民办学校终止办学的，在依法清偿债务后需综合参照《中华人民共和国公司法》与学校原有章程对剩余资产进行处理。

上海市规定，营利性民办学校举办者可取得办学收益，办学结余依据国家有关规定进行分配。③

江西省人民政府进一步要求，各地区要依照审批权限，结合本地区发展实际，健全民办学校退出机制，进一步明确相关程序和要求。④

陕西省规定，选择登记为营利性民办学校的，应当由具备资质的第三方机构进行财务清算（以划拨方式或公益用途取得的国有土地使用权及地上建筑物、其他附着物，不列入清算范围）。⑤

甘肃省规定，选择登记为营利性民办学校的，应当进行财务清算，依法明确财产权属，终止时，民办学校的财产依法清偿后有剩余的，依照《中华人民共和国公司法》有关

---

① 内蒙古自治区人民政府网. 内蒙古自治区人民政府关于鼓励社会力量兴办教育促进民办教育健康发展的实施意见[EB/OL].（2018-01-02）. https://www.nmg.gov.cn/404/40x.html.

② 湖南省人民政府网. 湖南省人民政府关于鼓励社会力量兴办教育促进民办教育健康发展的实施意见[EB/OL].（2019-01-22）. http://www.hunan.gov.cn/xxgk/wjk/szfwj/201901/t20190124_5266228.html.

③ 上海市人民政府网. 上海市人民政府关于促进民办教育健康发展的实施意见[EB/OL].（2017-12-27）. https://www.shanghai.gov.cn/nw41430/20200823/0001-41430_54537.html.

④ 江西教育网. 江西省人民政府关于鼓励社会力量兴办教育促进民办教育健康发展的实施意见[EB/OL].（2018-06-29）. http://jyt.jiangxi.gov.cn/art/2018/6/29/art_25869_1516936.html.

⑤ 陕西省人民政府网. 陕西省人民政府关于鼓励社会力量兴办教育促进民办教育健康发展的实施意见[EB/OL].（2018-04-03）. http://www.shaanxi.gov.cn/zfxxgk/zfgb/2018_3966/d6q_3972/201804/t20180403_1638316.html.

规定处理，可按照股东的出资比例或持有的股份比例分配。①

内蒙古自治区规定，2016 年 11 月 7 日后设立的民办学校终止时，财产处置按照有关规定和学校章程处理。建立民办学校产权流转制度，规范举办者股权转让行为。除捐资举办的民办学校外，其他民办学校存续期间，出资或投资者对所有者权益（股权）可以增设、释股、转让、继承、赠予。产权流转要纳入所在地政府产权交易平台，规范操作。②

第三，预防国有资产流失的地方政策相继出台。各地方政府较为重视原有民办学校终止办学过程中的国有资产流失情况，特别强调学校退出后的财产清算工作。

黑龙江省明确，民办学校终止办学，要严格按照法律法规程序，进行财务清算，做好人员安置，保证有序退出，保护师生权益，防范国有资产流失，维护社会稳定。③

江西省同样提出，要严格民办学校退出的清算和安置方案的法律程序，保障师生的合法权益，保证有序退出，防范国有资产流失，维护社会稳定。④

三、探索多元主体合作办学

（一）基本内涵

多元主体合作办学是民办教育充分利用社会资源优势，实现优势互补的重要方式。举办类型是民办学校治理结构的基础，一定程度上影响办学主体构成、权责关系划分、治理体系搭建、经费筹措运营的制度设计与治理特征。民办学校多元主体合作办学具有多元参与、公民融合的特点，学校制度鲜明。当前，多元主体合作办学主要包括多自然人合作办学，多企业合作办学及混合所有制办学等多种形式。

有关民办学校多元合作办学的政策内容，主要涉及明确联合办学形式、推动合作办学形式改革两个方面（表 7-3）。

表 7-3　关于探索多元主体合作办学的法规政策

相关法规政策	具体条款
《民办教育促进法实施条例》（2021 年）	第五条、第九条
“民办教育 30 条”（2016 年）	第（九）条
《青海省人民政府 关于鼓励社会力量兴办教育促进民办教育健康发展的实施意见》（2018 年）	第（九）条
《内蒙古自治区人民政府关于鼓励社会力量兴办教育促进民办教育健康发展的实施意见》（2018 年）	第（七）条

① 中国民办教育协会. 甘肃省人民政府关于进一步促进民办教育健康发展的实施意见[EB/OL].（2017-11-16）. https://www.canedu.org.cn/site/content/2031.html.

② 内蒙古自治区人民政府网. 内蒙古自治区人民政府关于鼓励社会力量兴办教育促进民办教育健康发展的实施意见[EB/OL].（2018-01-02）. https://www.nmg.gov.cn/404/40x.html.

③ 黑龙江省人民政府网. 黑龙江省关于鼓励社会力量兴办教育促进民办教育健康发展的实施意见[EB/OL].（2019-03-29）. https://www.hlj.gov.cn/n200/2019/0329/c75-10896840.html.

④ 江西教育网. 江西省人民政府关于鼓励社会力量兴办教育促进民办教育健康发展的实施意见[EB/OL].（2018-06-29）. http://jyt.jiangxi.gov.cn/art/2018/6/29/art_25869_1516936.html.

第一，明确联合办学的具体形式。相关政策对联合办学的具体形式做出基础性规定。《民办教育促进法实施条例》规定，国家机构以外的社会组织或者个人可以单独或者联合举办民办学校。联合举办民办学校的，应当签订联合办学协议，明确合作方式、各方权利义务和争议解决方式等。此外，政策积极鼓励公办学校与民办学校签订协议，以购买服务等方式，委托其承担相应教育任务。实施职业教育的公办学校可以吸引企业的资本、技术、管理等要素，举办或者参与举办实施职业教育的营利性民办学校。

第二，推动办学形式改革创新。①创新联合办学形式。国家鼓励以捐资办学、基金会办学和无举办者等形式进行联合办学。②推动职业教育办学形式创新。国家鼓励社会力量通过独资、合资、合作等方式举办民办职业教育学校。③创新政府与社会资本合作形式。鼓励探索政府和社会资本合作（public-private-partnership，PPP）模式，鼓励社会力量投入教育基础设施建设、日常运营、学校管理和支持服务等领域。

（二）现存难题

现有法规政策明确了多元主体合作办学的合作方式、各方权利义务及争议解决方式，进一步强调了国家鼓励和支持多元主体参与民办学校合作办学的价值倾向，为多元主体合作办学减少实践阻力。但在具体推进过程中，仍存在一些难题。

第一，治理权力结构复杂，运行机制不规范。①内部权力结构复杂，难以形成共识。多元主体合作办学涉及多方权力主体在学校运行与管理过程中的合作，各权力主体往往存在争夺主导权及行政管理权的现象，决策权与管理权、财政权等权力的分散容易影响管理效率。②内部运行机制不统一，治理结构更新难。董事会领导下的校长负责制是民办学校的组织形式，但受内部权力主导力量影响，不同学校部门间的话语权差距较大，较难形成统一且可推广的科学治理形式。③内部主体参与治理的边界尚未明确，积极性偏低。多元主体参与合作办学过程中，不同人员（包括教师、中层管理者、高层管理者、举办者、合作举办者）参与治理的权责范围尚未明确，内部治理主动性较低。

第二，办学监管能力建设不足。①监管组织机构薄弱。我国民办教育管理机构的层级相对较低，仅在各省教育厅下设立民办教育处，还存在民办教育与职业教育等科室合并设立的情况，民办教育管理科室工作人员较少，尚无法承接对多方主体合作办学进行全面监管的任务。②地方民办教育监管机制不健全，合作办学规范力度不足。系统性的民办学校评价标准尚未建立，国家对民办学校的监管仍主要停留在教学评估方向，民政部门和教育行政部门职能相互交叉。③地方政府执法能力相对不足。多元合作办学受多方举办主体的影响，在办学资金使用、学科发展、专业设置等方面可能出现调整，容易干扰学校的正常教学与发展，地方民办教育管理部门执法能力相对不足，不利于学生及教师合法权益保障。

第三，多元主体合作办学的操作性细则不落地。一方面，合作方式不明确，难以明确各方主体的权利与义务。多元主体合作办学的主要形式有多个自然人合作、企业合作、自然人与企业合作及混合所有制等类型，其中又包括捐资办学、投资不要求合理回报、投资要求回报和直接投资办学等几种投入方式，不同形式的合作流程及方式均需要逐步商定与推进，合作主体的权利义务保障存在障碍。另一方面，争端解决方式不确定，阻碍多元合作的深入推进。受多元主体类型差异的制约，不同学校内部争端及问题差异性较大，不利于形成大众化、体系化的争端解决方式。

（三）地方实践探索

各地区对多元主体合作办学的政策调整，主要集中于合作办学方式的创新、推进公民办教育服务购买、混合所有制职业学校的发展和民办学校多元支持等方面。

第一，加快民办学校合作办学模式的创新。有的地区明确了鼓励多种形式举办民办教育，支持地方教育事业发展。

天津、上海、陕西、河南等地明确支持和鼓励推广政府和社会资本合作模式有助于社会力量参与提供地方社会公共服务。同时支持和鼓励独资、合资、合作等形式兴办民办学校，企事业单位、社会团体、其他社会组织及公民个人均可利用非财政性经费举办学校。

上海市明确，探索创新政府与社会资本在民办教育领域的合作机制，鼓励社会资本参与教育基础设施建设和运营管理、提供专业化服务。①

广东省规定，各地可探索依法利用国有资产、集体资产、非公有资产等，通过合资、合作、参股、租赁等方式与社会力量联合办学。支持社会力量以协议托管等形式，在不改变所有制并明确各方责权利前提下，参与公办学校办学。②

第二，推进公、民办教育服务相互购买是民办学校合作办学的重要方式。教育服务购买是支持民办学校发展的新方式，国家明确鼓励民办学校同公办学校通过教育服务购买进行合作办学，有的地区进一步细化了公、民办教育服务购买的类型和方法。北京、上海、江苏等10余个地区规定，鼓励公办学校与民办学校通过购买管理服务、教学资源、科研成果等方式进行合作办学。

第三，促进混合所有制的职业学校发展是推进多元主体合作办学的重点，也是教育改革发展方向的重要突破点。全国各地区在“民办教育30条”的指导下，对地方性探索举办混合所有制职业院校予以鼓励，普遍允许社会力量以资本、知识、技术、管理等要素，通过合资、合办、股份合作等多种形式，举办或参与举办职业院校并享有相应权利。

第四，对多元主体办学学校提供资源支持是各地区支持民办教育发展的重要措施。一方面，地方法规政策对非营利性民办学校的支持进行了明确。北京市明确，鼓励社会力量

① 上海市人民政府网. 上海市人民政府关于促进民办教育健康发展的实施意见[EB/OL].（2017-12-27）. https://www.shanghai.gov.cn/nw41430/20200823/0001-41430_54537.html.

② 广东省人民政府网. 广东省人民政府关于鼓励社会力量兴办教育促进民办教育健康发展的实施意见[EB/OL].（2018-05-04）. http://www.gd.gov.cn/gkmlpt/content/0/146/post_146815.html#7.

对非营利性民办学校给予捐赠，鼓励引导非营利性民办学校利用捐赠资金和办学结余依法申请设立教育基金会（基金），为民办学校发展和教师、学生提供资金资助。引导营利性民办学校合作设立投资基金，用于学校创新发展，防范办学风险。[①]山西省规定，支持地方民办学校同政府、公办院校和企事业单位合作，创新人才培养机制，探索校企合作、校地联合新形式。另一方面，有的地区积极引导营利性民办学校合作设立投资基金，用于学校创新发展，防范办学风险。[②]广东省特别强调，国资委等监管机构要进一步强化民办学校监管，防止国有资产流失。[③]

四、拓宽办学筹资渠道

（一）基本内涵

办学经费短缺是长期困扰民办学校发展的关键问题，民办教育分类管理改革后，充分发挥民办教育体制机制优势，扩充办学筹资渠道，提升筹资水平，成为民办教育破解自身发展难题的关键环节。为拓展民办学校办学筹资渠道，《民办教育促进法》及国家、地区的配套政策相继出台，初步奠定了社会力量参与民办教育办学筹资的基本导向。

民办学校拓宽办学筹资渠道的政策调整主要集中于明确政府财政支持方式、拓宽社会融资渠道两方面（表 7-4）。

表 7-4　关于拓宽办学筹资渠道的法规政策

相关法规政策	具体条款
《民办教育促进法》（2016 年）	第六条、第四十五条、第四十六条、第四十七条、第四十八条、第四十九条、第五十条、第五十一条
《民办教育促进法实施条例》（2021 年）	第五十三条、第五十七条，第五十八条、第六十条
“民办教育 30 条”（2016 年）	第（八）条

第一，明确民办学校的财政支持方式。①明确地方政府对民办教育的专项资金支持。地方政府可根据本地需求，设立民办教育专项发展资金，支持民办学校质量提升。②确立地方政府的主要财政支持形式。地方政府对民办学校的普遍扶持方式主要集中在购买教育服务、提供助学贷款、奖助学金保障以及出租闲置国有资产等方式，政府可给予非营利性民办学校相应的政府补贴、基金奖励和捐资激励。③民办学校税收优惠政策的确定。明确了非营利性民办学校享受与公办学校同等的税收优惠政策。

---

① 北京市人民政府网. 北京市人民政府关于鼓励社会力量兴办教育促进民办教育健康发展的实施意见[EB/OL].（2018-11-29）. http://www.beijing.gov.cn/zhengce/zfwj/zfwj2016/szfwj/201905/t20190522_61648.html.

② 广西壮族自治区人民政府网. 广西壮族自治区人民政府关于鼓励社会力量兴办教育促进民办教育健康发展的实施意见[EB/OL].（2018-07-17）. http://www.gxzf.gov.cn/zwgk/zfwj/20180717-703875.shtml.

③ 广东省人民政府网. 广东省人民政府关于鼓励社会力量兴办教育促进民办教育健康发展的实施意见[EB/OL].（2018-05-04）. http://www.gd.gov.cn/gkmlpt/content/0/146/post_146815.html#7.

第二，确立社会融资渠道的拓展方向。①明确鼓励社会捐赠办学。根据国家法律法规要求，民办学校可接受社会捐赠，捐赠性支出享受国家税收减免政策。在民办学校主管部门允许前提下，可对民办学校进行适当冠名。②金融信贷手段成为融资的重要渠道。民办教育发展可采用金融信贷手段进行融资，风险可控前提下，国家鼓励金融机构开发民办教育金融产品。③探索民办学校保险支持体系。国家鼓励和支持民办教育建立行业互助保险机制，购买适合民办教育特色的保险产品，为保障民办学校教职工权益、终止善后和事故处理提供资金支持。

（二）现存难题

拓宽学校筹资渠道是法律制度建设中需要进行重点关注的问题，但在法律制度规范不断推进，限制性措施不断放宽的同时，民办学校办学筹资渠道拓展还面临经费结构不合理、筹资能力不足和社会捐赠比例低等难题。

第一，民办学校经费结构不合理，筹措渠道不畅。①经费来源渠道单一，结构不合理。我国民办学校办学经费筹措渠道相对简单，以学杂费为主要收入来源，近年来，政府财政支持力度有所增加，但抗风险能力仍然较差。②社会捐赠比例较低，不利于社会资本向教育资本转化。受我国捐赠文化建设不充分、税收优惠政策不健全、民办教育办学质量良莠不齐等因素的影响，我国捐赠办学所占比例较小，捐赠总额不大。③民办学校收支平衡较难维系，生均经费相对不足。在教育质量整体提升背景下，民办教育“挤出效应”较为明显，生源质量与收入差距不断拉大，加剧经费不足的现实状况。

第二，民办学校的社会筹资效果不显著。①民办学校专业性服务的变现价值不高，社会接受度较低。受我国民办学校发展水平限制，教学、科研、社会服务方面水平相对较低，与社会结合筹资的质量相对较低，知识转化的价值不高。②民办学校对筹资的重视程度不高，相关人才储备不足。大众化阶段的民办学校尚能在学杂费收入基础上实现收支平衡，但民办学校并未重视对于筹资相关人才进行储备与建设，在高质量发展背景下，民办学校需要通过筹资技术人才满足筹资需求。③筹资对接指导不足，筹资效果措施不明朗。对于教育投、融资方式，教育金融产品开发、银行信托等新兴筹资渠道应用的对接指导不足，无法充分发挥筹资效果，支持学校发展。

第三，民办教育自身的风控水平不高。一方面，民办学校对保险产品及金融产品的风险控制能力不足。民办学校以社会组织为办学基础，其风险鉴别能力较公办学校更低，学校抗风险能力较低。另一方面，教育金融风险加剧。民办学校受市场规律影响相对较大，金融产品及融资服务容易引发民办学校尤其营利性民办学校偏离公益性导向，陷入资金危机的风险。

（三）地方实践探索

拓宽学校筹资渠道是民办学校解决经费问题的重要措施，有的地区主要对扩展民办学校投资融资渠道、金融服务与产品开发、提升社会捐赠水平方面进行调整。

第一，扩展民办学校的投资融资渠道。地方政府对扩展民办学校投资融资渠道，创新民办教育投资融资机制进行实践，初步探索出能够结合地方社会实际的民办学校资金来源扩展方式。

广东省规定，鼓励和吸引社会资金进入教育领域举办学校或投入项目建设。鼓励各类社会组织和个人对非营利性民办学校给予捐赠。鼓励民办学校设立学校发展基金。探索办理民办学校未来经营收入、知识产权质押贷款业务，提供银行贷款、信托等多样化金融服务。允许营利性民办学校探索利用多层次资本市场开展股权融资。①

河南省提出，创新教育投融资机制，多渠道吸引社会资金。鼓励金融机构在风险可控前提下开发适合民办学校特点的金融产品。②

湖北省明确，建立健全民办教育投融资机制，依托现有融资性担保机构，加大对民办学校的融资支持；鼓励民办教育行业组织组建担保公司，积极开展业务，服务民办学校。在风险可控的条件下，各地可建立民办学校低息贷款政策，支持民办学校融资；对于办学规范、信誉良好的民办学校，当地政府可提供贴息贷款。鼓励金融机构在风险可控的条件下，开发适合民办学校特点的金融产品，为民办学校提供用于扩大和改善办学条件的信贷支持。探索办理民办学校学费收费权、未来经营收入、知识产权质押以及担保中心信用担保等贷款业务，提供银行贷款、教育信托投资、融资租赁等多样化的金融服务。③

第二，丰富民办教育的金融服务方式。一些地区积极拓展面向民办学校的金融服务产品，结合地方金融发展经验，创新金融服务支持手段，尝试开发针对民办教育的金融服务产品。

上海市要求，鼓励金融机构在风险可控前提下开发适合民办学校特点的金融产品，积极运用信贷、租赁、保险等多种金融手段支持民办学校发展，探索办理民办学校未来收入、应收账款、知识产权质押贷款业务。④

安徽省提出，支持社会资金和民办学校依法依规利用 BT（建设—移交）、BOT（建设—经营—移交）、企业债券、项目收益债、中期票据等融资工具投入学校项目建设。允许营利性民办学校以各种方式引入风险投资、战略投资，发行专项债券，通过资本市场进行

① 广东省人民政府网. 广东省人民政府关于鼓励社会力量兴办教育促进民办教育健康发展的实施意见[EB/OL].（2018-05-04）. http://www.gd.gov.cn/gkmlpt/content/0/146/post_146815.html#7.

② 河南省人民政府网. 河南省人民政府关于鼓励社会力量兴办教育进一步促进民办教育健康发展的实施意见[EB/OL].（2018-02-02）. http://www.henan.gov.cn/2018/02-23/239873.html.

③ 湖北省人民政府网. 省人民政府关于鼓励社会力量兴办教育促进民办教育健康发展的实施意见[EB/OL].（2017-12-20）. http://www.hubei.gov.cn/zfwj/ezf/201712/t20171228_1712063.shtml.

④ 上海市人民政府网. 上海市人民政府关于促进民办教育健康发展的实施意见[EB/OL].（2017-12-27）. https://www.shanghai.gov.cn/nw41430/20200823/0001-41430_54537.html.

规范融资。①

第三，进一步创新社会力量对营利性民办教育的投资融资模式。有的地区更进一步创新营利性民办学校的投资融资方式，以更贴近企业市场的方式推动营利性民办学校投资融资规模扩张。

安徽省鼓励和吸引社会资金进入教育领域举办学校或者投入项目建设。创新教育投融资机制，多渠道吸引社会资金，扩大办学资金来源。鼓励和引导金融机构在风险可控前提下开发适合民办学校特点的金融产品，探索办理民办学校未来经营收入、知识产权质押贷款业务，提供银行贷款、信托、融资租赁等多样化的金融服务。②

五、推动独立学院转设工作开展

（一）基本内涵

独立学院是我国高等教育大众化背景下的特殊产物，为适应高等教育普及化发展格局，推动独立学院转设，实现可持续、高质量发展，已经成为深入推动民办教育分类管理改革目标实现的必然方式。

独立学院转设工作的政策发展主要聚焦独立学院的转设路径、独立学院的设置标准以及独立学院转设的价值引导方面（表 7-5）。

表 7-5　关于推动独立学院转设工作开展的法规政策

相关法规政策	具体条款
《中华人民共和国高等教育法》（2018 年）	第十八条、第二十五条
《关于加快推进独立学院转设工作的实施方案》（2020 年）	第三点、第四点
《关于独立学院转设有关问题的说明》（2021 年）	第二段、第三段

第一，明确了独立学院的转设路径。①不同转设路径的前提条件相对明确。根据独立学院发展内部情况，设置了转公、转民和终止办学三条转设路径，满足独立学院的不同发展需求。②明确“校中校”转设要求，进一步推动转设实践。可选择转为非营利性民办普通高校，践行多元主体合作办学的模式创新。对于已审批选择其他转设模式的，进行重新核准和审批。③地方独立学院转设路径和方式不断创新。鼓励各地方独立学院同省内高职高专合并转设，也支持根据地方需求制定其他合法转设路径，需报教育部同意后可实行转设。

第二，明晰了独立学院的设置标准。①转设要严把质量关。独立学院各项办学设置标

① 安徽省人民政府网. 安徽省人民政府关于鼓励社会力量兴办教育促进民办教育健康发展的实施意见[EB/OL].（2017-10-27）. https://www.ah.gov.cn/public/1681/7927491.html.

② 安徽省人民政府网. 安徽省人民政府关于鼓励社会力量兴办教育促进民办教育健康发展的实施意见[EB/OL].（2017-10-27）. https://www.ah.gov.cn/public/1681/7927491.html.

准必须达到《普通本科学校设置暂行规定》等政策规定，并提供证明材料。②确保独立学院各项权利清晰，转设协议科学合理。独立学院转设要确保土地与房屋所有权信息、注册信息清晰有效。明确转设后，学校在资产权属、师生安置、债权债务、过渡安排、经费来源等方面平稳过渡。③政策层面向转设后的独立学院适当倾斜。确保办学基础条件基础上，适当放宽土地、校舍面积等方面要求。

第三，加强了对独立学院转设的引导。一方面，推动了独立学院同优质高职学院进行"合并转设"。明确转设后大学名称必须增加"职业大学或职业技术大学"，归属于本科层次职业教育，发放本科学历证书。另一方面，妥善处理独立学院转设过渡期内的学生权益保障问题。对独立学院转设前后的学生应采取差异化对待方式，"老人老办法，新人新办法"，推动平稳过渡。

（二）现存难题

为进一步推进民办高等教育健康发展，快速推进独立学院转设工作，在改革发展中寻求办学层次与水平提升是独立学院发展的必然趋势。目前，独立学院转设工作的开展仍然面临一些现实困境。

第一，内部治理关系不明晰影响部分学院转设积极性。①院长遴选机制的专业化标准建设滞后。独立学院院长普遍由举办高校选派人员出任，投资方偶尔参与人员推举，民办学校董事会领导下的校长负责制落实不到位，校长管理职能相对受到限制。②独立学院院长的行政管理权受限，行政决策作用未能充分发挥。独立学院院长在处理各方关系时受到较多限制，学校与投资方、学校与母体高校、办学逻辑与企业逻辑之间的矛盾有赖于院长居中协调。③母体高校的管理理念和管理方式制约独立学院的管理实践。母体高校出于保障自身发展需求角度，可能对独立学院发展规划进行限制，容易阻碍独立学院内部机制改革和教学创新开展。

第二，政策制定与学校发展实际情况之间存在一些冲突。①独立学院分类登记的过渡期与转设期存在冲突。《民办学校分类登记实施细则》对学校分类登记过渡期的时间设置同独立学院转设政策的时间要求存在出入，要求独立学院必须同步推进转设工作与分类登记工作。②学校办学定位与政策应用型导向间存在空间。独立学院转设工作的开展以坚持应用型办学方向为指引，独立学院中存在一批以学历教育为目标的院校，需要进行办学目标调整。③办学投入方式同退出结算方式间存在误差。现有退出机制要求必须在清偿全部债务后，才能进行剩余资产处理。同独立学院"以学养学、滚动发展"、借贷办学的现实不相符。①

第三，现实条件与转设标准间存在较大落差。一方面，自有教师队伍严重短缺。独立学院教师队伍构成较为复杂，一般包括自有教师、母体高校聘任教师、短期兼职教师等多

① 雷承波. 分类管理制度视域下独立学院现实困境分析与破解之道[J]. 教育与职业，2020（7）：26-33.

种类型，自有教师不足，生师比较高，存在自主招聘教师同母体学校教师间待遇差距较大等问题。①另一方面，土地的产权问题影响国有民办型独立学院的转设。缺乏土地使用权、校舍所有权等方面，长期困扰独立学院的规划与发展。高额土地购买成本成为影响独立学院转设的重要因素，500 亩校园占地面积指标难以达到。②

（三）地方实践探索

独立学院转设工作主要受国家统筹领导。目前，地方政府尚未出台关于独立学院转设的具体政策，但就地方转设工作实践来看，主要呈现以下两个特征。

第一，各地区关于民办学校分类登记的政策规定适用于独立学院。各地区关于民办学校分类登记、管理、扶持及终止办学的具体规定与举措，均适用于转设后独立学院的具体管理工作。如《教育部关于同意中山大学南方学院转设为广州南方学院的函》明确了独立学院转设为非营利性民办高校后，与其他民办学校一样，依据分类管理制度、章程建设、差别化政策扶持、财政投入、同等资助政策等方面继续办学。③

第二，一些地区的独立学院转设政策推进存在阻力，回应地方需求成为推进转设工作的重要切入点。一方面，受我国政治、经济改革影响，中国特色社会主义先行示范区改革、教育现代化区域创新示范区等改革先行区内的独立学院转设工作需同区域整体发展步调保持一致，需要进行同步调整。另一方面，一些地区出于保留学校教育优秀成果的目的，对优秀独立学院向应用技术大学转设的目标设置有所出入，推行阻力较大。

---

① 阙明坤，耿菊萍，雷承波. 国有民办型独立学院转设的困境与对策[J]. 高校教育管理，2021，15（1）：59-68.

② 黄永林. 基于产权经济的独立学院产权的特征和管理[J]. 教育与经济，2008（4）：25-29.

③ 教育部网站. 教育部关于同意中山大学南方学院转设为广州南方学院的函[EB/OL].（2020-12-28）. http://www.moe.gov.cn/srcsite/A03/s181/202101/t20210111_509411.html.

第八章　完善民办学校扶持制度

随着民办教育的快速发展，国家越来越重视对民办学校办学的政策扶持，从公共财政、税费优惠、差别化用地与收费、自主办学、保障师生权益等方面入手，加大对民办学校的扶持力度，完善扶持政策体系。

一、健全公共财政扶持

（一）基本内涵

《国家中长期教育改革和发展规划纲要（2010—2020年）》指出，健全公共财政对民办教育的扶持政策，为民办学校内涵式发展提供物质保障。[①]2010年至今，为健全公共财政扶持，国家和各地方政府陆续出台新规（表8-1）。

表8-1　关于健全公共财政扶持的法规政策

相关法规政策	具体条款
《民办教育促进法》（2016年）	第四十五条、第四十六条、第四十九至五十一条
《民办教育促进法实施条例》（2021年）	第五十二条、第五十七条、第五十八条、第六十条
《国家中长期教育改革和发展规划纲要（2010—2020年）》（2010年）	第（四十三）条
“民办教育30条”（2016年）	第（十一）条
《上海市人民政府关于促进民办教育健康发展的实施意见》（2017年）	第五条第（四）点

目前，关于健全公共财政扶持的法规政策主要以“加大财政投入力度”“创新政策扶持方式”“落实同等资助政策”为三大着力点，推进落实公共财政对民办学校的扶持。

第一，加大财政扶持力度。《国家中长期教育改革和发展规划纲要（2010—2020年）》规定，县级以上人民政府可以根据本行政区域的具体情况设立专项资金，用于资助民办学校。“民办教育30条”强调，加大对民办教育的扶持力度。财政扶持民办教育发展

---

① 教育部网站. 国家中长期教育改革和发展规划纲要（2010—2020年）[EB/OL].（2010-07-29）. http://www.moe.gov.cn/srcsite/A01/s7048/201007/t20100729_171904.html.

的资金要纳入预算，并向社会公开，接受审计和社会监督，提高资金使用效益。[①]

第二，创新财政扶持方式。在加大公共财政的基础上，创新政府财政扶持方式。①建立健全政府补贴制度。“民办教育30条”规定，需明确民办学校政府补贴制度的项目、对象、标准、用途。②完善政府购买民办教育服务制度。“民办教育30条”规定，完善政府购买服务的标准和程序，建立绩效评价制度，制定向民办学校购买就读学位、课程教材、科研成果、职业培训、政策咨询等教育服务的具体政策措施。同时，政府需加快细化政府购买教育服务的指导性规定、项目目录和标准程序。《民办教育促进法实施条例》进一步规定，政府购买民办教育服务，需依法依规签订相应阶段的委托协议，拨付教育经费。[②]③设置民办教育基金会。“民办教育30条”规定，地方各级人民政府可按照国家关于基金会管理的规定设立民办教育发展基金，支持成立相应的基金会，组织开展各类有利于民办教育事业发展的活动。地方政府可处置、经营与管理民办学校终止办学后的剩余资产、捐赠资产、办学结余资产，促进民办教育闲置经费滚动积累，支持民办学校提高办学质量，奖励举办者。

第三，落实同等资助政策。“民办教育30条”规定，民办学校学生与公办学校学生按规定同等享受助学贷款、奖助学金等国家资助政策。民办学校要建立健全奖助学金评定、发放等管理机制，应从学费收入中提取不少于5%的资金，用于奖励和资助学生。

（二）现存难题

健全公共财政扶持的国家政策内容，针对性、指导性与多元化特征越来越明显。但结合具体实际，地方性政策在执行过程中仍存在一些难题。

第一，民办学校专项资金资助稳定性较弱。一方面，尚未形成健全的民办学校专项资金分担机制。国家及地方政策均规定，县级以上政府需根据实际情况设立专项资金，除上海市明确强调完善市、区两级专项资金管理办法外，其他地方性政策，对各级政府分担比例、专项资金分担与管理方案、资金使用情况监督办法等问题均未涉及。政策层面尚未形成相对明确的专项资金分担机制，权责不明确，容易导致专项资金难到位、稳定性较差，影响政策的具体执行。另一方面，专项资金具体比例有待明确。“民办教育30条”提出，财政扶持民办教育发展的资金要纳入预算。一些地方性政策规定，各级政府根据实际情况自主设立民办学校专项资金，专项资金占公共财政的具体比例、具体数额等明确性规定相对较少，政策执行的弹性空间相对较大，容易加大民办学校专项资金资助的不确定性，威胁民办学校甚至民办教育发展经费保障的稳定性。

① 中国政府网. 国务院关于鼓励社会力量兴办教育 促进民办教育健康发展的若干意见[EB/OL].（2017-01-18）. http://www.gov.cn/zhengce/content/2017-01/18/content_5160828.htm.

② 中国政府网. 中华人民共和国民办教育促进法实施条例[EB/OL].（2021-05-14）. http://www.gov.cn/zhengce/content/2021-05/14/content_5606463.htm.

第二，政府补贴制度有待健全。①补贴项目有待扩充。健全政府补贴制度是创新财政扶持方式的举措之一。依据规定，各级政府应逐步明确政府补贴的项目、对象等内容。目前，地方性政策内容中，政府补贴项目主要包括民办学校学生的生均补贴项目、民办学校的贷款贴息项目两类。实际情况表明，除生均补贴、贷款利息之外，民办学校在学生就业发展、教师编制、专业发展机会等方面，同样需要政府的补贴扶持。各级地方政府需根据民办学校发展的实际需求，进一步扩充政府补贴项目，探索高水平师资培养补贴、教师编制补贴、教师退休年金补贴、特色专业建设补贴、学生高质量就业计划补贴等创新性补贴项目。②政府补贴制度的具体程序及规定有待明确。一些政府补贴的相关政策，缺乏制度性、程序性的细化规定，可操作性较低，直接影响政府补贴制度的具体执行。各地方政府需加快细化国家政策要求，明确政府补贴项目的经费来源、占公共财政的具体比例、补贴项目的具体要求、申请与发放程序、监督考核机制等操作性规定，还应结合地方情况做出创新性探索，推动政府补贴制度落地落实。

第三，同等资助政策尚未完善。①资助内容相对简单化。“民办教育30条”明确指出，民办学校学生与公办学校学生按规定同等享受助学贷款、奖助学金等国家资助政策。现有地方性政策中，同等资助政策主要是针对学生奖助学金，在资助项目、资助条件、资助程序等方面均未进一步补充与细化。相较于公办学校学生，民办学校尤其是民办高校学生在隐性学习资源、高影响力活动等方面相对缺乏，这些是制约其发展的重要瓶颈。各地方公共财政，在落实奖、助、贷等方面的同等资助政策外，应进一步加强民办学校特色发展项目、实践竞赛平台、公派留学名额、国际交流机会等方面的财政支持力度。②资助对象相对单一化。保障民办学校教师与学生的同等资助地位，为民办学校教师专业发展与学生学习发展提供财政资助，有助于推动民办学校内涵式发展。民办学校教师在专业提升机会、平台、资源等方面的弱势地位是造成民办学校教师归属感低、流失率高的重要原因，创设高支持度的专业发展环境，应在公共财政资助的范围之内。一些财政政策主要关注到对民办学校学生群体的同等资助，相对忽视民办学校教师群体，未涉及对民办学校教师培训进修、基金项目、专业发展等方面的财政资助。

（三）地方实践探索

为进一步加强公共财政对民办学校的扶持力度，优化扶持方式，形成多元化、全方位的财政扶持体系，一些地方政府均结合实际情况，在原有政策基础上细化政策内容，并进一步做出创新性尝试。

第一，建立健全民办教育发展基金会制度。上海、天津、辽宁、湖北、海南等地在政策中进一步鼓励建立健全民办教育发展基金会制度，借助基金会运营方式，盘活民办学校办学、民办教育发展的存量资金，强化资金风险保障。

上海市规定，鼓励社会力量按照国家关于基金会管理的规定，设立民办教育发展基金会；引导营利性民办学校合作设立投资基金，用于学校创新发展，防范办学风险。①

辽宁省规定，依照国家有关规定，依托辽宁省教育基金会，引入公益融资机制，鼓励社会力量捐资，为民办高校筹集资金提供服务。各市、县（市、区）政府可按照国家关于基金会管理的规定设立民办教育发展基金，支持成立相应的基金会，组织开展各类有利于民办教育事业发展的活动。②

湖北省规定，支持民办学校依照国家规定利用捐赠资金和办学结余设立教育基金，通过专业基金运营机构运作，实现保值增值，收益用于学校发展；鼓励成立民办学校基金会，通过依法取得的基金投资收益来滚动积累资金。③

第二，加大对民办学校高质量发展的扶持力度。《民办教育促进法实施条例》规定，优先扶持办学质量高、特色明显、社会效益显著的民办学校。须推动其发挥模范带头作用，引导各级各类民办学校积极探索高质量、特色化发展道路。④上海、辽宁、陕西等地政府强调，加大公共财政对民办学校高质量发展的扶持力度。温州市强调，应引导民办学校品牌化、特色化办学，推动内涵式发展。

上海市规定，使用好各类财政扶持民办教育发展的专项资金，并坚持多元投入，拓宽教育投入渠道，加大对民办教育的扶持力度。⑤

温州市规定，对民办学校用贷款资金建设的项目，给予贴息补助，当年贷款贴息总金额不超过 300 万元，其中单个项目年度贴息补助原则上不高于贷款利息的 30%。优质品牌民办学校在正式审批设立时核定的办学规模内，根据当年新增班级数，按每班 10 万元的标准给予设备设施补助，以相应的学制为一个补助周期，单个项目补助总额不超过 500 万元。对当年投资额 1 亿元以上的新建优质品牌民办学校项目，按项目实际固定资产投资总额给予学校 1%、总额不超过 500 万元补助。民办高中段学校被评为省一、二、三级学校，分别给予 30 万元、20 万元、10 万元奖励；民办义务教育阶段学校被评为省义务教育标准化学校，给予 6 万元奖励；民办学校被评为市级三星、四星、五星级学校，分别给予 10 万元、20 万元、30 万元奖励。⑥

辽宁省规定，财政扶持民办教育发展的资金重点用于民办教育公共服务和信息平台建设、非营利性高水平民办学校重点项目建设、表彰和奖励为民办教育做出突出贡献的集体

---

① 上海市人民政府网. 上海市人民政府关于促进民办教育健康发展的实施意见[EB/OL].（2017-12-27）. https://www.shanghai.gov.cn/nw41430/20200823/0001-41430_54537.html.

② 辽宁省人民政府网. 辽宁省人民政府关于鼓励社会力量兴办教育促进民办教育健康发展的实施意见[EB/OL].（2017-10-11）. http://www.ln.gov.cn/zfxx/zfwj/szfwj/zfwj2011_119230/201710/t20171011_3072130.html.

③ 湖北省人民政府网. 省人民政府关于鼓励社会力量兴办教育促进民办教育健康发展的实施意见[EB/OL].（2017-12-20）. http://www.hubei.gov.cn/zfwj/ezf/201712/t20171228_1712063.shtml.

④ 中国政府网. 中华人民共和国民办教育促进法实施条例[EB/OL].（2021-05-14）. http://www.gov.cn/zhengce/content/2021-05/14/content_5606463.htm.

⑤ 上海市人民政府网. 上海市人民政府关于促进民办教育健康发展的实施意见[EB/OL].（2017-12-27）. https://www.shanghai.gov.cn/nw41430/20200823/0001-41430_54537.html.

⑥ 温州市教育局网站. 温州市人民政府关于进一步深化综合改革促进民办教育健康发展的实施意见[EB/OL].（2018-11-27）. http://edu.wenzhou.gov.cn/art/2018/11/27/art_1329703_25962994.html.

和个人等。①

陕西省规定，省级财政继续设立民办高等教育发展专项资金，每年安排4亿元，用于支持非营利性民办高校内涵发展。②

第三，加强对民办学校普惠性教育服务的扶持力度。《民办教育促进法实施条例》规定，在西部地区、边远地区和少数民族地区举办的民办学校申请贷款用于学校自身发展的，享受国家相关的信贷优惠政策。天津市、湖北省政府分别在政策中强调，需加强对普惠性民办学校、公益型民办学校的财政扶持，以促进民办教育均衡化、健康化发展。

天津市规定，普惠性民办幼儿园生均经费按认定的等级实行分级补助，根据幼儿园实际在园幼儿数，对示范园、一级园、二级园、三级园、四级园分别给予每生每年4400元、4000元、3600元、3200元、2800元的生均经费补助。生均经费补助所需专项资金由市、区两级财政按照5∶5的比例共同负担。③

湖北省强调，创新财政扶持方式。各市、州、县人民政府要建立健全以政府购买服务为主、奖励性补助等方式为辅的支持民办学校提供普惠性教育服务的多元化公共财政扶持体系。通过政府购买服务等方式向民办学校购买普惠性教育服务时，同等条件下应优先选择非营利性民办学校。④

第四，加大对民办学校生均经费的补贴力度。生均经费是政府支持义务教育阶段学校办学和学生学习发展的重要保障。上海市、安徽省政策强调，在依法依规落实与公办学校学生生均经费的同等标准基础上，需加大对民办学校学生生均经费的补助力度。

上海市规定，健全义务教育阶段民办学校经费扶持机制，对义务教育阶段民办学校，按照不低于生均公用经费基准定额的标准给予补助。健全以招收进城务工人员随迁子女为主的民办小学办学成本政府补贴制度。⑤

安徽省规定，民办学校学生与公办学校学生按规定同等享受助学贷款、奖助学金等国家资助政策。各级人民政府应建立健全民办学校助学贷款业务扶持制度，提高民办学校家庭经济困难学生获得资助的比例。在民办幼儿园就读的家庭经济困难的幼儿、孤儿和残疾儿童同等享受学前教育资助。义务教育阶段民办学校学生同等享受公办学校“两免一补”资金标准。高中教育阶段、高等教育阶段民办学校学生与公办学校学生按规定同等享受助学贷款、奖助学金等国家资助政策。民办高校国家助学贷款借款学生，在校期间利息全部

---

① 辽宁省人民政府网. 辽宁省人民政府关于鼓励社会力量兴办教育促进民办教育健康发展的实施意见[EB/OL].（2017-10-11）. http://www.ln.gov.cn/zfxx/zfwj/szfwj/zfwj2011_119230/201710/t20171011_3072130.html.

② 陕西省人民政府网. 陕西省人民政府关于鼓励社会力量兴办教育促进民办教育健康发展的实施意见[EB/OL].（2018-04-03）. http://www.shaanxi.gov.cn/zfxxgk/zfgb/2018_3966/d6q_3972/201804/t20180403_1638316.html.

③ 天津人民政府网. 天津市普惠性民办幼儿园生均经费补助项目和资金管理办法[EB/OL].（2019-07-10）. http://jy.tj.gov.cn/ZWGK_52172/zcwj/sjwwj/202011/t20201111_4062679.html.

④ 湖北省人民政府网. 省人民政府关于鼓励社会力量兴办教育促进民办教育健康发展的实施意见[EB/OL].（2017-12-20）. http://www.hubei.gov.cn/zfwj/ezf/201712/t20171228_1712063.shtml.

⑤ 上海市人民政府网. 上海市人民政府关于促进民办教育健康发展的实施意见[EB/OL].（2017-12-27）. https://www.shanghai.gov.cn/nw41430/20200823/0001-41430_54537.html.

由财政补贴。①

第五，创新教育服务购买的对象、内容与方式。政府向民办学校购买教育服务，是公共财政扶持民办学校发展的重要方式之一。北京、天津、上海、重庆、湖北、吉林等的地方政策均指出政府应完善教育服务购买制度，在具体购买对象、内容和方式上有所创新。

北京市规定，完善政府购买服务的标准和程序，建立绩效评价制度。②

上海市规定，一方面，完善购买服务制度，鼓励向民办学校购买就读学位、课程教材、科研成果、职业培训、政策咨询等教育服务，不断完善购买项目、标准和程序，制定政府购买教育服务制度，完善购买服务绩效评价机制。另一方面，积极鼓励公办学校与民办学校相互购买管理服务、教学资源、科研成果。支持民办学校与公办学校在管理、课程、科研等方面探索资源共享，。探索不改变薄弱公办中小学公益属性的前提下由民办学校进行委托管理，鼓励民办中小学参与集团化办学。③

重庆市规定，建立健全政府购买民办教育服务机制，明确购买服务的范围、清单和委托管理项目。有关部门要制定向民办学校购买保育服务、就读学位、课程教材、科研成果、职业培训、政策咨询等教育服务的具体政策措施，完善购买服务的指导性目录、标准和程序，建立健全项目申报、预算编报、组织采购、项目监管、绩效评价的规范化流程，推出一批带动性强、示范性好的民办教育项目。鼓励民办学校开发适应市场和社会需要的各类教育公共服务项目，提高承接政府购买服务的能力。④

二、落实税费优惠激励

（一）基本内涵

《国家中长期教育改革和发展规划纲要（2010—2020年）》指出，国家对发展民办教育做出突出贡献的组织、学校和个人给予奖励和表彰。《民办教育促进法》、“民办教育30条”等相关法规政策均涉及对民办学校、民办教育资助者的税费优惠（表8-2）。

① 安徽省人民政府网. 安徽省人民政府关于鼓励社会力量兴办教育促进民办教育健康发展的实施意见[EB/OL].（2017-10-27）. https://www.ah.gov.cn/public/1681/7927491.html.

② 北京市人民政府网. 北京市人民政府关于鼓励社会力量兴办教育促进民办教育健康发展的实施意见[EB/OL].（2018-11-29）. http://www.beijing.gov.cn/zhengce/zfwj/zfwj2016/szfwj/201905/t20190522_61648.html.

③ 上海市人民政府网. 上海市人民政府关于促进民办教育健康发展的实施意见[EB/OL].（2017-12-27）. https://www.shanghai.gov.cn/nw41430/20200823/0001-41430_54537.html.

④ 重庆市人民政府网. 重庆市人民政府关于进一步促进民办教育健康发展的实施意见[EB/OL].（2018-06-07）. http://www.cq.gov.cn/zwgk/zfxxgkzl/fdzdgknr/zdmsxx/jy/zyzc/201806/t20180607_8837010.html.

表 8-2　关于落实税费优惠激励的法规政策

相关法规政策	具体条款
《民办教育促进法》(2016 年)	第四十七条
《民办教育促进法实施条例》(2021 年)	第五十四条
《国家中长期教育改革和发展规划纲要(2010—2020 年)》(2010 年)	第(四十三)条
“民办教育 30 条”(2016 年)	第(十四)条

综合来看，落实税费优惠方面的国家政策以指导性内容为主，各地方政策内容相对详细具体。税费优惠激励方面的具体规定，主要聚焦民办学校、民办学校资助者或捐赠者两大主体。

第一，明确民办学校税费优惠。政策综合规定，企业利用自有土地、房屋等资源创办民办学校，包括幼儿园，进行民办教育活动，政府提供土地使用税、房产税等方面的优惠政策。境外捐资举办民办学校的，依法提供进口关税、进口环节增值税等方面的减免优惠。对于非营利性民办学校，其与公办学校享受同等税收优惠政策。非营利性民办学校享受公办学校同等的税收优惠政策，非营利性民办学校完成免税认定后，免征企业所得税，用电、用水、用气、用热，享受与公办学校同等价格政策。重庆市规定，非营利性民办学校依法获得的学费、保育费、住宿费、自办食堂伙食费免征增值税，合规耕地免征耕地占用税，教育教学用地及用房，免征城镇土地使用税与房产税。针对营利性民办学校，国家规定，政府通过税费支持其发展。江苏省规定，对从事学历教育的营利性民办学校提供的教育服务免征增值税。①重庆市规定，实施学历教育的营利性民办学校，在学费、住宿费、保育费、自办食堂伙食费、合法耕地、教育用地用房等方面，与非营利性民办学校享受同等税收优惠政策。②

第二，明确针对民办学校资助或捐赠者的税费优惠与奖励。国家对以不同形式捐资与投资办学的个人、社会团体、企业予以税费优惠和表彰。首先，国家及地方政策均规定，可遵循捐赠者或资助者自主意愿，通过校舍、教学楼、实验室等建筑冠名的方式，予以纪念与表彰。其次，根据捐赠或资助形式，依法依规对个人、社会团体、企业，免征或扣除个人/企业所得税、印花税、增值税。企业用作公益性教育事业的支出，在年度利润总额12%内的部分，准予在计算应纳税所得额时扣除，个人将其所得对教育等公益慈善事业进行捐赠，捐赠额未超过纳税人申报的应纳税所得额 30%的部分，可以从其应纳税所得额中扣除。③

① 江苏省人民政府网. 江苏省政府关于鼓励社会力量兴办教育 促进民办教育健康发展的实施意见[EB/OL].(2018-02-22). http://www.jiangsu.gov.cn/art/2018/3/1/art_46143_7498102.html.

② 重庆市人民政府网. 重庆市人民政府关于进一步促进民办教育健康发展的实施意见[EB/OL].(2018-06-07). http://www.cq.gov.cn/zwgk/zfxxgkzl/fdzdgknr/zdmsxx/jy/zyzc/201806/t20180607_8837010.html.

③ 福建省人民政府网. 福建省人民政府关于进一步支持和规范民办高等教育发展的若干意见[EB/OL].(2012-10-24). http://www.fujian.gov.cn/zwgk/zxwj/szfwj/201211/t20121106_1466046.htm.

（二）现存难题

结合民办学校发展现实情况，落实税费优惠的地方性政策仍存在一些难题。

第一，多部门协同落实税费优惠政策的难度较大。税费优惠政策关系举办者及民办学校的直接利益。因覆盖耕地税、房产税、契税、增值税、印花税、海关总税等不同税种，涉及财政部、民政部、科技部、海关总署、税务总局等不同行政部门，政策执行过程中的协调、配合工作至关重要，直接影响政策的执行效果与推进难度。目前，税费优惠政策条例以纲领性、指导性规定为主，较少涉及税费具体比例、税费减免程序、协调机制等制度性规定，可操作性较低，不利于各部门的合作交流，亟须各行政部门围绕税费优惠政策的执行需求，搭建多部门高效合作的协调沟通机制，结合实践过程中产生的特殊税费问题制定切实可行的处理方案，推动税费优惠政策落地落实。

第二，税费优惠政策的杠杆引导作用尚显不足。税费优惠政策不仅是吸引社会资本投资与捐资办学的重要举措，更能发挥引领和指导民办学校高质量、高层次办学的杠杆作用。目前，税费优惠政策，较多涉及土地使用税、房产税、契税、印花税等基础性税种，增值性税费优惠以学费、捐赠收入等方面为主，较少涉及民办学校教师培训服务收入、科研经费收入、技术成果转化收入、技术培训与咨询收入等方面，对于民办学校提升自身教育服务能力、加大科研或技术研发力度等方面的引导作用有待提高。各地方政府可结合地区性民办学校发展需求，大胆探索关于促进民办学校优化教育服务水平，提升教育服务质量的创新性税费优惠政策。

第三，营利性民办学校税费优惠支持尚待健全。一方面，相较于非营利性民办学校，营利性民办学校在获得财政资助方面具有先天劣势，对其落实税费优惠，有助于激励社会力量积极办学、市场资本注入民办教育。目前，一些地方性政策的税费优惠重点扶持非营利性民办学校，对营利性民办学校的税费优惠关注较少，优惠力度较小，围绕营利性民办学校健康发展的现实需要，补充完善针对性、引导性、创新性较强的税费优惠政策有重要现实意义。另一方面，在分类管理改革过程中，政策规定，营利性民办学校完成登记后，如学校土地、房产等使用性质变更，需补缴相关税费。高额税费补缴费用是造成民办学校分类登记选择举棋不定的因素之一，而进一步明晰营利性民办学校办学需求，健全营利性民办学校的税费优惠制度，有利于推进分类改革进度。

（三）地方实践探索

为落实与完善针对民办学校、捐赠人的税费优惠政策，有的地区面向现实需求，基于政策执行反馈的实践经验，进一步细化相关政策规定，增强税费优惠项目及标准的创新性与引导性。

第一，不断细化税费优惠政策规定。在国家政策基础上，重庆、辽宁、江苏等地结合民办学校所涉税费种类和地方特殊情况，进一步细化税费优惠的具体情况、内容、减免比例，并对特殊情况下的税费优惠方案做出创新性探索。

重庆市规定，民办学校在资产重组过程中，通过合并、分立、出售、置换等方式，将全部或者部分实物资产以及与其相关联的债权、负债和劳动力一并转让给其他单位和个人的，对涉及的不动产转让和土地使用权转让行为不征收增值税。①

辽宁省规定，民办学校提供技术开发、技术转让和与之相关的技术咨询、技术服务，符合相关规定的，免征增值税。一个纳税年度内，居民企业技术转让所得不超过500万元的部分，免征企业所得税；超过500万元的部分，减半征收企业所得税。对企业办的各类学校、幼儿园自用的房产、土地，免征房产税、城镇土地使用税。鼓励企业接收学生实习、实训、学徒。企业因接收实习生所实际发生的与取得收入有关的、合理的支出，按现行税收法律规定在计算企业所得税应纳税所得额时扣除。此外，进一步优化纳税服务，积极推行网上申报缴税，推广"一站式"办税，简化办税程序和环节，精简办税资料，提高办税效率。②

江苏省规定，对取得社会力量办学许可证的非营利性民办学校承受土地、房屋权属用于教学的，免征契税。从事学历教育的民办学校，对经有关部门审核批准收取的学费、住宿费等免征增值税。民办学校中的一般纳税人，提供非学历教育服务，可选择适用简易计税方法按照3%征收率计算缴纳增值税。对财产所有人将财产赠给学校所立的书据，免征印花税。③

第二，加强税费优惠项目的创新性与引导性。一些税费优惠内容以纲领性内容为主，以江西省、广西壮族自治区为代表的少数地方性政策内容，在引导民办学校发展方面，做出初步尝试，借助税费减免政策，引导非营利性及营利性民办学校在技术服务、科研项目等方面加强经费投入。

江西省规定，营利性民办学校通过高新技术企业认定，可依法享受高新技术企业税收优惠政策。④

广西壮族自治区规定，民办学校开展科研项目获得的财政拨款，符合企业所得税有关政策规定的，可以作为不征税收入。民办学校收取的学费、住宿费等费用，民办学校提供技术开发、技术转让和与之相关的技术咨询、技术服务以及教育服务，符合增值税优惠政

---

① 重庆市人民政府网. 重庆市人民政府关于进一步促进民办教育健康发展的实施意见[EB/OL].（2018-06-07）. http://www.cq.gov.cn/zwgk/zfxxgkzl/fdzdgknr/zdmsxx/jy/zyzc/201806/t20180607_8837010.html.

② 辽宁省人民政府网. 辽宁省人民政府关于鼓励社会力量兴办教育促进民办教育健康发展的实施意见[EB/OL].（2017-10-11）. http://www.ln.gov.cn/zfxx/zfwj/szfwj/zfwj2011_119230/201710/t20171011_3072130.html.

③ 江苏省人民政府网. 江苏省政府关于鼓励社会力量兴办教育 促进民办教育健康发展的实施意见[EB/OL].（2018-02-22）. http://www.jiangsu.gov.cn/art/2018/3/1/art_46143_7498102.html.

④ 江西教育网. 江西省人民政府关于鼓励社会力量兴办教育促进民办教育健康发展的实施意见[EB/OL].（2018-06-29）. http://jyt.jiangxi.gov.cn/art/2018/6/29/art_25869_1516936.html.

策规定的，可按规定减免增值税。[①]

第三，探索优化营利性民办学校的税费优惠政策。为进一步加强对营利性民办学校的税费支持力度，四川、重庆等地积极探索优化针对营利性民办学校的税费优惠政策。

重庆市规定，营利性民办学校依法享受有关税费优惠政策。对提供学历教育服务的营利性民办学校和营利性民办幼儿园依法收取的学费、保育费、住宿费等收入，以及学校自办食堂取得的伙食费收入依法免征增值税；对提供学历教育服务的营利性民办学校和营利性民办幼儿园经批准征用的耕地依法免征耕地占用税；对营利性民办幼儿园和提供学历教育服务的民办学校的土地、房产用于教育教学的，依法免征城镇土地使用税和房产税。[②]

四川省规定，营利性民办学校享受相应的税收优惠政策，如符合西部大开发所得税优惠条件的，减按15%的税率征收企业所得税。[③]

三、实行差别化用地、分类收费

（一）基本内涵

非营利性、营利性民办学校差别化用地及分类收费是推进民办学校分类管理改革、构建差别化政策体系的重要举措（表8-3）。

表8-3　关于实行差别化用地、分类收费的法规政策

相关法规政策	具体条款
《民办教育促进法》（2016年）	第三十八条、第五十一条
《民办教育促进法实施条例》（2021年）	第四十二条、第四十四条、第五十五条
“民办教育30条”（2016年）	第（十五）条、第（十六）条
《北京市人民政府关于鼓励社会力量兴办教育促进民办教育健康发展的实施意见》（2018年）	第（十）条、第（十六）条
《辽宁省人民政府关于鼓励社会力量兴办教育促进民办教育健康发展的实施意见》（2017年）	第二条第（二）点
《内蒙古自治区发展改革委教育厅人力资源和社会保障厅关于放开民办教育机构收费有关问题的通知》（2016年）	第一条、第七条

目前，针对民办学校差别化用地与分类收费的法规政策，分别就非营利性民办学校、营利性民办学校的土地使用性质、获取方式、收费及调价标准做出具体规定。

第一，提出差别化用地规定。国家及地方政策均要求将民办学校用地需求纳入政府用

① 广西壮族自治区人民政府网. 广西壮族自治区人民政府关于鼓励社会力量兴办教育促进民办教育健康发展的实施意见[EB/OL].（2018-07-17）. http://www.gxzf.gov.cn/zwgk/zfwj/20180717-703875.shtml.

② 重庆市人民政府网. 重庆市人民政府关于进一步促进民办教育健康发展的实施意见[EB/OL].（2018-06-07）. http://www.cq.gov.cn/zwgk/zfxxgkzl/fdzdgknr/zdmsxx/jy/zyzc/201806/t20180607_8837010.html.

③ 四川省人民政府网. 四川省人民政府关于鼓励社会力量兴办教育促进民办教育健康发展的实施意见[EB/OL].（2018-09-17）. http://www.sc.gov.cn/10462/11555/11562/2018/10/29/10461744.shtml.

地规划，由地方政府统筹安排占补平衡指标和年度用地指标；鼓励各地方政府盘活存量资源，将闲置厂房、医院、学校、商业设施等土地及房产资源作为民办学校教育用地。具体用地方式上，《民办教育促进法》规定，新建、扩建非营利性民办学校，人民政府应当按照与公办学校同等原则，以划拨等方式给予用地优惠。新建、扩建营利性民办学校，人民政府应当按照国家规定供给土地；教育用地不得用于其他用途。“民办教育 30 条”规定，民办学校建设用地按科教用地管理。非营利性民办学校享受公办学校同等政策，按划拨等方式供应土地。营利性民办学校按国家相应的政策供给土地。只有一个意向用地者的，可按协议方式供地。土地使用权人申请改变全部或者部分土地用途的，政府应当将申请改变用途的土地收回，按时价定价，重新依法供应。

第二，明确分类收费规则。政策要求，民办学校需综合办学定位、办学成本、市场需求、社会需求等因素，制定收费标准。“民办教育 30 条”规定，非营利性民办学校收费，通过市场化改革试点，逐步实行市场调节价，具体政策由省级人民政府根据办学成本以及本地公办教育保障程度、民办学校发展情况等因素确定；营利性民办学校收费实行市场调节价，具体收费标准由民办学校自主确定；政府依法加强对民办学校收费行为的监管。但地方性政策规定中，一些地区逐步放开非营利性民办学校的收费自主权，积极推动市场化改革试点，探索实行市场调价。《民办教育促进法实施条例》明确，民办学校应当建立办学成本核算制度，基于办学成本和市场需求等因素，遵循公平、合法和诚实信用原则，考虑经济效益与社会效益，合理确定收费项目和标准。同时，政策明确规定，省、自治区、直辖市人民政府可以对其收费制定最高限价。

（二）现存难题

针对民办学校差别化用地与分类收费，国家层面基本形成相对明确的政策框架，但从现实层面来看，具体实践过程中尚存在一些难题。

第一，民办学校实际用地需求难保障。[①]根据规定，地方政府需将民办学校用地纳入年度用地计划、城镇建设规划或教育布局调整规划中。因而，国家及地方政府对民办学校用地的政策保障力度较大，但实践过程中，非营利性民办学校的用地需求仍难以保障。一方面，由于部分地区土地资源稀缺，土地指标超额分配，导致民办学校扩建校舍、开辟新校区等用地需求难以满足。另一方面，有的鼓励地方政府整合废弃厂房、医院等土地资源，作为非营利性民办学校用地，但未明确土地资源整合的责任部门、具体程序、土地用途变更手续及期限等实际问题，容易拖慢民办学校扩建用地需求的实现进度，影响正常扩建工作。

第二，不同行政部门的协商沟通机制亟须完善。差别化用地是推进分类管理改革政策

① 王帅，吴霓，郑程月. 民办教育分类管理的推进概况、突出问题与对策建议——基于对国家和地方 29 省相关政策的文本分析[J]. 当代教育论坛，2019（6）：55-65.

的重要环节，土地属性变更、土地协议出让等具体问题，更直接关系民办学校举办者的分类选择。政策制定过程中，需要教育、规划、民政、土房屋管理、税务等部门的沟通协调；政策执行过程中，还存在既有土地税费补缴、土地价格暴涨、土地资源缺乏、指标不足等现实问题，更需要上述部门在具体问题上的协同配合，通力合作。一些地方性政策较少涉及多部门协商沟通机制，一定程度上增加了政策执行工作的难度。根据政策规定，民办学校选择登记为营利性民办学校，需要依法明确土地的财产属性并缴纳相应税费。由非营利性民办学校转为营利性民办学校的，则涉及现有土地属性变更的问题。如原有划拨土地转为协议出让，营利性民办学校则需根据土地市场价格缴纳相应租赁及出让费用，一旦原有土地升值，市场价格高昂，营利性民办学校则需承担巨额税费，造成沉重经济负担。由于政策尚未明确具体的属性转变程序、转让费用及税费缴纳的标准、方式、年限，有的民办学校在分类登记选择上持观望态度，另外还有一些民办学校在登记为营利性民办学校后，拖延办理土地属性变更手续，拖延缴纳相应费用，严重影响分类管理改革进度。

第三，分类收费政策体系不健全。一方面，分类收费的差异性有所减弱。各地区均规定，营利性民办学校按市场调节价自主规定收费，针对非营利性民办学校的收费政策，各地方政策有所出入。一些地区坚持非营利性民办学校由辖区内主管行政部门规定收费，另一些地区则逐步推进非营利性民办学校市场化调价，自主决定收费标准。《民办教育促进法实施条例》相对模糊了非营利性、营利性民办学校的分类收费规定，强调引导民办学校合理、合法地规定收费项目和具体收费标准。总体上，差别化收费政策的要求有所弱化，营利性、非营利性民办学校市场化收费的趋同性有所加强。另一方面，分类收费的项目相对单一，特色差异较少。非营利性、营利性民办学校分类收费政策，主要聚焦学费定价、调价标准的差异性，较少涉及其他费用项目。政府可通过细化非营利性民办学校、营利性民办学校在学杂费、保育费、住宿费等不同收费项目上的分类要求，积极引导与规范不同类型民办学校的发挥优势，特色发展。

（三）地方实践探索

差别化用地、分类收费政策，是民办学校差别化管理政策的重要组成部分。为进一步引导民办学校落实差别化用地、分类收费政策要求，有的地区逐步加强对民办学校教育用地的实际保障力度，创新教育用地协议出让方式，明确差别化用地的程序性规定，探索非营利性民办学校市场化调价机制。

第一，加强对民办学校教育用地的实际保障力度。为加快从实践层面保障非营利性民办学校的用地需求，部分地区从用地规划层面明确民办学校尤其非营利性民办学校的优先地位，并鼓励将存量土地资源用于民办学校办学。

山西省规定，将符合土地利用总体规划和城乡规划的民办学校用地优先纳入年度用地计划，本着节约集约用地的原则，优先安排计划指标；鼓励盘活存量用地用于民办学校建设，对收回的国有闲置土地，可优先用于民办学校建设；非营利性民办学校享受与公办学校相同的土地使用政策。①

云南省规定，符合土地利用总体规划和城市规划并经批准的前提下，民办学校迁建、扩建可依法依规进行土地置换。在民办学校新建、扩建的征地过程中，占补平衡指标和年度用地指标的取得应由政府统筹安排。各级国土资源部门按照规定做好土地供应、不动产权证办理等工作。②

海南省规定，实行差别化用地政策和建设政策。民办学校建设用地按科教用地管理。各市县政府应将民办学校建设用地纳入“多规合一”、城乡土地利用总体规划和年度用地计划，保障民办教育发展用地需求，民办学校选址应符合开发边界内控制性详细规划要求。鼓励市县利用闲置的国有资产、集体资产、划拨或出让土地、建成校舍等，以合作办学、公建民营、政府购买服务、混合所有制等多种方式支持举办优质特色民办学校。③

第二，创新教育用地协议出让方式。《民办教育促进法实施条例》规定，实施学前教育、学历教育的民办学校使用土地，地方人民政府可以依法以协议、招标、拍卖等方式供应土地，也可以采取长期租赁、先租后让、租让结合的方式供应土地，土地出让价款和租金可以在规定期限内按合同约定分期缴纳。海南省进一步规定，鼓励市县利用闲置的国有资产、集体资产、划拨或出让土地、建成校舍等，以合作办学、公建民营、政府购买服务、混合所有制等多种方式支持举办优质特色民办学校。④

第三，逐步明确差别化用地的程序性规定。国家政策对于非营利性、营利性民办学校的差别化供地方式做出规定，但并未明确差别化用地的程序、税费补缴比例等具体内容。湖北省基于国家政策规定，进一步明确闲置国有土地用作民办学校办学后的土地用途及使用权人变更手续。温州市针对营利性民办学校土地性质变更，规定了税费补缴的具体计算方式。

湖北省规定，社会力量投资教育建设项目，利用闲置的厂房、医院、学校、商业设施等存量土地和用房资源进行整合改造后用于办学的，五年内可暂不办理土地用途和使用权人变更手续。持续经营满五年后，经批准可采取协议出让方式，办理用地手续。⑤

---

① 山西省人民政府网. 山西省人民政府办公厅关于支持和规范社会力量兴办教育促进民办教育健康有序发展的若干意见[EB/OL].（2018-07-25）. http://www.shanxi.gov.cn/sxszfxxgk/sxsrmzfzcbm/sxszfbgt/flfg_7203/bgtgfxwj_7206/201808/t20180806_468914.shtml.

② 云南省教育厅网站. 云南省教育厅关于印发云南省民办教育机构管理办法的通知[EB/OL].（2021-10-19）. http://jyt.yn.gov.cn/web/3e6a89a8ab914503a342fe46556a1246/536e3ec1bb1641949b15fde76cdf05b7.html.

③ 海南省人民政府网. 海南省人民政府关于鼓励社会力量兴办教育促进民办教育健康发展的实施意见[EB/OL].（2018-02-13）. https://www.hainan.gov.cn/hainan/szfwj/201802/1282e06a8b08454aa4dca704cb09db39.shtml.

④ 海南省人民政府网. 海南省人民政府关于鼓励社会力量兴办教育促进民办教育健康发展的实施意见[EB/OL].（2018-02-13）. https://www.hainan.gov.cn/hainan/szfwj/201802/1282e06a8b08454aa4dca704cb09db39.shtml.

⑤ 湖北省人民政府网. 省人民政府关于鼓励社会力量兴办教育促进民办教育健康发展的实施意见[EB/OL].（2017-12-20）. http://www.hubei.gov.cn/zfwj/ezf/201712/t20171228_1712063.shtml.

温州市进一步细化差别化用地尤其营利性民办学校用地政策。政策具体规定，现有非营利性民办学校转登记为营利性民办学校，原以行政划拨方式供地的，分类登记后，其土地作为国有资产保留，需要由划拨改为出让的，原土地使用者按照拟出让时的出让土地使用权市场价格减去拟出让时的划拨土地使用权权益价格的差价补缴土地出让金，土地出让价款可在规定期限内一次性缴纳或按合同约定分期缴纳。①

第四，探索非营利性民办学校市场化调价机制。“民办教育30条”规定，非营利性民办学校通过市场化改革试点，逐步实行市场调节价。根据国家政策，山东省、温州市对非营利性民办学校市场化调价改革做出深入探索。

山东省规定，非营利性中等及以下民办学历教育、非营利性民办学前教育收费实行政府指导价。其中，中等及以下学历教育收费标准由各市人民政府制定；学前教育收费标准由各市、县人民政府制定。其他民办学校收费实行市场调节价，具体收费标准由学校自主确定。②

温州市规定，非营利性民办幼儿园收费实行市场调节价，具体收费标准由民办幼儿园自主确定。非营利性民办中小学校收费政策由温州市及各县（市、区）政府按照市场化方向确定。各级政府要依法加强对民办学校收费行为的监管。③

四、依法自主办学

（一）基本内涵

推动民办学校依法自主办学，有利于增强民办学校办学热情与活力，推动民办学校积极创新办学模式。《国家中长期教育改革和发展规划纲要（2010—2020年）》等指出，应依法保障民办学校的办学自主权（表8-4）。

表8-4 关于依法自主办学的法规政策

相关法规政策	具体条款
《民办教育促进法》（2016年）	第五条
《民办教育促进法实施条例》（2021年）	第二十九条、第三十一条、第三十四条
《国家中长期教育改革和发展规划纲要（2010—2020年）》（2010年）	第（四十三）条
“民办教育30条”（2016年）	第（十七）条
《中共中央 国务院关于深化教育教学改革全面提高义务教育质量的意见》（2020年）	第19条、第20条

① 温州市教育局网站. 温州市人民政府关于进一步深化综合改革促进民办教育健康发展的实施意见[EB/OL].（2018-11-27）. http://edu.wenzhou.gov.cn/art/2018/11/27/art_1329703_25962994.html.

② 山东省人民政府网. 省政府关于鼓励社会力量兴办教育促进民办教育健康发展的实施意见[EB/OL].（2018-06-17）. http://edu.shandong.gov.cn/art/2018/6/17/art_107055_7735795.html.

③ 温州市教育局网站. 温州市人民政府关于进一步深化综合改革促进民办教育健康发展的实施意见[EB/OL].（2018-11-27）. http://edu.wenzhou.gov.cn/art/2018/11/27/art_1329703_25962994.html.

目前，国家及地方政策进一步扩大了民办学校的自主办学权，具体涉及以下方面。

（1）专业设置自主权。“民办教育 30 条”规定，扩大民办高等学校和中等职业学校专业设置自主权，鼓励学校根据国家战略需求和区域产业发展需要，依法依规设置和调整学科专业。

（2）教育教学自主权。“民办教育 30 条”规定，完成国家规定课程前提下，支持民办中小学自主开展教育教学活动。《民办教育促进法实施条例》规定，实施普通高中教育、义务教育的民办学校可以基于国家课程标准自主开设有特色的课程，实施教育教学创新，自主设置的课程应当报主管教育行政部门备案。实施义务教育的民办学校不得使用境外教材。实施学前教育的民办学校开展保育和教育活动，应当遵循儿童身心发展规律，设置、开发以游戏、活动为主要形式的课程。山西省政府规定，实施学前教育的民办学校依照有关法律、法规，可以自主开展教学活动。实施以职业技能为主的职业资格培训、职业技能培训的民办学校，按照国家职业标准的要求，开展培训活动。①

（3）自主招生权。“民办教育 30 条”规定，社会声誉好、教学质量高、就业有保障的民办高等职业学校，可在核定的办学规模内自主确定招生范围和年度招生计划。另有地方性政策规定，职业培训类民办学校可自主确定招生计划。《民办教育促进法实施条例》规定，实施学前教育、学历教育的民办学校享有与同级同类公办学校同等的招生权，可以在审批机关核定的办学规模内，自主确定招生的标准和方式，与公办学校同期招生。

（4）人事招聘及任命权。《民办教育促进法实施条例》规定，民办学校可依法依规设立监督机构、聘用与管理教师及其他工作人员，并依法签订聘用或劳动合同。

（二）现存难题

目前，针对民办学校依法自主办学，国家已形成了相对完整的法规政策体系。但结合实际情况，促进民办学校依法自主办学仍存在一些难题。

第一，民办学校办学亟须建立自我约束机制。合理的自治空间是保障学校内部办学活力的关键。民办学校在依法自主办学的同时仍需建立自我约束机制，自觉合理运用专业设置、自主招生、自主教育教学、人事招聘等方面的自主权力，优化学科专业结构、创新招生方式、提升教育教学质量、组建高水平教师队伍。目前，国家及地方政策均以保障与规范民办学校自主办学为主，引导民办学校自我监督约束，形成制度自觉的相关内容较少。各地方政府需在政策层面，引导民办学校建立自我约束机制，合理战略规划、自检自查、总结经验、改革完善具有现实意义。

第二，民办学校自主办学的监督问责机制尚未健全。引导民办学校自我约束，不断拓

① 山西省人民政府网. 山西省人民政府办公厅关于支持和规范社会力量兴办教育促进民办教育健康有序发展的若干意见［EB/OL］.（2018-07-25）. http://www.shanxi.gov.cn/sxszfxxgk/sxsrmzfzcbm/sxszfbgt/flfg_7203/bgtgfxwj_7206/201808/t20180806_468914.shtml.

宽民办学校自主权的同时，仍需进一步加强对自主办学的监督问责力度。目前，有的地方性政策内容中，针对民办学校自主招生的监督管理规定较多，对于民办学校自主教育教学、自主设置与调整专业、评聘教师等方面的监督问责机制仍不健全。各地政府可从政策层面，通过事前审议、事后备案、定期检查等方式，加强对民办学校自主办学的监督问责。

（三）地方实践探索

在国家现有政策的基础上，一些地区对民办学校依法自主办学相关规定做出部分调整，逐步扩大民办高校教育教学规划及专业设置的自主权、引导民办学校自主约束办学，加强监督问责力度。

第一，扩大民办高校教育教学规划及专业设置的自主权。根据相关政策内容的具体调整，民办高校在设置专业、开发设计课程、选用教材等方面的自主权不断扩大。在《民办教育促进法实施条例》中，对民办学校自主招聘教师与其他工作人员的权利受到进一步强调。

浙江省规定，支持民办高等学校在完成国家规定课程前提下，自主开展教育教学、学校规划制订、内部机构设置等。支持民办高等学校承担国家和省重大科研任务，引导民办高等学校开展应用型研究，积极支持有条件的民办高等学校开展研究生教育和基础研究。民办中小学校在完成国家规定课程前提下，可自主开展教育教学活动。各级政府和行政管理部门要减少事前审批，加强事中事后监管。充分发挥各类社会组织在民办教育公共治理中的作用。①

贵港市规定，鼓励民办中等职业学校根据国家战略需求和经济社会发展需要，依法依规设置和调整学科专业。支持民办中等职业学校对接我市产业行业需求，经专家充分论证后，按照规定设置国家和我市经济社会发展急需的新专业。加强对专业设置的事中事后监管。教育行政部门开展专业设置抽查，加强专业建设信息服务，公布紧缺专业和就业率较低专业名单，逐步建立民办中等职业学校招生、毕业生就业与专业设置联动机制。对建设条件达不到要求的专业，责令学校限期整改或暂停招生。②

第二，引导民办学校自主约束办学，加强监督问责力度。上海市与浙江省积极引导民办学校自主约束办学，加强监督问责力度，放权与约束相结合，引导与监督相结合。

上海市规定，营利性民办培训机构应当建立决策机构、执行机构和监督机构，其产生程序、人员组成以及议事规则等，应当符合相关法律法规、规章和机构章程的规定；同时制定并完善行政管理制度，教学管理制度，安全管理制度，员工管理制度，学生管理制度，档案管理制度，资产管理、财务管理以及学杂费存取专用账户管理制度，收费和退费

① 浙江省人民政府网. 浙江省人民政府关于鼓励社会力量兴办教育促进民办教育健康发展的实施意见[EB/OL].（2017-12-26）. http://www.zj.gov.cn/art/2017/12/29/art_1229017138_64638.html.

② 贵港市教育局网. 贵港市落实民办学校办学自主权实施办法[EB/OL].（2020-03-19）. http://jyj.gxgg.gov.cn/wjgg/t5460804.shtml.

管理制度，设施设备管理制度，教师培训及考核制度；建立监督机构。①

浙江省规定，民办学校应依法依规自觉遵照招生、宣传、收费、办学的核定标准，自觉维护招生秩序、收费秩序和办学秩序，严格遵守审批报备制度、公开公示制度，主动接受社会监督，维护良好的教育生态。此外，加强对民办学校自主招生、收费、教学、教师招聘等方面的监督力度，严禁提前招生、掐尖式招生、违反规定变相考试选拔等，违反相关规定配备公办学校在编教师的民办中小学校，必须承担相应区域的公共服务责任。同时，引导民办学校落实校长治校，完善学校章程，建立健全党组织参与决策和监督机制。②

五、保障师生权益

（一）基本内涵

教师与学生是教育教学活动的主体，加快落实民办学校师生在法律、政策、实践层面的同等地位，保障民办学校师生的同等权益，是促进民办学校内涵式发展的题中之义，更是提升教师职业幸福感，优化学生就学体验、增强内部凝聚力、增强竞争优势的关键。2010 年，《国家中长期教育改革和发展规划纲要（2010—2020 年）》指出，清理并纠正对民办学校的各类歧视政策。此后，国家及地方政策，不断加强对民办学校师生权益的保障力度（表 8-5）。

表 8-5　关于保障师生权益的法规政策

相关法规政策	具体条款
《民办教育促进法》（2016 年）	第五条、第二十七条、第二十八条、第三十一至第三十四条、第五十九条
《民办教育促进法实施条例》（2021 年）	第三十五至第三十七条、第三十九条、第四十条
《国家中长期教育改革和发展规划纲要（2010—2020 年）》（2010 年）	第（四十三）条
“民办教育 30 条”（2016 年）	第（十八）条
《中共中央 国务院关于深化教育教学改革全面提高义务教育质量的意见》（2019 年）	第 14 条
《北京市人民政府关于鼓励社会力量兴办教育促进民办教育健康发展的实施意见》（2018 年）	第（十二）条、第（十三）条
《北京市营利性民办学校监督管理办法》（2018 年）	第三十二条
《山西省人民政府办公厅关于支持和规范社会力量兴办教育促进民办教育健康有序发展的若干意见》（2018 年）	第（十九）条、第（二十）条
《湖北省人民政府关于鼓励社会力量兴办教育促进民办教育健康发展的实施意见》（2017 年）	第 15 条

① 上海市人民政府网. 上海市营利性民办培训机构管理办法[EB/OL].（2017-12-17）. https://www.shanghai.gov.cn/nw12344/20200814/0001-12344_54573.html.

② 浙江省教育厅网. 浙江省教育厅、浙江省物价局关于印发《落实民办学校办学自主权实施办法》的通知[EB/OL].（2018-05-04）. http://jyt.zj.gov.cn/art/2018/5/4/art_1229106823_609135.html.

目前，针对民办学校教师与学生的权益保障规定具体涉及以下几个方面。

第一，在教师方面，相关规定主要涉及教师参与管理监督、薪酬福利待遇、专业发展及人才引进等内容。

（1）参与管理监督的权利。《民办教育促进法》规定，民办学校依法通过以教师为主体的教职工代表大会等形式，保障教职工参与民主管理和监督。

（2）薪资与福利待遇。《民办教育促进法》、“民办教育30条”和《民办教育促进法实施条例》均强调，应依法保障民办学校教师权益。民办学校应依法为教职工足额缴纳社会保险费和住房公积金。鼓励民办学校按规定为教职工建立补充养老保险，改善教职工退休后的待遇。

（3）专业发展权益。“民办教育30条”规定，民办学校教师在资格认定、职务评聘、培养培训、评优表彰等方面与公办学校教师享有同等权利。

（4）享受人才引进优待的权益。“民办教育30条”规定，非营利性民办学校教师享受当地公办学校同等的人才引进政策。

第二，在学生方面，主要涉及学生就业、奖励、补助、参与管理等内容。

（1）毕业就业方面的同等权益。《民办教育促进法》规定，民办学校的受教育者在升学、就业等方面享有与同级同类公办学校的受教育者同等权利。

（2）享受奖励、补助方面的同等权益。“民办教育30条”规定，民办学校学生与公办学校学生按规定同等享受助学贷款、奖助学金等国家资助政策。民办学校要建立健全奖助学金评定、发放等管理机制，应从学费收入中提取不少于5%的资金，用于奖励和资助学生。

（3）参与监督管理的权利。“民办教育30条”规定，依法落实民办学校师生对学校办学管理的知情权、参与权，保障师生参与民主管理和民主监督的权利。

（4）维权申诉权利。“民办教育30条”规定，完善民办学校师生争议处理机制，维护师生的合法权益。

此外，《民办教育促进法实施条例》明确规定，民办学校及其教师、职员、受教育者申请政府设立的有关科研项目、课题等，享有与同级同类公办学校及其教师、职员、受教育者同等的权利。相关项目管理部门应当按规定及时足额拨付科研项目、课题资金。教育行政部门、人力资源和社会保障行政部门和其他有关部门，组织有关的评奖评优、文艺体育活动和课题、项目招标，应当为民办学校及其教师、职员、受教育者提供同等的机会。

（二）现存难题

保障民办学校师生的基本权益，有助于加强民办学校本体性工作，推进民办学校高质量发展。但结合现实情况，目前民办学校在保障师生权益方面仍存在一些难题。

第一，民办学校教师退休、养老待遇保障力度有待加强。根据现有政策内容，民办学校与公办学校教师的薪资福利制度不同，不同于公办学校的事业养老保险制度，民办学校多为教师缴纳企业养老保险，退休后养老金仅占退休前工资的30%—50%，同等教龄及退休年限的公办教师退休金占退休前工资的比例，约为民办学校教师同一比例的两倍多。[①]民办学校教师退休及养老方面的待遇保障力度亟须提高。一些地方性政策内容，以鼓励民办学校为教职工建立补充养老保险为主，政策执行的弹性空间较大，较少涉及明确性、制度性规定，尚未形成既符合民办学校特殊性，又保障民办学校教师养老福利的具体方案和体系化的保障制度，不利于提高民办学校教师退休待遇，改善退休生活条件。

第二，民办学校非编制教师的权益保障有待完善。公办学校教师大多拥有国家事业编制，但民办学校教师编制数量少，覆盖面窄，大部分教师为非编制人员，在薪资待遇、福利保障等方面相对较差，且稳定性不高，整体待遇不如编制内以及公办学校教师。缺乏编制内的权益保障，是造成民办学校优秀教师难以流入，经验型教师高比例流出的重要原因之一，不仅容易扰乱民办学校的正常教学秩序，更不利于办学质量的提升。加强对非编制教师的权益保障，增强非编制教师队伍的归属感、认同感、幸福感，是民办学校教师队伍建设工作的当务之急。但目前一些地方政策尚未形成针对性的保障方案，需进一步完善非编制教师群体的权益保障制度。

第三，民办学校师生维权申诉制度有待健全。加强对民办学校师生基本权益的保障力度，既需建立健全相关权益保障机制，更需完善维权申诉制度。一方面，各地方性政策对民办学校师生维权申诉制度的关注度有待提升，有的地区政策提及保障民办学校师生的维权申诉权益。另一方面，围绕维权申诉权益，有的地方性政策仅强调应维护民办学校师生的合法申诉权利，未提及畅通民办学校师生自主维权渠道，明确申诉具体受理部门、具体程序、受理进度公开公示等具体性内容，尚未形成相对健全的维权监管制度。地方政府既需要从政策层面，加强对维权申诉制度的重视程度，进一步健全维权申诉制度，也应积极引导民办学校尊重师生的维权意愿及行为，自主完善校内维权申诉机制，为师生自主维权提供制度性的支持。

（三）地方实践探索

为进一步落实民办学校师生权益保障工作，一些地区基于国家政策，引导民办学校在实践过程中进行探索，扩大对师生基本权益的保障范围，完善民办学校教师多元保险制度。

第一，扩大对民办学校师生基本权益的保障范围。根据国家政策规定，北京市、山西省、安徽省、湖北省、贵州省、广西壮族自治区进一步丰富细化民办学校教师薪资与福利待遇、职业工作、专业发展权益，以及学生权益等方面的具体内容。

北京市规定，完善学校、个人、政府合理分担的民办学校教职工社会保障机制。民办

① 周海涛，景安磊. 民办学校教师队伍建设面临的问题及其成因[J]. 当代教师教育，2015，8（3）：7-11.

学校应依法为教职工按时足额缴纳社会保险费和住房公积金。鼓励民办学校按规定为教职工建立补充养老保险，提高教师退休待遇。落实跨统筹地区社会保险关系转移接续政策，支持专业人事代理机构为民办学校教师提供人事代理服务。民办学校和公办学校之间、民办学校之间的教师流动，在资格认定、职称评审等方面教师教龄连续计算。制定并落实保障民办学校教师在资格认定、职称评审、科研资助、评先评优、教育培训等方面与公办学校教师享受同等待遇的相关措施。①

山西省规定，鼓励民办学校在符合城市规划和土地利用规划的前提下，利用自用土地建设公共租赁住房，用于保障本校教职工基本住房需求。民办学校应按照同级同类公办学校标准为在校学生意外伤害事故购买校方责任险。民办学校的学历、学位证书与同级同类公办学校具有同等效力。②

安徽省规定，在我省民办学校就业的教职工，可以将户口迁移至学校所在地落户。有合法稳定住所的，在常住地直接登记为家庭户；无稳定住所的，可以在就业地人才交流中心登记集体户。凡取得相应教师资格证书并与民办学校签订劳动合同的教师，均可参加人事代理。③

湖北省规定，教育、人社部门要将民办学校教师培训纳入教师培训计划；民办学校用于培训教师和校长的经费，参照公办学校标准提取。民办学校教师基本工资标准应不低于当地同级同类公办教师，并保持同步增长。④

贵州省规定，民办学校的学生在升学、转学、考试，申请国家助学贷款、国家奖学金、国家助学金、免学费和交通优惠、医疗保险、户籍迁移、先进评选等方面与公办学校的学生享有同等权利。⑤

广西壮族自治区规定，关注民办学校教师身心健康，鼓励民办学校探索建立患重大疾病教师及家庭经济困难教师救助机制。民办学校应当保障教职员工寒暑假期间带薪休假权利。⑥

第二，探索完善民办学校教师多元保险制度。提高民办学校教师的福利待遇是国家及地方政策的重要努力方向。北京、山西、湖北、浙江、贵州等地，分别就民办学校教师养

① 北京市人民政府网. 北京市人民政府关于鼓励社会力量兴办教育促进民办教育健康发展的实施意见[EB/OL].（2018-11-29）. http://www.beijing.gov.cn/zhengce/zfwj/zfwj2016/szfwj/201905/t20190522_61648.html.

② 山西省人民政府网. 山西省人民政府办公厅关于支持和规范社会力量兴办教育促进民办教育健康有序发展的若干意见[EB/OL].（2018-07-25）. http://www.shanxi.gov.cn/sxszfxxgk/sxsrmzfzcbm/sxszfbgt/flfg_7203/bgtgfxwj_7206/201808/t20180806_468914.shtml.

③ 安徽省人民政府网. 安徽省人民政府关于鼓励社会力量兴办教育促进民办教育健康发展的实施意见 EB/OL].（2017-10-27）. https://www.ah.gov.cn/public/1681/7927491.html.

④ 湖北省人民政府网. 省人民政府关于鼓励社会力量兴办教育促进民办教育健康发展的实施意见[EB/OL].（2017-12-20）. http://www.hubei.gov.cn/zfwj/ezf/201712/t20171228_1712063.shtml.

⑤ 贵州省人民政府网. 省人民政府关于支持和规范社会力量兴办教育促进民办教育健康发展的实施意见[EB/OL].（2018-08-03）. https://www.guizhou.gov.cn/zwgk/zcfg/szfwj/qff/201808/t20180803_70477263.html.

⑥ 广西壮族自治区人民政府网. 广西壮族自治区人民政府关于鼓励社会力量兴办教育促进民办教育健康发展的实施意见[EB/OL].（2018-07-17）. http://www.gxzf.gov.cn/zwgk/zfwj/20180717-703875.shtml.

老保险、社会保险、企业年金、医疗保险、生育保险、退休保险等做出探索。

北京市规定，完善学校、个人、政府合理分担的民办学校教职工社会保障机制。民办学校应依法为教职工按时足额缴纳社会保险费和住房公积金。鼓励民办学校按规定为教职工建立补充养老保险，提高教师退休待遇。①

山西省规定，应探索财政补贴民办学校教职工社会保险的机制。②

湖北省规定，鼓励民办学校按规定为教职工建立企业年金、医疗保险等补充保险，改善教职工退休后的待遇。③

浙江省规定，民办学校应依法组织教职工参加养老、医疗、工伤、失业、生育保险和大病保险，按规定足额缴纳社会保险费和住房公积金。符合条件的民办学校专任教师，可参加事业单位养老保险并同步建立职业年金。对为教师办理事业单位社会保险的民办学校，地方政府可给予一定比例的补助。民办学校教师在不同养老保险制度间转移关系，其缴费年限可按规定连续计算。④

贵州省规定，参加企业职工基本养老保险的民办学校教职工达到法定退休年龄时，累计缴费年限满 15 年的，由参保地社会保险经办机构按照我省企业职工基本养老金计发办法计发基本养老金。⑤

---

① 北京市人民政府网. 北京市人民政府关于鼓励社会力量兴办教育促进民办教育健康发展的实施意见[EB/OL].（2018-11-29）. http://www.beijing.gov.cn/zhengce/zfwj/zfwj2016/szfwj/201905/t20190522_61648.html.

② 山西省人民政府网. 山西省人民政府办公厅关于支持和规范社会力量兴办教育促进民办教育健康有序发展的若干意见[EB/OL].（2018-07-25）. http://www.shanxi.gov.cn/sxszfxxgk/sxsrmzfzcbm/sxszfbgt/flfg_7203/bgtgfxwj_7206/201808/t20180806_468914.shtml.

③ 湖北省人民政府网. 省人民政府关于鼓励社会力量兴办教育促进民办教育健康发展的实施意见[EB/OL].（2017-12-20）. http://www.hubei.gov.cn/zfwj/ezf/201712/t20171228_1712063.shtml.

④ 浙江省人民政府网. 浙江省人民政府关于鼓励社会力量兴办教育促进民办教育健康发展的实施意见 [EB/OL].（2017-12-26）. http://www.zj.gov.cn/art/2017/12/29/art_1229017138_64638.html.

⑤ 贵州省人民政府网. 省人民政府关于支持和规范社会力量兴办教育促进民办教育健康发展的实施意见[EB/OL].（2018-08-03）. https://www.guizhou.gov.cn/zwgk/zcfg/szfwj/qff/201808/t20180803_70477263.html.

第九章　加快现代学校制度建设

加快现代学校制度建设，既是教育现代化进程中我国民办教育改革的必然趋势，也是实现民办学校健康、可持续发展的内在要求。加快现代学校制度建设，具体涉及完善学校法人治理、健全资产管理和财务会计制度、规范学校办学行为、落实安全管理责任四个方面。

一、完善学校法人治理

（一）基本内涵

民办学校法人治理涉及举办者（出资人）、决策者、管理者和教职工等责任方间的权责划分、制衡关系和配套机制。完善学校法人治理是现代学校制度建设的重要内容。国家法规政策针对民办学校法人治理做出了相关规定（表 9-1）。

表 9-1　关于民办学校完善学校法人治理的法规政策

相关法规政策	具体条款
《民办教育促进法》（2016 年）	第二十条、第二十一条、第二十七条
《民办教育促进法实施条例》（2021 年）	第十一条、第十九条、第二十六至第二十八条
“民办教育 30 条”（2016 年）	第（十九）条
《教育部关于鼓励和引导民间资金进入教育领域促进民办教育健康发展的实施意见》（2012 年）	第（十六）条
《营利性民办学校监督管理实施细则》（2016 年）	第十六至第十八条、第二十条

相关法规政策为不断健全民办学校的法人治理结构，推动民办教育健康发展发挥了重要作用。政策内容主要涉及民办学校决策监督机构的成员及结构、依法制定办学章程等五个方面。

第一，优化董事会（理事会）成员及结构。《民办教育促进法》、《民办教育促进法实施条例》、“民办教育 30 条”等法规政策规定了民办学校理（董）事会等决策机构的设立工作，鼓励探索独立董事（理事）、监事制度，并明确理事会或董事会的人员构成、任职资格和职权履行等内容，以优化决策与监督机制。

第二，依法制定办学章程。章程是民办学校开展各项活动的纲领性文件，为完善法人治理结构提供了基本准则。《民办教育促进法》规定，民办学校的举办者根据学校章程规定的权限和程序参与学校的办学和管理。《民办教育促进法实施条例》明确规定了民办学校章程的法人属性、权利义务、办学宗旨、修改程序等九条事项。

第三，健全党组织参与决策制度。《民办教育促进法实施条例》强调，民办学校的章程应当规定学校党组织负责人或者代表进入学校决策机构和监督机构的程序，为发挥党组织的核心领导作用提供了法律保障。“民办教育30条”倡导实行“双向进入、交叉任职”制度，即学校党组织领导班子成员通过法定程序进入学校决策机构和行政管理机构，党员校长、副校长等行政机构成员可按照党的有关规定进入党组织领导班子。

第四，完善校长选聘机制。“民办教育30条”提出，完善校长选聘机制，依法保障校长行使管理权，应熟悉教育及相关法律法规，具有5年以上教育管理经验和良好办学业绩，个人信用状况良好。

第五，完善教职工代表大会和学生代表大会制度。为保障教职工的合法权益，推动教师与学生共同参与学校管理与监督工作。《民办教育促进法》《民办教育促进法实施条例》规定，民办学校要完善教职工代表大会制度和学生代表大会制度，组建工会组织，民办学校的教师和其他工作人员，有权依照工会法，建立工会组织，并要求学校监督机构教职工代表不少于1/3。

（二）现存难题

针对优化民办学校法人治理的国家政策内容相对健全，但一些地方性政策内容及执行实践中，仍存在民主决策意识尚未深化、法人治理结构及关系尚未理顺、学术权力参与治理的作用机制尚未完善等难题。

第一，民主决策意识尚未深化。投资办学为主，捐资办学较少是我国民办学校的突出特点。在实际办学及治理过程中，投资举办者决策权相对较大，对民办学校的影响力较强。有的学校由于所有权与经营权未能有效分离，民主决策意识相对薄弱，“家族式”“家长式”的管理模式，“一言堂”的管理风格仍部分存在，难以推进责任法人与利益相关者共同治理，不利于民办学校治理现代化。

第二，法人治理结构与关系尚未理顺。《民办教育促进法》对法人治理结构的相关规定较为笼统，未详细区分不同性质民办学校的治理模式，也未区分董事会与理事会的名称规范及具体职责，容易导致政策执行过程中组织结构不合理、治理关系不清晰、内部分权合作机制难运行等问题。由于决策层与管理层的利益倾向不同，治理目标和理念存在冲突，对民办学校办学的社会效益及经济效益的侧重不同，容易出现学校理（董）事会、理（董）事长、党委与校长之间权责分工不清晰、权力交叉、“越位”“缺位”“错位”等问题。目前，一些民办学校的治理实践中，仍存在董事长干预过多，董事会流于形式；校长执行权力较弱，教育教学和行政管理职权行使难度较大；党组织隶属关系不顺畅，党组织核心作用发挥薄弱化、边缘化、表面化等问题。

第三，学术权力作用机制尚未完善。学术权力与行政权力是民办学校尤其是民办高校管理权力的重要组成部分。由于有的学校章程建设不够规范，对学术权力参与治理的制度化保障不足，学术权力参与学校治理的作用机制有待完善，容易导致民办学校学术权力在治理工作中难以充分发挥作用。具体而言，由于价值观念、治理理念、治理方式等方面的差异，以及学术群体与行政群体的力量失衡，导致一些学校治理结构中学术群体、学术管理组织的话语权相对较弱，相关学术事务管理受到行政权力的过度干涉，难以发挥专家治校、教授治学的作用。目前，有的地方性法规政策缺乏对教授委员会、学术委员会、教学工作指导委员会等学术组织职责和权力范围的明确说明，对学术组织参与民办学校治理的保障力度有待加强。

第四，监督制约机制尚未完全落实。虽然相关规定要求建立相应的监督机制，保障教职工代表等多方利益相关者参与监督的权利，但民办学校教职工和学生代表权利相关的法规政策内容相对简略，在政策执行层面的落实难度较大。有的民办学校尚未设立监事会制度，或未能成为常设机构，无法发挥监事会的作用。受学校评价考核机制的影响，教职工对学校内部治理的直接监督作用相对较弱，而由于信息不对称，学生参与民主管理与监督的渠道尚未畅通，机制尚未健全，对内部治理的影响力也相对不足。此外，社会第三方组织参与民办学校的监督制约机制还不够成熟。综合而言，有的民办学校未能形成教师、学生、家长、校友及社会力量等多元主体协同治理的格局，难以落实对学校办学行为的监督与制约。

（三）地方实践探索

为进一步完善民办学校法人治理，一些地区从政策层面对民办学校章程的相关规定做出细化，并引导民办学校在实践过程中，完善民办学校章程内容及修改程序，实行学校关键岗位亲属回避制度，进一步规定校长选聘条件及保障管理权，建立健全“五会”管理制度。

第一，完善民办学校章程内容及修改程序。有的地区的相关政策强调，民办学校要依法制定章程，按照章程管理学校，并就完善章程内容及修改程序做出进一步规定。

在完善民办学校章程内容方面，安徽省要求民办学校将党组织建设有关内容纳入学校章程，明确党组织在学校法人治理机构中的地位，保证党组织在重大事项决策、监督、执行各环节有效发挥作用。[①]江西省规定，章程应当规定决策机构的产生方法、人员构成、任期、议事规则等内容，建立健全形成决策、执行、监督相对独立、相互支持的法人治理

① 安徽省人民政府网. 安徽省人民政府关于鼓励社会力量兴办教育 促进民办教育健康发展的实施意见[EB/OL].（2017-10-27）. https://www.ah.gov.cn/public/1681/7927491.html.

结构。营利性民办学校可依照公司法的有关规定处理。①

在完善民办学校章程程序方面，北京市提出，修改章程要遵循民主、科学、公开原则，广泛征求校内外利益相关方意见。②江西、青海等地规定，各民办学校章程需实行审批备案制度。青海省规定，高等学校和其他高等教育机构，除民办本科高校设立时章程需经教育部核准外，其余均由省级教育部门核准。取消对普通中小学、幼儿园、中等职业学校章程核准的行政审批事项。各民办学校章程需向审批机关备案。各审批机关要深入推进“双随机一公开”监管模式改革，加强事中事后监管，提升服务质量。③

第二，实行关键岗位专人专岗制度与亲属回避制度。“民办教育 30 条”对亲属回避制度做出一般性规定，学校关键管理岗位实行亲属回避制度。重庆、江西等地具体规定，民办学校决策机构成员与财务、资产、人事、后勤等主要部门负责人之间，实行亲属回避制度。④⑤

第三，进一步规定校长选聘条件及保障管理权。在校长选聘资格与条件方面，安徽省规定，董事会（理事会）依据法律和章程的规定，参照同级同类公办学校校长任职的条件聘任校长，依法保障校长行使管理权。⑥青海省规定，民办学校依据章程自主选聘校长，校长应熟悉教育及相关法律法规，具有 5 年以上教育管理经验和良好办学业绩，个人信用状况良好，无犯罪记录，近 3 年内未受到党纪、政纪、单位处分，未进入失信人员名单，民办学校可聘用已退休的公办学校优秀管理人员。⑦

在保障校长管理权方面，重庆市对校长职权范围进行了说明，要求依法保障校长在学校理事会（董事会）或者其他形式的决策机构授权范围内独立行使教育教学、行政管理和预算资金支配的职权。⑧

第四，建立健全“五会”管理制度。为进一步完善学校章程，推进民办学校民主化决策与治理，有的地区从政策层面引导民办学校建立健全“五会”制度。

青海省规定，建立健全“五会”管理制度，具体包括董事会、监事会、教职工代表大

① 江西教育网. 江西省人民政府关于鼓励社会力量兴办教育促进民办教育健康发展的实施意见[EB/OL].（2018-06-29）. http://jyt.jiangxi.gov.cn/art/2018/6/29/art_25869_1516936.html.

② 北京市人民政府网. 北京市人民政府关于鼓励社会力量兴办教育促进民办教育健康发展的实施意见[EB/OL].（2018-11-29）. http://www.beijing.gov.cn/zhengce/zfwj/zfwj2016/szfwj/201905/t20190522_61648.html.

③ 青海省人民政府. 青海省人民政府关于鼓励社会力量兴办教育促进民办教育健康发展的实施意见[EB/OL].（2018-03-29）. http://www.qinghai.gov.cn/xxgk/xxgk/fd/zfwj/201803/t20180322_29488.html.

④ 重庆市人民政府网. 重庆市人民政府关于进一步促进民办教育健康发展的实施意见[EB/OL].（2018-06-07）. http://www.cq.gov.cn/zwgk/zfxxgkzl/fdzdgknr/zdmsxx/jy/zyzc/201806/t20180607_8837010.html.

⑤ 江西教育网. 江西省人民政府关于鼓励社会力量兴办教育促进民办教育健康发展的实施意见[EB/OL].（2018-06-29）. http://jyt.jiangxi.gov.cn/art/2018/6/29/art_25869_1516936.html.

⑥ 安徽省人民政府网. 安徽省人民政府关于鼓励社会力量兴办教育 促进民办教育健康发展的实施意见[EB/OL].（2017-10-27）. https://www.ah.gov.cn/public/1681/7927491.html.

⑦ 青海省人民政府. 青海省人民政府关于鼓励社会力量兴办教育促进民办教育健康发展的实施意见[EB/OL].（2018-03-29）. http://www.qinghai.gov.cn/xxgk/xxgk/fd/zfwj/201803/t20180322_29488.html.

⑧ 重庆市人民政府网. 重庆市人民政府关于进一步促进民办教育健康发展的实施意见[EB/OL].（2018-06-07）. http://www.cq.gov.cn/zwgk/zfxxgkzl/fdzdgknr/zdmsxx/jy/zyzc/201806/t20180607_8837010.html.

会、家长委员会和学生代表大会制度。除了成员构成、职权范围等一般性规定之外，针对不同情况的民办学校进行具体规定。例如，党员人数较多的学校还应召开党员代表大会，参与学校的管理监督，讨论研究有关学校发展改革的重大事项。主管部门要根据实际情况委派党员监事。各地可根据实际情况，创新形式，向民办学校委派长期或短期督导专员，指导民办学校依据法律法规自主办学，做好民办学校的管理指导工作。①

重庆市规定，健全理事会（董事会）或者其他形式的决策机构和监事（会）制度，进一步细化落实理事会（董事会）或者其他形式的决策机构产生办法、人员组成、任职资格、议事规则和成员变更等制度。②

江西省规定，要完善教职工代表大会和学生代表大会制度，依法保障学校师生对学校办学管理的知情权、话语权、参与权。③

二、健全资产管理和财务会计制度

（一）基本内涵

为进一步加强民办学校资产和财务的管理、监督工作，促进民办教育事业健康发展，国家和地方逐步完善法规政策，修订印发民办中小学及高等学校财务制度等专门性政策（表 9-2）。

表 9-2　关于民办学校健全资产管理和财务会计制度的法规政策

相关法规政策	具体条款
《民办教育促进法》（2016 年）	第三十五至第三十九条、第五十八条
《民办教育促进法实施条例》（2021 年）	第十条、第四十一至第四十六条
“民办教育 30 条”（2016 年）	第（二十）条
《教育部关于鼓励和引导民间资金进入教育领域促进民办教育健康发展的实施意见》（2012 年）	第（十七）条
《营利性民办学校监督管理实施细则》（2016 年）	第二十六至第三十条

健全资产管理和财务会计制度的相关规定主要包括以下几个方面。

第一，明确产权关系，建立健全资产管理制度。“民办教育 30 条”规定，民办学校举办者应依法履行出资义务，将出资用于办学的土地、校舍和其他资产足额过户到学校名下。存续期间，民办学校对举办者投入学校的资产、国有资产、受赠的财产以及办学积累

① 青海省人民政府. 青海省人民政府关于鼓励社会力量兴办教育促进民办教育健康发展的实施意见[EB/OL].（2018-03-29）. http://www.qinghai.gov.cn/xxgk/xxgk/fd/zfwj/201803/t20180322_29488.html.

② 重庆市人民政府网. 重庆市人民政府关于进一步促进民办教育健康发展的实施意见[EB/OL].（2018-06-07）. http://www.cq.gov.cn/zwgk/zfxxgkzl/fdzdgknr/zdmsxx/jy/zyzc/201806/t20180607_8837010.html.

③ 江西教育网. 江西省人民政府关于鼓励社会力量兴办教育促进民办教育健康发展的实施意见[EB/OL].（2018-06-29）. http://jyt.jiangxi.gov.cn/art/2018/6/29/art_25869_1516936.html.

享有法人财产权，任何组织和个人不得侵占、挪用、抽逃。

第二，规范民办学校会计核算工作，建立健全第三方审计制度。“民办教育 30 条”规定，非营利性和营利性民办学校按照登记的法人属性，根据国家有关规定执行相应的会计制度。《民办教育促进法实施条例》规定，在每个会计年度结束时，民办学校应当委托会计事务所对年度财务报告进行审计。

第三，严格财务制度。“民办教育 30 条”规定，民办学校要明晰财务管理，依法设置会计账簿。民办学校应将举办者出资、政府补助、受赠、收费、办学积累等各类资产分类登记入账，定期开展资产清查，并将清查结果向社会公布。各地要探索制定符合民办学校特点的财务管理办法，完善民办学校年度财务、决算报告和预算报告报备制度。

第四，建立办学成本核算制度。《民办教育促进法实施条例》规定，基于办学成本和市场需求等因素，遵循公平、合法和诚实信用原则，考虑经济效益与社会效益，合理确定收费项目和标准。对公办学校参与举办、使用国有资产或者接受政府生均经费补助的非营利性民办学校，省、自治区、直辖市人民政府可以对其收费制定最高限价。

第五，加强财务监督和资产监管。《民办教育促进法实施条例》规定，民办学校资产中的国有资产的监督、管理，按照国家有关规定执行。民办学校依法接受的捐赠财产的使用和管理，依照有关法律、行政法规执行。非营利性民办学校收取费用、开展活动的资金往来，应当使用在有关主管部门备案的账户。有关主管部门应当对该账户实施监督。营利性民办学校收入应当全部纳入学校开设的银行结算账户，办学结余分配应当在年度财务结算后进行。民办学校应当建立利益关联方交易的信息披露制度。教育、人力资源社会保障以及财政等有关部门应当加强对非营利性民办学校与利益关联方签订协议的监管，并按年度对关联交易进行审查。

（二）现存难题

加强对民办学校的资产管理与财务监管，有助于引导民办学校强化健康办学、规范办学的意识。目前，各地区的政策内容以及政策执行实践反映出一些难题。

第一，民办学校财务管理工作尚未完善。在财务管理方面，有的学校尚未树立良好的目标意识与管理意识，相应的财务管理体制机制在实际运行过程中，存在财务报表编制规范性不强，财务工作人员专业性不强，财务管理水平不高，实际效果不彰等问题。同时，由于财务规划缺乏长远意识，预算管理尚未落到实处，有的民办学校的审计制度管理与监督工作难以执行，处罚难以落实。

第二，民办学校财务管理工作的特殊需求较难满足。《民办教育促进法实施条例》第四十一条规定，民办学校应当依照《中华人民共和国会计法》和国家统一的会计制度进行会计核算，编制财务会计报告。但由于民办学校存在营利性、非营利性之分，非营利性民办学校还包括民办事业单位与民办非企业单位两种组织属性，会计及其他财务管理工作存在特殊需求，相关具体情况较为复杂。实际情况表明，不同类型民办学校在会计制度的参考标准上尚未明确。有的民办学校以《事业单位会计制度》或《高等学校会计制度》为参照标准，有的学校执行《民间非营利组织会计制度》[①]或适用《企业会计制度》。

第三，民办学校产权关系不明晰。民办学校财产来源和类型呈现出日益复杂化的特点。虽然已有政策对民办学校的产权关系有所规定，但在实际操作过程中，不同类型民办学校产权的归属关系、分配关系和权责关系仍部分存在模糊不清的问题。尤其是一些非营利性民办学校法人财产权的保障机制不够健全，缺乏具体的规范措施。有的学校由举办者出资投入的办学资产未能完成过户手续，土地、校舍等资产未能归属于学校，出现民办学校法人财产权虚置现象。

（三）地方实践探索

为在政策与实践层面推动民办学校加强资产管理与财务会计工作，一些地区对推动学校资产过户、严格执行财务制度、探索营利性、非营利性民办学校的差别化会计制度等内容，做出具体规定。

第一，继续推动学校资产过户，保障学校法人财产权。安徽省与陕西省进一步明确民办学校资产过户工作的具体程序与要求，保障民办学校法人财产权。

安徽省规定，投入民办学校的货币资产，要经法定验资机构验资后过户，非货币资产要经有资质的中介机构评估后过户，未完成资产过户的民办学校应于重新分类登记前完成过户。[②]

陕西省规定，民办高校依法取得土地使用权和校舍产权，土地使用权证、校舍产权证必须办理在学校名下。学校出资人将所拥有的土地、房屋过户到学校名下时，要不高于原值。[③]同时，黑龙江省规定，社会组织或者公民个人以不动产用于办学，原有不动产过户到民办学校名下，且不属于买卖、赠予或者交换行为的，在办理过户手续时，只收取证照工本费。[④]

第二，进一步严格执行财务制度，健全第三方审计制度。安徽省与甘肃省进一步细化第三方审计制度的具体内容与要求。

安徽省规定，民办学校应定期制作年度财务会计报告并公布第三方审计结果，不断完善年度财务决算报告和预算报告报备制度。营利性和非营利性民办学校可根据自身实际情

---

① 财政部网站. 关于印发《民间非营利组织会计制度》的通知[EB/OL].（2004-08-18）. http://www.mof.gov.cn/gp/xxgkml/hjs/200807/t20080704_2501187.htm.

② 安徽省人民政府网. 安徽省人民政府关于鼓励社会力量兴办教育 促进民办教育健康发展的实施意见[EB/OL].（2017-10-27）. https://www.ah.gov.cn/public/1681/7927491.html.

③ 陕西省人民政府网. 陕西省人民政府关于进一步支持和规范民办高等教育发展的意见[EB/OL].（2012-03-05）. http://www.shaanxi.gov.cn/zfxxgk/zfgb/2012/d4q_4120/201203/t20120305_1643305.html.

④ 黑龙江省人民政府网. 黑龙江省关于鼓励社会力量兴办教育促进民办教育健康发展的实施意见[EB/OL].（2019-03-29）. https://www.hlj.gov.cn/n200/2019/0329/c75-10896840.html.

况，采用适切的财务管理办法；财政部门要会同教育、人力资源社会保障、审计、物价、工商等有关部门加强对民办学校财务状况的监管，对不按照国家规定收费、退费及抽逃办学资金、挪用办学经费的民办学校，依法予以查处。①

甘肃省规定，营利性民办学校应当建立健全财务内部控制制度，按实际发生数列支，不得虚列虚报，不得以计划数或者预算数代替实际支出数，不得账外核算。进一步规范民办学校会计核算，建立健全第三方审计制度。每个会计年度结束时，民办学校应制作财务会计报告，委托会计师事务所依法进行审计，并公布审计结果。②

第三，构建适用于不同类型民办学校的会计制度。《〈民间非营利组织会计制度〉若干问题的解释》规定，具备《民非制度》第二条第二款所列三项特征的非营利性民办学校，应当按照《民非制度》进行会计核算。③《营利性民办学校监督管理实施细则》规定，营利性民办学校执行《中华人民共和国公司法》及有关法律规定的财务会计制度。

重庆市规定，民办学校应根据登记的法人类别，选择不同的财务与会计核算制度。登记为事业单位法人的，执行事业单位相关财务规则、会计准则及相关会计制度；登记为社会服务机构捐助法人的，适用民间非营利组织会计制度；登记为营利法人的，执行企业会计准则；探索建立统一可比较的财务报表编制规则。④青海省规定，登记为事业单位法人的民办学校，适用事业单位会计制度。登记为民办非企业单位（法人）的民办学校，执行《民间非营利组织会计制度》。登记为企业法人的民办学校，适用《企业会计制度》。⑤

第四，强化财务监督和资产监管。重庆市和宁夏回族自治区的法规政策，进一步强调财务与资产监管的重要性，明确具体要求与管理办法。

重庆市规定，财政和审批部门要加强监督，确保公共财政资金的使用绩效；强化审计监督，审批部门或民办学校每年应委托符合条件的审计中介机构对民办学校上一年的资产和财务状况进行审计并将结果向社会公示，推广和完善对民办学校及其举办者履行民办教育政策的年度合规性专项审计，审计意见纳入年检重要内容；建立财务监管约谈机制，对违反财务管理相关规定的学校举办者、管理者和财务部门负责人进行约谈，限期纠正违规做法；完善银行专户管理机制，各类办学资金区分资金的不同来源实施银行专户管理与核算；健全民办学校存款账户最低余额制度，对大额资金流动等实施监管；民办学校要加强

---

① 安徽省人民政府网. 安徽省人民政府关于鼓励社会力量兴办教育 促进民办教育健康发展的实施意见[EB/OL].（2017-10-27）. https://www.ah.gov.cn/public/1681/7927491.html.

② 甘肃省人民政府网. 甘肃省人民政府关于进一步促进民办教育健康发展的实施意见[EB/OL].（2017-11-14）. http://www.gansu.gov.cn/gsszf/c100054/201711/173341.shtml.

③ 财政部网站. 关于印发《〈民间非营利组织会计制度〉若干问题的解释》的通知[EB/OL].（2020-06-15）. http://kjs.mof.gov.cn/zhengcefabu/202006/t20200618_3534984.htm.

④ 重庆市人民政府网. 重庆市人民政府关于进一步促进民办教育健康发展的实施意见[EB/OL].（2018-06-07）. http://www.cq.gov.cn/zwgk/zfxxgkzl/fdzdgknr/zdmsxx/jy/zyzc/201806/t20180607_8837010.html.

⑤ 青海省人民政府. 青海省人民政府关于鼓励社会力量兴办教育促进民办教育健康发展的实施意见[EB/OL].（2018-03-29）. http://www.qinghai.gov.cn/xxgk/xxgk/fd/zfwj/201803/t20180322_29488.html.

会计信息化建设。①

宁夏回族自治区规定，要加强多部门协作，共同致力于推动民办学校财务管理办法的制定和监督管理的实施。所有银行账户须由学校财务部门统一管理和集中核算，学校的各项财务收支行为须纳入学校财务账户管理，其中财政性经费收支应设专账核算。非营利性民办学校银行账户须报教育主管部门备案，接受财务监管；民办学校应当在每个会计年度结束时制作财务会计报告，委托会计师事务所进行审计，并公布审计结果，接受学校教职工、学生、家长和社会的监督；建立健全学校年度财务、决算报告和预算报告报备制度，其中须明确财政性经费收入及使用情况。各级教育、人力资源社会保障和财政部门要制定民办学校财务管理办法，并会同审计、编制、民政、工商等部门加强对民办学校财务监管。②

三、规范学校办学行为

（一）基本内涵

民办学校办学行为涉及内容较多，贯穿国家和地方的诸多法规政策之中，在其他类别的政策中也部分涉及。具体来看，相关法规政策从招生宣传、报名收退费、办学监督管理与服务等多个环节，综合强调与引导民办学校规范办学（表9-3至表9-5）。

表9-3 关于民办教育招生管理与宣传的法规政策

相关法规政策	具体条款
《民办教育促进法实施条例》（2021年）	第三十条、第三十一条
《中共中央 国务院关于深化教育教学改革全面提高义务教育质量的意见》（2019年）	第17条
《关于规范公办学校举办或者参与举办民办义务教育学校的通知》（2021年）	第五条
《北京市教育委员会关于进一步规范民办非学历高等教育机构办学行为的意见》（2020年）	第（八）条

第一，规范招生管理与宣传工作。①民办教育与公办教育同步招生。《民办教育促进法实施条例》规定，实施学前教育、学历教育的民办学校享有与同级同类公办学校同等的招生权，可以在审批机关核定的办学规模内，自主确定招生的标准和方式，与公办学校同期招生。《中共中央 国务院关于深化教育教学改革全面提高义务教育质量的意见》规定，民办义务教育学校招生纳入审批地统一管理，与公办学校同步招生；对报名人数超过招生计划的，实行电脑随机录取。③国家发布“公民同招”政策后，各地区陆续制定实施办法

① 重庆市人民政府网. 重庆市人民政府关于进一步促进民办教育健康发展的实施意见[EB/OL].（2018-06-07）. http://www.cq.gov.cn/zwgk/zfxxgkzl/fdzdgknr/zdmsxx/jy/zyzc/201806/t20180607_8837010.html.

② 宁夏回族自治区人民政府网. 自治区人民政府关于鼓励社会力量兴办教育促进民办教育健康发展的实施意见[EB/OL].（2018-06-01）. http://www.nx.gov.cn/zwgk/qzfwj/201806/t20180607_797066.html.

③ 中国政府网. 中共中央 国务院关于深化教育教学改革全面提高义务教育质量的意见[EB/OL].（2019-07-08）. http://www.gov.cn/zhengce/2019-07/08/content_5407361.htm.

予以落实，推动公、民办学校从报名、录取、注册各个环节同步开展。②严格规范招生广告宣传。《民办教育促进法》规定，民办学校的招生简章和广告，应当报审批机关备案。《民办教育促进法实施条例》规定，民办学校应当按照招生简章或者招生广告的承诺，开设相应课程，开展教育教学活动，保证教育教学质量。北京市规定，民办学校的招生简章和广告内容要符合相关法律规定，向社会公众宣布真实情况，严禁欺骗和误导，夸大和造假，严禁以各种形式变卖和交易招生资质，严禁任何个人或中介组织干扰招生，严禁以在校生或二级学院的名义组织招生。[①]③维护招生秩序。《关于规范公办学校举办或者参与举办民办义务教育学校的通知》规定，公办学校不得以民办义务教育学校的名义开展选拔招生或考试招生，民办义务教育学校不得以公办学校或者公办学校校区、分校的名义招生，也不得以借读、挂靠等名义变相违规招生。[②]《民办教育促进法实施条例》对实施不同层次教育的民办学校做出规定，县级以上地方人民政府教育行政部门、人力资源社会保障行政部门应当为外地的民办学校在本地招生提供平等待遇，不得设置跨区域招生障碍实行地区封锁。民办学校招收学生应当遵守招生规则，维护招生秩序，公开公平公正录取学生。实施义务教育的民办学校不得组织或者变相组织学科知识类入学考试，不得提前招生。民办学校招收境外学生，按照国家有关规定执行。

表 9-4　关于民办教育收费、退费的法规政策

相关法规政策	具体条款
《民办教育促进法》（2016 年）	第三十八条、第六十四条
《关于进一步加强和规范教育收费管理的意见》（2020 年）	第（十五）条、第（十六）条
《北京市民办学校退费指导意见》（2012 年）	第四至第十一条、第十五至第十七条
《上海市民办非学历教育机构管理办法》（2015 年）	第十四条
《北京市人民政府关于鼓励社会力量兴办教育促进民办教育健康发展的实施意见》（2018 年）	第（十六）条

第二，规范收退费工作。民办学校的收费、退费问题事关受教育者的合法权益，受到国家和政府的高度重视。①加强收费管理。《民办教育促进法》要求，民办学校收取费用的项目和标准根据办学成本、市场需求等因素确定，向社会公示，并接受有关主管部门的监督。《关于进一步加强和规范教育收费管理的意见》提出，探索建立学校收费专项审计制度，重点加强对非营利性民办学校的审计，严禁非营利性民办学校举办者和非营利性中外合作办学者通过各种方式从学费收入等办学收益中取得收益、分配办学结余（剩余财产）或通过关联交易、关联方转移办学收益等行为。[③]②加大违规收费行为的查处力度。

---

① 北京市人民政府网. 北京市教育委员会关于进一步规范民办非学历高等教育机构办学行为的意见[EB/OL].（2020-11-11）. http://www.beijing.gov.cn/zhengce/zhengcefagui/202011/t20201111_2133269.html.

② 中国政府网. 教育部等八部门关于规范公办学校举办或者参与举办民办义务教育学校的通知[EB/OL].（2021-07-08）. http://www.gov.cn/zhengce/zhengceku/2021-08/25/content_5633199.htm.

③ 教育部网站. 教育部等五部门印发《关于进一步加强和规范教育收费管理的意见》的通知[EB/OL].（2020-08-18）. http://www.moe.gov.cn/srcsite/A05/s7503/202008/t20200827_480721.html.

《关于进一步加强和规范教育收费管理的意见》规定，各地要加强对教育收费的日常监督和定期检查，建立完善教育收费风险预警、信访受理、督查督办、公开通报及约谈机制，对发现的违规收费问题要严肃处理。建立健全问责机制，对收费管理主体责任不落实、措施不到位，损坏群众切身利益，造成恶劣社会影响的单位和相关责任人要严肃问责。对民办学校违规乱收费造成恶劣影响的，依法依规扣减招生计划、财政扶持资金等，直至撤销、吊销办学许可证。③规范退费行为。《民办教育促进法》规定，违反国家有关规定擅自举办民办学校的，由所在地县级以上地方人民政府教育行政部门或者人力资源社会保障行政部门会同同级公安、民政或者市场监督管理等有关部门责令停止办学、退还所收费用，并对举办者处违法所得一倍以上五倍以下罚款。北京市特别出台了民办学校退费指导意见，明确了进行退费的具体条件和要求。

表 9-5　关于民办教育规范监督管理和服务工作的法规政策

相关法规政策	具体条款
《民办教育促进法》（2016 年）	第四十条、第四十一条、第四十四条
《民办教育促进法实施条例》（2021 年）	第十三条、第二十七条、第二十九条、第三十二条、第四十八条、第四十九至第五十一条
“民办教育 30 条”（2016 年）	第（二十一）条
《教育部关于鼓励和引导民间资金进入教育领域促进民办教育健康发展的实施意见》（2012 年）	第（二十一）条
《营利性民办学校监督管理实施细则》（2016 年）	第三十三条、第三十四条

第三，做好办学监督管理和服务工作。加强监督管理，做好服务工作，是规范民办学校办学行为的重要保障举措之一。相关法规政策为有关部门开展监督管理及服务工作奠定了法律基础，提供了执行准则。①依法对民办学校加强督导。《民办教育促进法》规定，教育行政部门及有关部门依法对民办学校实行督导，建立民办学校信息公示和信用档案制度，促进提高办学质量。为不断提高民办学校办学水平，有关部门应在提升教育教学质量、加强师资队伍建设等方面提供指导和培训，加强对民办学校的监督。②做好学籍管理、证书发放和学位授予及审查工作。“民办教育 30 条”规定，具有举办学历教育资格的民办学校，应按国家有关规定做好学籍管理工作，对招收的学历教育学生，学习期满成绩合格的颁发毕业证书，未达到学历教育要求的发给结业证书或者其他学业证书；对符合学位授予条件的学生，颁发相应的学位证书。各类民办学校对招收的非学历教育学生，发给结业证书或者培训合格证书。《民办教育促进法实施条例》等规定，实施以职业技能为主的职业资格培训、职业技能培训的民办学校可以按照与培训专业（职业、工种）相对应的国家职业标准及相关职业培训要求开展培训活动，不得教唆、组织学员规避监管，以不正当手段获取职业资格证书、成绩证明等。③做好民办学校服务工作。《民办教育促进法》规定，国家支持和鼓励社会中介组织为民办学校提供服务。《民办教育促进法实施条例》规定，教育行政部门、人力资源社会保障行政部门应当依据职责分工，定期组织或者委托第三方机构对民办学校的办学水平和教育质量进行评估，评估结果应当向社会公开。以国

有资产参与举办民办学校的，应当根据国家有关国有资产监督管理的规定，聘请具有评估资格的中介机构依法进行评估，根据评估结果合理确定出资额，并报对该国有资产负有监管职责的机构备案。县级人民政府根据本行政区域实施学前教育、义务教育或者其他公共教育服务的需要，可以与民办学校签订协议，以购买服务等方式，委托其承担相应教育任务。

（二）现存难题

在国家相关政策的指导下，民办学校招生、收费与管理工作水平不断提高，办学规范化程度有所加强。但在实践过程中，仍存在一些难题。

第一，有的民办学校存在招生宣传违规现象。虽然相关法规政策对民办学校招生宣传进行了规范，但由于地方性政策缺乏具体细则，一些主管部门政策执行的严格程度有待加强，少数民办学校在招生过程中缺乏法治意识和科学的办学理念，出现招生计划不合理，广告宣传不真实、程序不规范，设置不合规考试环节，“掐尖”招生、恶意竞争等违规现象，损害了家长和学生的合法权益，不利于民办教育的健康有序发展。

第二，有的民办学校收退费不合理，缺乏相应的风险防范机制。一方面，由于一些地方性政策对民办学校退费问题的规定缺乏具体细则和退费标准，少数民办学校尚未树立正确的办学观和教育观，在办学过程中偏重办学的高收益，出现增设收费名目、扩大收费范围、提高收费标准等不合理收费现象。此外，有的民办学校以“择校”“赞助”等名义进行招生名额交易，违反办学规定，破坏办学秩序。另一方面，由于有的民办学校尚未建立相对健全的风险防范应对机制，存在经营不善、资金周转不灵、抽逃办学资金等风险，出现退费纠纷、卷钱跑路等问题，损害学生及家长的正当利益。

第三，民办学校监督管理服务落实力度不够，统筹协调不到位。规范民办学校办学行为涉及多个行政部门，存在职责分工不明确、监管不到位的问题。一些实施学历教育的民办学校存在人籍分离、空挂学籍、学籍造假等现象，民办学校信用档案制度、年检年报制度、信息公开制度等需要进一步落地，进一步增强对违法违规办学行为的查处惩戒力度。

（三）地方实践探索

针对民办学校办学行为存在的诸多问题，为进一步完善法规政策，引导和支持民办学校高质量办学与健康发展，有的地区对政策内容做出调整和规范。

第一，进一步严格规范招生管理和宣传工作。上海、山西、黑龙江等地对建立招生简章和广告备案制度、明确招生违规行为的处罚力度两方面做出进一步探索。

一方面，建立招生简章和广告备案制度。上海、山西、黑龙江等地均规定民办学校招生简章与广告需向审批机关进行备案。湖南省专门发布了《关于加强民办学校招生工作管理的通知》，从招生计划管理、招生宣传管理、招生方式管理、招生收费管理4方面，对民办学校招生工作进行了明确规范。①

另一方面，明确招生违规行为，加大处罚力度。湖南、山西、黑龙江等地均强调加强对民办学校招生行为的监管和查处工作。湖南省对招生管理工作作出重要部署：一要引导民办学校及其举办者、教职工牢固树立法制意识，增强依法依规办学的自觉性。二要组织开展违法违规招生专项检查，对检查发现的问题要逐一下发整改通知，责令限期整改，情节严重的，要依法从严查处，绝不姑息迁就。三要畅通投诉举报渠道，接受社会监督，对群众反映的问题，要及时核查，及时处理，及时回应。四要健全监管机制，完善监管制度，构建常态化的监管体系，着力提高监管水平和效能。②山西省规定，山西省要求严格按照审批机关核定的办学规模，控制招生规模和在校生人数。严禁具有举办学历教育资格的民办学校无计划招生、有偿招生、买卖或变相买卖生源或学籍、利用中介机构或个人进行招生或宣传。③黑龙江省规定，不得采用统一笔试或任何变相形式的统一知识性考试方式选拔生源。各级主管部门要依法加强对民办学校的管理和引导，坚决查处欺骗宣传、违规招生等行为。对无办学许可证和超出办学许可证规定范围的学校，依法予以纠正或取缔。④

第二，进一步严格规范收退费管理。为加强对民办学校收退费工作的监督管理，北京市、云南省实行退收费公示制度，福建省、杭州市等设置民办学校办学风险防范金提取制度。

一方面，实行收退费公示制度。北京市规定，民办学校收费项目和收费标准以及收费、退费管理办法应于学生入学前，通过招生简章、学校网站、入学通知书等渠道向社会公示，并在校内显著位置设置长期固定的公示栏进行收费公示，不得在公示的项目和标准外收取其他费用。⑤对于民办非学历高等教育机构，教育服务费用由学校自主确定、受教育者自愿接受，主要包括学费、住宿费以及代收代缴费用等。学校应实行收退费公示制度，因学校不实宣传误导受教育者，受教育者要求退学退费的，学校应及时退还相关费用；如双方存在争议的，学校承担举证责任。⑥云南省规定，民办教育机构在招生时，应

① 湖南省人民政府网. 加强民办学校招生工作管理[EB/OL].（2019-03-15）http://www.hunan.gov.cn/hnyw/bmdt/201903/t20190315_5295363.html.

② 湖南省人民政府网. 湖南省教育厅关于加强民办学校招生工作管理的通知[EB/OL].（2019-03-12）. http://jyt.hunan.gov.cn/jyt/sjyt/xxgk/tzgg/201903/t20190312_5293844.html.

③ 山西省人民政府网. 山西省人民政府办公厅关于支持和规范社会力量兴办教育促进民办教育健康有序发展的若干意见[EB/OL].（2018-07-25）. http://www.shanxi.gov.cn/sxszfxxgk/sxsrmzfzcbm/sxszfbgt/flfg_7203/bgtgfxwj_7206/201808/t20180806_468914.shtml.

④ 黑龙江省人民政府网. 黑龙江省关于鼓励社会力量兴办教育促进民办教育健康发展的实施意见[EB/OL].（2019-03-29）. https://www.hlj.gov.cn/n200/2019/0329/c75-10896840.html.

⑤ 北京市人民政府网. 北京市人民政府关于鼓励社会力量兴办教育促进民办教育健康发展的实施意见[EB/OL].（2018-11-29）. http://www.beijing.gov.cn/zhengce/zfwj/zfwj2016/szfwj/201905/t20190522_61648.html.

⑥ 北京市人民政府网. 北京市教育委员会关于进一步规范民办非学历高等教育机构办学行为的意见[EB/OL].（2020-11-11）. http://www.beijing.gov.cn/zhengce/zhengcefagui/202011/t20201111_2133269.html.

当按照价格主管部门核准或者备案的内容向社会公布收费项目、收费标准。收取费用应当按照规定出具收费票据。①

另一方面，设立民办学校办学风险防范金提取制度。福建省、杭州市等通过从学费、政府公共财政奖励专项资金中提取一定比例的风险防范金，帮助一些民办学校降低潜在的资金风险。福建省规定，对于列入重点监管的学校，每年按学费收入的一定比例提取风险保证金，统一存入当地教育行政部门指定的银行账户。风险保证金归学校所有，主要用于学校出现办学风险时，退还向学生收取的学费、住宿费及支付其他应急费用。②杭州市规定，风险防范金可从各级政府对民办学校的公共财政扶持奖励专项资金中提取，鼓励民办学校以年学费收入的1%—3%向该专户注资，民办学校提存风险防范金情况作为公共财政扶持奖励的条件和依据。学校注入的风险防范金及相应收益归民办学校所有，学校依法终止办学时可予提取。风险防范金专户资金施行先行赔付制度。③

第三，进一步完善监督管理和服务。海南、四川等地探索建立违规失信惩戒机制和部门协调机制，以落实教育监管督导，加强综合治理。

一方面，建立违规失信惩戒机制，完善督导制度。海南省规定，海南省加强对民办学校的教育督导，完善民办学校年度报告和年度检查制度，依法组织或者委托社会中介组织评估办学水平和教育质量并将评估结果向社会公布。建立民办学校信用档案制度、信息强制公开制度。建立违规失信惩戒机制，将违规办学的学校及其举办者和负责人纳入“黑名单”。加强对新设立民办学校举办者的资格审查。④

另一方面，建立部门协调机制，加强综合治理。四川省规定，充分发挥民办教育厅际联席会议制度作用，各地也应建立相应的部门协调机制。协调解决民办教育发展中的重点难点问题，不断完善制度政策建设，加强对民办学校周边环境的综合治理，依法打击干扰和破坏民办学校教育教学秩序的违法行为，优化民办教育发展环境。要将鼓励支持社会力量兴办教育作为考核政府改进公共服务方式的重要内容。⑤

---

① 云南省教育厅网站. 云南省教育厅关于印发云南省民办教育机构管理办法的通知[EB/OL].（2021-10-19）. http://www.ynjy.cn/web/3e6a89a8ab914503a342fe46556a1246/536e3ec1bb1641949b15fde76cdf05b7.html.

② 福建省人民政府网. 福建省人民政府关于进一步支持和规范民办高等教育发展的若干意见[EB/OL].（2012-10-24）. http://www.fujian.gov.cn/zwgk/zxwj/szfwj/201211/t20121106_1466046.htm.

③ 杭州市人民政府网. 浙江省杭州市人民政府关于促进民办教育持续健康发展的实施意见（试行）[EB/OL].（2016-02-04）. http://www.hangzhou.gov.cn/art/2016/2/4/art_1093962_3705.html.

④ 海南省人民政府网. 海南省人民政府关于鼓励社会力量兴办教育促进民办教育健康发展的实施意见[EB/OL].（2018-02-13）. https://www.hainan.gov.cn/hainan/szfwj/201802/1282e06a8b08454aa4dca704cb09db39.shtml.

⑤ 四川省人民政府网. 四川省人民政府关于鼓励社会力量兴办教育促进民办教育健康发展的实施意见[EB/OL].（2018-09-17）. http://www.sc.gov.cn/10462/11555/11562/2018/10/29/10461744.shtml.

四、落实安全管理责任

（一）基本内涵

安全管理是学校管理工作中至关重要的一环，是学校各项活动正常开展的前提。为进一步预防安全事故，健全安全管理制度，国家和地方就民办学校落实安全管理责任出台了相关规定（表 9-6）。

表 9-6　关于民办学校落实安全管理责任的法规政策

相关法规政策	具体条款
《民办教育促进法实施条例》（2021 年）	第十六条、第六十二条
“民办教育 30 条”（2016 年）	第（二十二）条
《教育部关于鼓励和引导民间资金进入教育领域促进民办教育健康发展的实施意见》（2012 年）	第（十六）条
《营利性民办学校监督管理实施细则》（2016 年）	第三十一条

“民办教育 30 条”及其他相关政策规定关于落实安全管理责任的措施主要包括以下几个方面。

第一，建设校园安全技术防范系统。安全预防和控制需要构建一个完整的体系链条，建筑、设施和技术要达到相关安全标准，以抵抗自然灾害、突发事件潜藏的风险，为有效防范地震、火灾等灾害带来的损失提供系统保障。

第二，建立安全管理制度和应急机制。学校要建立对紧急突发事件的预防解决方案，以便能够快速做出反应和处置，进行周期性有计划的安全巡视和排查工作，防患于未然，及时规避潜在危险。

第三，加强学生和教职员工安全教育培训。校园生活的不同场所，都可能存在各种安全隐患。应增强教师和学生发现风险、应对危机的安全意识，日常管理过程中，应有计划地和针对性地组织各类安全演练和教育培训，强化师生应急撤离、安全疏散和人员自救等方面的能力。

第四，建立安全工作组织机构。配备学校内部安全保卫人员，明确安全工作职责。学校法定代表人是学校安全稳定工作的第一责任人。

第五，落实互联网安全管理制度和安全保护技术措施。《民办教育促进法实施条例》规定，利用互联网技术在线实施教育活动应当符合国家互联网管理有关法律、行政法规的规定。利用互联网技术在线实施教育活动的民办学校应当取得相应的办学许可。

第六，规定违法处罚措施。《民办教育促进法实施条例》规定，校舍、其他教育教学设施设备存在重大安全隐患，未及时采取措施的民办学校，存在危害学校稳定和安全的行为的，存在未及时采取措施应对已存在的重大安全隐患、危害校园安全稳定等违法行为的，将依照法律法规对其予以处罚。

（二）现存难题

近十年来，民办学校安全管理责任问题已得到一定重视，法规政策不断完善。然而在落实过程中，仍然存在一些难题。

第一，安全管理责任意识不够强。一方面，一些地方性政策内容仍以原则性、指导性规定为主，岗位职责有待明晰，责任分工需进一步细化，安全管理工作在具体执行过程未能严格遵守相关规定；另一方面，有的民办学校还存在安全管理责任人专业素质不高、基层执行者工作积极性不高，责任意识较为淡薄等问题。加上学生生源结构复杂，学生自身安全防范意识较弱，学校安全教育引导不够，安全防范工作不到位，有的民办学校存在潜在安全隐患，威胁学校安全。

第二，心理健康安全问题重视程度不够。相关法规政策对民办学校校舍、教育教学设施设备安全、消防安全、食品安全等方面较为重视，相对忽视民办学校教师尤其学生群体的心理健康安全问题。由于缺乏重视，心理健康咨询与服务工作落实不到位，心理疏导与干预不及时，少数学生出现角色不适应、厌学、抑郁等心理安全问题，影响学生的身心健康和学习生活。目前，有的地区的地方性政策对民办学校心理健康安全方面的关注和保障力度不够。

第三，安全管理制度有待更新完善。社会环境日趋复杂多变，使校园安全面临更多挑战。如新冠肺炎疫情的爆发给学校公共卫生安全防控管理制度带来挑战，随着信息网络技术的发达，安全管理形势更为复杂，出现校园网贷、电信诈骗等不确定性安全威胁。民办学校的安全管理制度需要与时俱进，不断健全完善。有的民办学校尚未形成有效的安全预警应急机制，处理突发危机性事件的能力有待提升；尚未建立完善的保险制度、法律援助制度、定期或不定期的安全检查巡查制度等。

（三）地方实践探索

落实安全管理责任，除一般原则性规定之外，有些地区还对民办学校建立校园安全技术防范系统、安全管理制度和应急机制、学生和教职员工安全教育培训、落实安全工作组织机构职责等方面做出细化规定。

第一，进一步优化校园安全技术防范系统。山西、吉林和四川等地从政策层面鼓励民办学校优化校园安全技术防范系统，借助信息化技术提高校园安全管理工作的实效性、准确性。

山西省规定，民办学校在施工、投入使用前，要依法完成消防安全技术从设计到竣工验收的全过程审核备案手续，明确消防安全标识设置的规范原则和要求，对消防设施、消防器材加强管理和维护，按标准做好配置说明。①

① 山西省人民政府网. 山西省人民政府办公厅关于支持和规范社会力量兴办教育促进民办教育健康有序发展的若干意见［EB/OL］.（2018-07-25）. http://www.shanxi.gov.cn/sxszfxxgk/sxsrmzfzcbm/sxszfbgt/flfg_7203/bgtgfxwj_7206/201808/t20180806_468914.shtml.

吉林省规定，民办学历教育学校建立“校园警务室”并配备“一键式网络报警装置”，建立校园安全监管与数字化资源平台，安装校园安全视频监控系统，确保校园安全技术防范系统建设符合有关标准。①

四川省规定，学校校舍工程必须严格落实建设项目安全设施“三同时”管理规定（即安全设施必须与主体工程同时设计、同时施工、同时投入生产和使用），严格落实安全设施设计审查制度，不符合要求的一律不得投用。民办学校要加强源头管控，须公开招投标的工程建设项目及重要装备、材料等的采购，应按规定组织公开招投标。设备、材料应进行国家强制产品认证和自愿性产品认证的采购索证工作，建立并执行进货检查验收制度。②

第二，进一步健全安全管理制度和应急机制。重庆、青海、吉林和江西等地进一步强调和督促民办学校健全安全管理制度，优化应急安全管理机制。

重庆市鼓励民办学校在办学结余中提取一定经费，建立安全风险防控基金。③广东省探索建立民办学校联合保险制度，各地和各民办学校要落实安全管理责任和安全工作专项经费，按照有关规定购买校方责任、校车承运人责任等保险。④

青海省规定，民办学校要把安全和稳定作为学校办学的生命线，在评奖评优中实行安全稳定一票否决制。严格执行跑道建设标准，杜绝校园“毒跑道”，多措并举防治校园欺凌。树立高压意识，始终做到校舍安全、环境安全、食品安全、消防安保工作时刻不放松。加强危险化学品的使用管理，定期开展安全检查、巡查，及时发现和消除安全隐患。⑤

吉林省规定，加强学校校园及周边食品安全综合治理，建立健全学校食品安全、饮用水安全、传染病防控等各项安全工作管理制度和应急机制。建立民办学校突发性群体事件应急机制，维护社会稳定。⑥

江西等地规定，贯彻落实《江西省学校学生人身伤害事故预防与处理条例》，建立和完善学校安全防范机制。⑦

第三，进一步加强学生和教职员工安全教育培训。山西省规定，加强学生和教职员工安全教育培训，定期针对上课、课间、午休等不同时段的场景开展防恐、防暴、防火、防

① 吉林省人民政府网. 吉林省委省政府关于鼓励社会力量兴办教育促进民办教育健康发展的实施意见[EB/OL].（2018-08-17）. http://www.jl.gov.cn/szfzt/zcfg/swygwj/201904/t20190417_5799703.html.

② 四川省人民政府网. 四川省人民政府关于鼓励社会力量兴办教育促进民办教育健康发展的实施意见[EB/OL].（2018-09-17）. http://www.sc.gov.cn/10462/11555/11562/2018/10/29/10461744.shtml.

③ 重庆市人民政府网. 关于印发《重庆市营利性民办学校监督管理实施细则的通知》[EB/OL].（2018-07-30）. http://jw.cq.gov.cn/zwgk_209/fdzdgknr/zcwj/xzgfxwj/201912/t20191226_3088315.html.

④ 广东省人民政府网. 广东省人民政府关于鼓励社会力量兴办教育促进民办教育健康发展的实施意见[EB/OL].（2018-05-04）. http://www.gd.gov.cn/gkmlpt/content/0/146/post_146815.html#7.

⑤ 青海省人民政府. 青海省人民政府关于鼓励社会力量兴办教育促进民办教育健康发展的实施意见[EB/OL].（2018-03-29）. http://www.qinghai.gov.cn/xxgk/xxgk/fd/zfwj/201803/t20180322_29488.html.

⑥ 吉林省人民政府网. 吉林省委省政府关于鼓励社会力量兴办教育促进民办教育健康发展的实施意见[EB/OL].（2018-08-17）. http://www.jl.gov.cn/szfzt/zcfg/swygwj/201904/t20190417_5799703.html.

⑦ 江西教育网. 江西省人民政府关于鼓励社会力量兴办教育促进民办教育健康发展的实施意见[EB/OL].（2018-06-29）. http://jyt.jiangxi.gov.cn/art/2018/6/29/art_25869_1516936.html.

毒、防疫、防震等应急疏散演练。将消防安全等知识和技能纳入教学、军训内容，落实消防宣传有教材、有师资、有课时的要求，每学年安排不少于 4 课时的消防安全知识课和消防主题教育活动。青海省要求，民办学校定期开展针对上课、课间、午休等不同场景的安全演练，联合公安、消防、禁毒、地震、人防、防疫等部门开展讲座、培训，提高师生安全意识和逃生自救能力。[①]

第四，进一步落实安全工作组织机构职责。山西、青海、江苏等地进一步明确了各单位的职责分工，落实不同机构的具体责任范围。

山西省规定，建立安全工作组织机构，配备学校内部安全保卫人员，明确安全工作职责。学校法定代表人是学校安全和稳定工作的第一责任人。建立并落实逐级消防安全责任制，明确各级岗位的消防安全责任人及其消防安全职责。[②]

青海省规定，完善学校内部治安保卫制度，健全工作机制，落实防范措施，配齐配足安全保卫人员，落实 24 小时安保巡查制度、专人值班制度和教职工住校值班制度，明确安全工作职责，努力营造安全稳定的学习环境。[③]

江西省规定，坚决贯彻“党政同责、一岗双责、失职追责”的要求和“管行业必须管安全，管业务必须管安全”的原则，签订学校安全稳定责任书。[④]

---

① 山西省人民政府网. 山西省人民政府办公厅关于支持和规范社会力量兴办教育促进民办教育健康有序发展的若干意见[EB/OL].（2018-07-25）. http://www.shanxi.gov.cn/sxszfxxgk/sxsrmzfzcbm/sxszfbgt/flfg_7203/bgtgfxwj_7206/201808/t20180806_468914.shtml.

② 山西省人民政府网. 山西省人民政府办公厅关于支持和规范社会力量兴办教育促进民办教育健康有序发展的若干意见[EB/OL].（2018-07-25）. http://www.shanxi.gov.cn/sxszfxxgk/sxsrmzfzcbm/sxszfbgt/flfg_7203/bgtgfxwj_7206/201808/t20180806_468914.shtml.

③ 青海省人民政府. 青海省人民政府关于鼓励社会力量兴办教育促进民办教育健康发展的实施意见[EB/OL].（2018-03-29）. http://www.qinghai.gov.cn/xxgk/xxgk/fd/zfwj/201803/t20180322_29488.html.

④ 江西教育网. 江西省人民政府关于鼓励社会力量兴办教育促进民办教育健康发展的实施意见[EB/OL].（2018-06-29）. http://jyt.jiangxi.gov.cn/art/2018/6/29/art_25869_1516936.html.

第十章　提升民办学校教育教学质量

提升民办学校教育教学质量，是现阶段推进民办教育高质量发展的核心任务。为助力民办学校提高教育教学质量，国家和各地完善政策，从全面落实立德树人根本任务、明确学校办学定位、加强教师队伍建设、强化质量管理等方面加强引导与支持。

一、全面落实立德树人根本任务

（一）基本内涵

民办学校发展应加强社会主义核心价值观教育，深度推进德、智、体、美、劳五育并举，形成全员、全过程、全方位育人的工作格局，培养全面发展的社会主义建设者和接班人。现阶段，国家和地方颁布出台了一系列强化立德树人根本任务的法规政策，体现出对民办学校育人目标和教学宗旨的关注和重视（表 10-1）。

表 10-1　关于全面落实立德树人根本任务的法规政策

相关法规政策	具体条款
《民办教育促进法实施条例》（2021 年）	第四条
“民办教育 30 条”（2016 年）	第（二）条
《民办学校分类登记实施细则》（2016 年）	第二条
《营利性民办学校监督管理实施细则》（2016 年）	第三条
《辽宁省人民政府关于鼓励社会力量兴办教育促进民办教育健康发展的实施意见》（2017 年）	第一条第（二）点

相关法规政策强调须在党的领导下，牢牢把握社会主义办学方向，坚持公益性导向，坚持奉行育人为本、德育为先的教育理念。

第一，坚持中国共产党的领导。具体要求，民办学校中的中国共产党基层组织应贯彻党的方针政策，依照法律、行政法规和国家有关规定参与学校重大决策并实施监督。[①]

第二，坚持社会主义办学方向，坚持公益性导向。具体规定，对受教育者加强社会主义核心价值观教育，培养德、智、体、美等方面全面发展的社会主义建设者和接班人。营

① 中国政府网. 中华人民共和国民办教育促进法实施条例[EB/OL].（2021-05-14）. http://www.gov.cn/zhengce/content/2021-05/14/content_5606463.htm.

利性民办学校应当坚持教育的公益性，始终把培养高素质人才、服务经济社会发展放在首位，实现社会效益与经济效益相统一。[①]

第三，坚持育人为本，德育为先。具体规定，把立德树人作为根本任务，把理想信念教育摆在首要位置，形成全员、全过程、全方位育人的工作格局，提高学生服务国家服务人民的社会责任感、勇于探索的创新精神和善于解决问题的实践能力。[②]

（二）现存难题

立德树人是教育的根本任务，民办学校同样应当贯彻相关政策的指引和规定。现有法规政策对民办学校立德树人的根本任务做出规制和引导，引导民办学校将立德树人作为教育教学质量提升的固本工程、铸魂工程。[③]但目前，部分地区的法规政策在执行落实过程中仍存在一些难题。

第一，立德树人意识有待强化。目前立德树人相关要求已经较为丰富，然而有的学校的育人观和育人意识仍然存在部分偏差。①民办学校对“立德树人”重要性的认识不充分。有的院校和部门的立德树人意识不够、工作落实不到位；也有一些院校出现偏重课堂育人，相对忽视实践育人等现象。②对立德树人的内涵理解待深入。一些院校和部门对立德树人概念理解不透彻不全面，对立德树人根本任务的政策体系和工作要求掌握不系统，存在将立德树人窄化为思政教育的实践取向。③立德树人价值引领待强化。价值引领与学生成长规律不相切合，政理阐释相对空泛、学理支撑相对不足、事理分析不透，立德树人育人价值有所弱化。

第二，立德树人的相关规定需要细化。民办教育在国民教育体系中占据重要位置，同样肩负着为人民服务，为社会主义现代化服务，以及培养全面发展的社会主义建设者、接班人的重要任务。①有些法规和政策规定较为宏观概括。对于相关职责分工和权限分配有待细化，民办学校在缺乏明确和详细指引的情况下容易出现理解偏差和操作偏差。②有的民办学校教育理念与立德树人根本任务存在差距。现实场域中，有的民办学校由社会力量投资办学，个别民办学校过分强调效益创收，与法规政策的主要精神及指导思想有所出入，致使改革和发展动力不足，立德树人根本任务落实成效不显著。③指引缺失致使工作落实浅表化、滞缓化。指引缺失、思维定势和惯性也往往导致立德树人工作在实践中流于形式、缺乏创新，影响立德树人工作的高效落实。

第三，立德树人相关保障机制和配套措施亟待健全。一些地区立德树人工作相关的保

---

① 教育部网站. 教育部 人力资源社会保障部 工商总局关于印发《营利性民办学校监督管理实施细则》的通知[EB/OL].（2017-01-05）. http://www.moe.gov.cn/srcsite/A03/s3014/201701/t20170118_295144.html.

② 中国政府网. 国务院关于鼓励社会力量兴办教育 促进民办教育健康发展的若干意见[EB/OL].（2017-01-18）. http://www.gov.cn/zhengce/content/2017-01/18/content_5160828.htm.

③ 李江波，周金堂，马晓艳. 民办高校党建工作以立德树人为导向的路径研究[J]. 思想理论教育导刊，2018（3）：143-146.

障机制和配套措施仍未健全，存在顶层设计、底层规划、经费保障、奖惩机制不完善的问题。容易导致立德树人工作停留在宣传和形式层面，缺乏深入、持续推进的动力和保障。①内容有待拓展，模式有待创新。目前，民办学校立德树人模式存在同质化趋势，课堂和实践的协调性及融合度有待提升。有的存在重形式、轻内容等容易引发师生抵触的活动。②专业队伍建设需要加强。一些民办学校立德树人工作队伍建设不平衡、不充分，队伍结构、数量、素质能力等方面均有较大提升空间，师德师风长效建设机制同样有待完善。队伍建设的专业性、稳定性和积极性仍需提升改善。③评价指标体系尚待健全。一些民办学校的评价机制不健全，评价指标不能充分衡量立德树人成效，对立德树人工作的考核评价“软、弱、碎、缺”等问题较为突出，实招硬招较少。④监察管理体系有待完善。由于缺乏相应监管机制，相关部门和有关单位难以精准高效、全面深入地监察和管理民办学校的立德树人工作，容易出现相关工作安排短视化、浅表化，工作成效不彰等问题。⑤育人资源有待优化整合。一些民办学校对立德树人工作欠缺整体的统筹考虑，围绕人、财、物等配套制度体系还未能服务于立德树人的根本任务，部门协同育人机制也未完全形成。

（三）地方实践探索

基于现存难题，有的地区在政策层面推动民办学校强化立德树人意识，完善和细化立德树人相关规定和要求，优化和改进相关保障机制和配套措施。

第一，强化立德树人意识。①把立德树人成效作为根本标准。注重文化熏陶和道德培育，从思想意识、政治觉悟、道德品格、文化修养等方面培养和塑造学生，做到大德明于心、公德守于行、私德严于己。真正把立德树人内化到学校建设和管理多领域、各方面、全过程，切实推进“三全育人”，构建完善的立德树人工作体系。②强化思想理论教育和价值引领。聚焦人才培养目标，坚持把理想信念教育摆在首要位置，扎实推进习近平新时代中国特色社会主义思想进教材、进课堂、进头脑、进网络、进社区。

河北省规定，全面贯彻落实党的十九大精神，坚持以习近平新时代中国特色社会主义思想为指导，全面贯彻党的教育方针，坚持社会主义办学方向，坚持立德树人，德育为先，坚持依法管理，支持与规范并重，坚持公益导向，综合施策，以分类管理改革为突破口，创新体制机制，完善扶持政策，提升治理水平，提高办学质量，进一步调动社会力量兴办教育的积极性，促进我省民办教育持续健康发展，培养德智体美全面发展的社会主义建设者和接班人。[①]

湖南省规定，育人为本，德育为先。把立德树人作为根本任务，把理想信念教育摆在首要位置，形成全员、全过程、全方位育人的工作格局，提高学生服务国家服务人民的社会责任感、勇于探索的创新精神和善于解决问题的实践能力，培养德智体美劳全面发展的

---

① 中国民办教育协会网 河北省人民政府关于鼓励社会力量兴办教育促进民办教育健康发展的实施意见[EB/OL].(2018-01-05). https://www.canedu.org.cn/site/content/1955.html.

社会主义建设者和接班人。[①]

第二，完善和细化立德树人相关规定和要求。①不断细化相关要求和表述。应当不断改进和完善相应法律法规和政策体系，使立德树人根本任务的落实和推进有法可依、有章可循，提升立德树人工作的操作性和成效。②积极引导民办学校育人理念与相关法规要求相适应。民办学校应当依据指示切实抓好党建工作，把立德树人作为固本工程，引导全体教职工和学生树立正确的理想信念和价值观念。将社会主义核心价值观融入师生的血脉和成长发展的全过程，强化时代责任感和历史使命感。构建教育愿景、厚植教育情怀、遵循教育规律、尊重教育逻辑、奉行教育规划，将立德树人根本任务落到办学实处。

四川省规定，以习近平新时代中国特色社会主义思想为指导，全面贯彻落实党的十九大精神和习近平总书记对四川工作系列重要指示精神，认真落实省委十一届三次全会各项决策部署，全面贯彻党的教育方针，坚持社会主义办学方向，落实立德树人根本任务，培养德智体美全面发展的社会主义建设者和接班人。[②]

第三，优化和改进相关保障机制和配套措施。①通过章程修订明确价值定位。民办学校修订院校章程、完善相关保障机制等措施，将立德树人根本任务扎根和融入全体师生成长和发展全过程。②拓展立德树人的工作途径。优化设计和改进思政课程，充分落实思政课程的基础性地位，切实发挥思政课程的育人功效。同时，积极打造立德树人第二课堂，强化育人活动方案设计和育人实效调研环节，注重以文化人，营造积极向上的高尚校园文化环境。③加强立德树人队伍建设。建设打造一批优质思政课程教师队伍，充实和改善思政教师的数量、结构和质量，提升思政课程品质及效能。④建设完善立德树人相关制度。相应考评与监察机制的建设和落实也会提升立德树人工作的积极性与完成度，为立德树人工作的扎实稳步推进提供强效保障。⑤加强立德树人资源供给。通过专项经费的投入与支持拓展和丰富思政教育的形式，满足教学设备、图书资料、网站开发等方面的基本资源需求。

上海市提出，全面贯彻落实党的十九大精神，以习近平新时代中国特色社会主义思想为指导，牢固树立并切实贯彻创新、协调、绿色、开放、共享五大发展理念，全面贯彻党的教育方针，坚持社会主义办学方向，坚持立德树人，培育和践行社会主义核心价值观。从国家发展战略高度出发，服务上海“四个中心”和社会主义现代化国际大都市建设，全面落实《若干意见》中提出的各项政策措施，鼓励和引导社会力量兴办教育，促进民办教育持续健康发展，培养德智体美全面发展的社会主义建设者和接班人。[③]

---

① 湖南省人民政府网. 湖南省人民政府关于鼓励社会力量兴办教育促进民办教育健康发展的实施意见[EB/OL].（2019-01-22）. http://www.hunan.gov.cn/xxgk/wjk/szfwj/201901/t20190124_5266228.html.

② 四川省人民政府网. 四川省人民政府关于鼓励社会力量兴办教育促进民办教育健康发展的实施意见[EB/OL].（2018-09-26）. http://www.sc.gov.cn/10462/10464/13298/13301/2018/9/26/10459798.shtml.

③ 上海市人民政府网. 上海市人民政府关于促进民办教育健康发展的实施意见[EB/OL].（2017-12-27）. https://www.shanghai.gov.cn/nw41430/20200823/0001-41430_54537.html.

二、明确学校办学定位

（一）基本内涵

民办学校应当积极面向社会需求，更新办学理念，推动教育教学改革，优化办学模式，提升办学质量。现有法规政策引导各级各类民办学校明确办学定位，鼓励民办学校服务于建设终身教育体系、构建学习型社会（表 10-2）。

表 10-2 关于明确学校办学定位的法规政策

相关法规政策	具体条款
《民办教育促进法》（2016 年）	第三条
《民办教育促进法实施条例》（2021 年）	第二条、第三条
“民办教育 30 条”（2016 年）	第（二十三）条
《民办学校分类登记实施细则》（2016 年）	第二条
《天津市人民政府关于鼓励社会力量兴办教育促进民办教育健康发展的实施意见》（2017 年）	第（二十三）条

明确办学定位，需深刻认识到民办教育的公益属性、规范办学的目的性、提高办学质量并服务社会需求的重要性。

第一，民办教育属于公益性事业，是社会主义教育事业的组成部分。国家对民办教育实行积极鼓励、大力支持、正确引导、依法管理的方针。各级人民政府应当将民办教育事业纳入国民经济和社会发展规划。

第二，各级人民政府应当依法支持和规范社会力量举办民办教育。国家政策保障民办学校依法办学、自主管理，鼓励、引导民办学校提高质量、办出特色，满足多样化教育需求。对于举办民办学校表现突出或者为发展民办教育事业做出突出贡献的社会组织或者个人，按照国家有关规定给予奖励和表彰。

第三，积极引导民办学校服务社会需求，更新办学理念，深化教育教学改革，创新办学模式，提高办学质量。学前教育阶段鼓励举办普惠性民办幼儿园，坚持科学保教，防止和纠正“小学化”现象。中小学校要执行国家课程方案和课程标准，坚持特色办学优质发展，满足多样化需求。职业院校应明确技术技能人才培养定位，服务区域经济和产业发展，深化产教融合、校企合作，提高技术技能型人才培养水平。鼓励举办应用技术类本科高等学校，培养适应经济结构调整、产业转型升级和新产业、新业态、新商业模式需要的人才。充分发挥民办教育在完善终身教育体系、构建学习型社会中的积极作用。①

① 中国政府网. 国务院关于鼓励社会力量兴办教育 促进民办教育健康发展的若干意见[EB/OL].（2017-01-18）. http://www.gov.cn/zhengce/content/2017-01/18/content_5160828.htm.

（二）现存难题

现有法规政策对民办学校的办学定位进行了确认和引导，从服务职能、办学理念、教育教学改革、办学模式等方面对民办学校提出规制和要求，以期推进内涵式建设，改善办学质量。民办教育作为公办教育的有益补充，具有独特而无可替代的优势，与公办教育共同推动了国民教育体系的繁荣发展。然而，在实际工作中，民办学校在办学定位方面仍存在一些难题。

第一，办学理念功利和浮躁。尽管营利性和非营利性民办学校分类管理业已开始，但作为社会力量举办的民办学校，有的民办学校尤其是营利性民办学校受市场作用机制的影响，相对偏重经济效益，加上政策引导与监督不力，容易出现相对不科学、不合理、短视的办学行为。此外，由于民办学校在办学过程中往往存在声誉欠佳、经费短缺、效益不良等问题，为谋求生存和发展，有的民办学校出现盲目贪大求全，缺乏办学特色，偏失公益性办学初衷和原则。①而这种过分“逐利性”行为也会一定程度上影响办学定位，出现定位偏高、偏狭等问题，限制民办教育的内涵式发展。

第二，办学定位悬空和漂移。我国民办学校发展历史较短，且长期以来，一些民办学校的办学定位模糊不清，或盲目模仿公办学校定位，或办学定位不切实际，或忽视办学支撑条件而定位过高，或盲目放弃原有定位而片面追求升格，与民办学校自身的发展情况不相符合，与实际发展需求不相适应。民办学校应摒弃一味向公办学校比肩看齐的办学观念，立足学校历史传统，分析了解教师、学生群体的实际需求，结合民办教育发展整体趋势，科学合理地明确办学定位，制定战略目标。

第三，办学定位单一和趋同。民办教育的内涵式发展应当解决同质同构的问题，部分民办学校由于历史根基不深，发展方向不明，缺乏正确的办学理念引导，容易在办学定位、学科专业布局等具体办学工作上，盲目参与市场竞争，盲目跟风成功案例，逐渐出现与公办学校趋同的问题。以民办高校为例，有的以举办特色专业见长的院校为了实现规模扩张，争取更多生源，过分强调综合化发展，盲目设置“热门专业”，原本“小而精”的招牌应用型专业的资源投入有所压缩，弱化了原本办学优势和特色，造成就业市场竞争力下降，优秀师资与生源流失等问题。

（三）地方实践探索

为了进一步加强对民办学校办学定位工作的政策引导和实践指导，有的地区在地方性政策内容调整上，注重引导民办学校树立“公益、务实”的办学理念，确立“内涵式、集约化”的办学定位，形成“应用型、特色化”的专业布局。

① 阙明坤，陈春梅，王华. 我国建设新型高水平民办大学的背景、挑战与策略——以西湖大学为例[J]. 高校教育管理，2020，14（4）：32-41.

第一，引导民办学校树立“公益、务实”的发展理念。民办学校应树立和坚守公益性的服务理念，在合法、合理营利的同时坚持教育初心，回归教育本质，遵循教育规律。充分利用和发挥民办教育独特的优势，强化和巩固质量主导的价值取向，培养满足区域经济社会高水平多样化发展的应用型人才，不断提高应用服务的能力和水平，以通过人才培养、教育服务等方面回应社会发展新需求，满足人民群众对于优质教育资源的需要，实现自身的可持续、内涵式发展。

上海市规定，积极引导民办学校服务社会需求，更新办学理念，深化教育教学改革，创新办学模式，加强内涵建设，提高办学质量。①

四川省规定，积极引导民办学校服务社会需求，科学确定办学定位。充分发挥民办教育在完善终身教育体系、构建学习型社会中的积极作用。②

第二，引导民办学校确立“内涵式、集约化”的办学定位。民办教育的良性长效发展并不在于规模的盲目扩张和目标的超拔高耸，民办学校应当树立科学的绩效观，坚持需求导向，重塑以特色谋发展的价值导向。摒弃和扭转“千校一面”的办学面貌，避免走入粗放式、漫灌式的发展误区，注重差异化发展和错位发展，通过精准个性化的办学定位锁定聚焦发展动向，通过高效利用资源实现集约式发展，建立特色鲜明、品质过关的教育品牌。主动对接融合地方经济建设，找到恰当的发展路径，开拓更为广阔的发展空间。③

河北省规定，明确学校办学定位。积极引导民办学校遵循教育规律，深化教育教学改革，注重内涵建设，提高办学质量。鼓励举办普惠性民办幼儿园，坚持科学保教，防止“小学化”现象。支持和引导中小学校特色发展错位发展。职业院校应明确技术技能人才培养定位，深化产教融合、校企合作。推动民办本科高校转型发展，大力培养应用技术型人才。④

安徽省规定，积极引导民办学校服务社会需求，更新办学理念，深化教育教学改革，创新办学模式，加强内涵建设，提高办学质量，充分发挥民办教育促繁荣、寻差异、扬个性的作用，与公办教育保基本、促公平、打基础的职能形成差异和互补，努力形成公办民办教育错位竞争、协调发展的格局。⑤

第三，形成“应用型、特色化”的专业布局。办学定位和专业设置的偏差容易削弱民办高校的特色优势，影响长远发展。民办高校应当面向社会经济发展需求、学生个体发展与成才需要，结合民办学校的应用型特色优势与资源支撑情况，理性开设学科和专业，创

① 上海市人民政府网. 上海市人民政府关于促进民办教育健康发展的实施意见[EB/OL].（2017-12-27）. https://www.shanghai.gov.cn/nw41430/20200823/0001-41430_54537.html.

② 四川省人民政府网. 四川省人民政府关于鼓励社会力量兴办教育促进民办教育健康发展的实施意见[EB/OL].（2018-09-26）. http://www.sc.gov.cn/10462/10464/13298/13301/2018/9/26/10459798.shtml.

③ 黄达人等. 大学的转型[M]. 北京：商务印书馆，2015.

④ 中国民办教育协会网. 河北省人民政府关于鼓励社会力量兴办教育促进民办教育健康发展的实施意见[EB/OL].（2018-01-05）. https://www.canedu.org.cn/site/content/1955.html.

⑤ 安徽省人民政府网. 安徽省人民政府关于鼓励社会力量兴办教育促进民办教育健康发展的实施意见[EB/OL].（2017-10-27）. https://www.ah.gov.cn/public/1681/7927491.html. .

新优化专业设置模式与育人模式，对接劳动力市场需求，切实培养符合国家战略发展需要和经济社会发展需要的技能型人才。

辽宁省规定，职业院校应明确技术技能型人才培养定位，服务区域经济和产业发展，深化产教融合、校企合作，提高技术技能型人才培养水平。鼓励办好应用技术类本科高等学校，培养适应经济结构调整、产业转型升级和新产业、新业态、新商业模式需要的人才。①

江苏省规定，职业院校深化产教融合、校企合作，培养技术技能人才，服务区域经济和产业发展；高校突出高水平应用型，条件成熟的民办本科高校可举办研究生教育。②

三、加强教师队伍建设

（一）基本内涵

教师队伍内涵式建设是民办教育改革和发展的重要内容。民办学校教师队伍内涵式建设的成效，关系民办学校教师队伍的基本素养和教育教学水平，值得高度关注。现阶段，针对规范与扶持民办学校教师队伍内涵式建设，国家及地方政府出台了一系列法规政策，既体现国家对民办教育高质量发展方向的肯定，也体现出对民办学校教师队伍内涵式建设的重视和关切，为民办学校教师专业发展与待遇保障提供支持（表 10-3）。

表 10-3　关于加强教师队伍建设的法规政策

相关法规政策	具体条款
《民办教育促进法》（2016 年）	第二十八至第三十二条
《国家中长期教育改革和发展规划纲要（2010—2020 年）》（2010 年）	第（五十一）条
“民办教育 30 条”（2016 年）	第（二十四）条
《北京市人民政府关于鼓励社会力量兴办教育促进民办教育健康发展的实施意见》（2018 年）	第（十九）条

“注重整体规划”“加强师德建设”“完善教师培训”“保障教师工资和福利待遇”是加强教师队伍内涵式建设的主要着力点。

第一，注重整体规划。国家政策规定，各级人民政府和民办学校要把教师队伍内涵建设作为提高教育教学质量的重要任务。各地要将民办学校教师队伍建设纳入教师队伍建设整体规划。

第二，加强师德建设。国家政策规定，民办学校要着力加强教师思想政治工作，建立健全教育、宣传、考核、监督与奖惩相结合的师德建设长效机制，全面提升教师师德

① 辽宁省人民政府网. 辽宁省人民政府关于鼓励社会力量兴办教育促进民办教育健康发展的实施意见[EB/OL].（2017-10-11）. http://www.ln.gov.cn/zfxx/zfwj/szfwj/zfwj2011_119230/201710/t20171011_3072130.html.

② 江苏省人民政府网. 江苏省人民政府关于鼓励社会力量兴办教育促进民办教育健康发展的实施意见[EB/OL].（2018-02-22）. http://www.jiangsu.gov.cn/art/2018/3/1/art_46143_7498102.html.

素养。

第三，完善教师培训。国家政策规定，加强辅导员、班主任队伍建设。加强教学研究活动，重视青年教师培养，加大教师培训力度，不断提高教师的业务能力和水平。学校要在学费收入中安排一定比例资金用于教师培训。

第四，保障教师工资和福利待遇。国家政策规定，要关心教师工作和生活，提高教师工资和福利待遇。吸引各类高层次人才到民办学校任教，做到事业留人、感情留人、待遇留人。[①]

（二）现存难题

现有法规政策从立法层面和政策层面，明确和规范了民办学校教师队伍内涵式建设的标准及要求。但从地方性工作实践来看，一些地方仍缺乏具体的实施细则或配套政策，民办学校教师整体治理有待提升，教师待遇保障有待完善。

第一，缺乏具体的实施细则和操作办法。①相关法规政策规定较为宽泛抽象。从已有的地方性政策来看，其对民办学校教师队伍内涵式建设做出提纲挈领的规定，但仍缺乏相对明晰细致的规范细则。②实践操作性有待提升。由于一些地区政策规定的原则性、抽象性较强，缺乏可供操作的具体实施细则，有的民办学校的教师准入机制、专业培训与发展制度保障仍不够完善，民办学校教师队伍建设在实践工作中存在落实难度和执行阻力较大的问题。

第二，民办学校教师整体质量有待提升。①民办学校师资引进吸引力有待提升。优质师资队伍是创建高水平民办学校的重要资源与智力支撑。由于民办学校的学科建设、科研平台较为薄弱，教师队伍建设相对落后，引才经费有限，引进高水平领军人才的难度较大。研究表明，相当数量的独立学院专任教师队伍结构等方面达不到基本要求。[②]②民办学校教师的专业发展资源相对较少。民办学校教师的科研能力和水平较公办学校有所差距，相应地，民办学校教师在国内外访学机会、科研立项数目、“国培”“省培”计划项目资格等方面的专业发展资源相对较少。③有的民办学校教师职业倦怠现象严重。有的民办学校对教师队伍建设工作和教师职业保障工作缺乏重视，相对忽视教师的专业发展和职业晋升，容易导致民办学校教师缺乏内生动力、产生职业倦怠。

第三，民办学校教师待遇保障有待完善。一方面，尽管有的地方政府已为民办学校教师准入、培训、福利待遇等方面工作奠定政策基调，但由于有的民办学校的薪酬分配制度、专业发展制度、社会保障制度等方面尚未健全，存在福利待遇的制度化保障不到位，配套支持不完善等问题，民办学校教师与公办学校教师的实际同等地位亟待落实。另一方

---

① 中国政府网. 国务院关于鼓励社会力量兴办教育 促进民办教育健康发展的若干意见[EB/OL].（2017-01-18）. http://www.gov.cn/zhengce/content/2017-01/18/content_5160828.htm.

② 钟秉林，景安磊. 独立学院转设现状分析与转设后可持续发展路径探析[J]. 中国高教研究，2021（4）：14-19.

面，评价监管制度有待改进。同公办学校教师相比，民办学校教师的发展机会较少，基本权益的受保障力度不大，评价监管机制尚未完全满足激励和纠偏的需求，教师发展和权益得不到恰当的引导和保障，致使民办学校教师职位的内部吸引力较弱、外部流动性较强；师资队伍的稳定性和长效性有待加强。

（三）地方实践探索

为加快民办学校教师队伍建设，一些地区通过调整地方性政策内容，督促民办学校在办学过程中制定和落实教师队伍内涵式建设的发展规划、改善和提升教师队伍的结构质量与专业质量、加强和完善民办学校教师的福利待遇。

第一，制定和落实教师队伍内涵式建设的发展规划。①制定发展规划。打造高水平教师队伍，提升教师综合素养和能力，应调整观念，根据学校的发展定位和办学理念，研究制定相应可操作性的教师队伍建设工作方案。②落实有关规划。切实落实法律法规、政策及配套措施当中的规定，明确思路，细化举措，落到实处，保障教师的合法权益。

安徽省规定，各级人民政府和民办学校要把教师队伍建设作为提高教育教学质量的重要任务。各级教育行政部门要将民办学校教师纳入教师队伍建设整体规划，与公办学校教师同步建设、同步培训。鼓励支持公办学校教师到民办学校支教，支教期间其原有的公办教师身份、档案关系和社会保险等均保持不变，工龄、教龄连续计算。[①]

四川省规定，各地和各民办学校要将民办学校教师队伍建设纳入教师队伍建设整体规划，将教师队伍建设作为民办学校办学水平评估的重要内容。严格执行教师资格制度，严把教师入口关。非营利性民办学校教师享受当地公办学校同等的人才引进政策。各地应将民办学校引进高层次人才工作纳入有关规划并落实相关待遇。[②]

第二，改善和提升民办学校教师队伍结构和质量。①逐渐完善人才引进。民办学校应当做好人才引进规划和部署，积极招贤纳士，引进高水平师资和领军人才，不断弥补专任教师结构、数量和质量等方面的弱势和短板。②不断加强教师培训。通过建立教师发展中心等部门，联合第三方教师专业培训机构等，开展制度化的全员教师培训和交流活动，提升教师的专业能力和业务水平，促进教师专业发展，提升民办学校教师队伍总体水平。

上海市规定，将民办学校教师队伍建设纳入教师队伍建设整体规划。民办学校要着力加强教师思想政治工作，建立健全教育、宣传、考核、监督与奖惩相结合的师德建设长效机制，全面提升教师师德素养。加强辅导员、班主任队伍建设，促进人员数量与专业能力满足办学需求。进一步完善民办学校教师培养机制，充分发挥上海市师资培训中心、上海市民办高校教师专业发展中心等第三方教师专业培训机构的作用，提高民办学校教师教学

① 安徽省人民政府网. 安徽省人民政府关于鼓励社会力量兴办教育促进民办教育健康发展的实施意见[EB/OL].（2017-10-27）. https://www.ah.gov.cn/public/1681/7927491.html.

② 四川省人民政府网. 四川省人民政府关于鼓励社会力量兴办教育促进民办教育健康发展的实施意见[EB/OL].（2018-09-26）. http://www.sc.gov.cn/10462/10464/13298/13301/2018/9/26/10459798.shtml.

科研水平，促进教师专业发展，引导民办学校根据自身特点，形成分层分级的校本研修机制。民办学校要在学费收入中，安排一定比例资金用于教师培训。[①]

河北省规定，各地要坚持公办学校教师和民办学校教师一体规划、一体培养、一体建设。鼓励各地建立从公办学校选派优秀管理人员和教师到民办学校帮扶制度，以及民办学校管理人员和教师到公办学校跟岗学习锻炼等制度，帮助民办学校尽快提升管理和教学水平。重视加强民办学校教师思想政治工作，建立健全师德建设长效机制，全面提升民办学校教师师德素养。指导民办学校加强辅导员、班主任队伍建设。民办学校要重视青年教师培养，加大教师培训力度，不断提高教师业务能力和水平。[②]

广东省规定，教育、人力资源社会保障部门要将民办学校教师与公办学校教师纳入同系列、同要求、同待遇的师资培训计划，民办学校要在经费和时间上予以保障。民办学校要重视中青年教师队伍建设，加大对教育教学研究的支持力度。支持符合条件的高层次人才到民办学校任教。完善公办、民办学校教师合理流动机制，鼓励公办学校选派优秀教师到有需要的民办学校帮教扶教。[③]

四川省规定，民办学校要在学费收入中安排一定比例资金用于教师培训。加强教学研究活动，重视青年教师培养，加大教师培训力度，落实5年一周期的教师全员培训制度，不断提高教师的业务能力和水平。[④]

第三，加强和完善民办学校教师待遇保障。①推进公民“一体化”建设。民办学校和有关部门应当统筹推进公、民办“一体化”队伍建设，积极探索教师编制改革，完善社保体系，建立多元化薪酬制度，合理提高教师待遇，帮助教师排忧解难，激发教师从教活力与热情。②完善教师评价和考核制度。切实破除“五唯”，探索教师多元工作方式和成果认可机制，[⑤]提高教师对评价机制的认可度及工作的获得感与满意度。③建设和加强教师待遇的保障机制。确保民办学校教师合法权益不受侵害，增强民办学校教师队伍的吸引力和稳定性。

安徽省规定，要关心教师工作和生活，提高教师工资和福利待遇，建立激励机制，做到事业留人、感情留人、待遇留人，强化教职工的主人翁意识，增强归属感和获得感。[⑥]

陕西省规定，要关心教师工作和生活，提高教师工资和福利待遇，吸引各类高层次人

---

① 上海市人民政府网. 上海市人民政府关于促进民办教育健康发展的实施意见[EB/OL].（2017-12-27）. https://www.shanghai.gov.cn/nw41430/20200823/0001-41430_54537.html.

② 中国民办教育协会网. 河北省人民政府关于鼓励社会力量兴办教育促进民办教育健康发展的实施意见[EB/OL].（2018-01-05）. https://www.canedu.org.cn/site/content/1955.html.

③ 广东省人民政府网. 广东省人民政府关于鼓励社会力量兴办教育促进民办教育健康发展的实施意见[EB/OL].（2018-04-24）. http://www.gd.gov.cn/gkmlpt/content/0/146/post_146815.html#7.

④ 四川省人民政府网. 四川省人民政府关于鼓励社会力量兴办教育促进民办教育健康发展的实施意见[EB/OL].（2018-09-26）. http://www.sc.gov.cn/10462/10464/13298/13301/2018/9/26/10459798.shtml.

⑤ 钟秉林，景安磊. 独立学院转设现状分析与转设后可持续发展路径探析[J]. 中国高教研究，2021（4）：14-19.

⑥ 安徽省人民政府网. 安徽省人民政府关于鼓励社会力量兴办教育促进民办教育健康发展的实施意见 EB/OL].（2017-10-27）. https://www.ah.gov.cn/public/1681/7927491.html. .

才到民办学校任教。探索建立民办学校教师交流制度，鼓励公办学校和民办学校教师交流任教、合理流动，交流任教期间可继续享受原有公办教师一定的待遇。①

四、强化质量管理

（一）基本内涵

国家及相关部门鼓励和支持民办学校高质量、特色办学，通过学科、专业、课程、师资、管理等方面的改革优化，全面提高办学质量；塑造和提升民办学校的品牌影响力和竞争力，培养和强化民办教育家的理想、境界、情怀、担当；鼓励和推进民办高等学校和中等职业学校与同类型学校开展多元深入的交流合作（表 10-4）。

表 10-4　关于强化质量管理的法规政策

相关法规政策	具体条款
《民办教育促进法实施条例》（2021 年）	第十三条、第三十条、第四十八条、第四十九条、第六十三条第（四）点与第（十）点
“民办教育 30 条”（2016 年）	第（二十五）条
《辽宁省人民政府关于鼓励社会力量兴办教育促进民办教育健康发展的实施意见》（2017 年）	第二条第（六）点

强化质量管理，应从鼓励社会力量投入教育、引进培育优质教育资源等方面入手。

第一，鼓励社会力量投入教育。政策规定，鼓励和吸引社会资金进入教育领域举办学校或者投入项目建设，鼓励社会力量对非营利性民办学校给予捐赠。②

第二，引进培育优质教育资源。政策规定，鼓励支持高水平有特色的民办学校培育优质学科、专业、课程、师资、管理，整体提升教育教学质量，着力打造一批具有国际影响力和竞争力的民办教育品牌，着力培养一批有理想、有境界、有情怀、有担当的民办教育家。鼓励民办与民办、民办与公办学校开展区域间、校际间的合作与交流，共建共享优质教育资源。鼓励民办高等学校和中等职业学校与世界高水平同类学校在学科、专业、课程建设以及人才培养等方面开展交流。③

（二）现存难题

现有法规政策规定和引导民办学校培育和引进优质教育资源、打造和创立教育品牌、

① 陕西省人民政府网. 陕西省人民政府关于鼓励社会力量兴办教育促进民办教育健康发展的实施意见[EB/OL].（2018-04-23）. http://www.shaanxi.gov.cn/zfxxgk/zfgb/2018_3966/d6q_3972/201804/t20180403_1638316.html.

② 中国政府网. 国务院关于鼓励社会力量兴办教育 促进民办教育健康发展的若干意见[EB/OL].（2017-01-18）. http://www.gov.cn/zhengce/content/2017-01/18/content_5160828.htm.

③ 中国政府网. 国务院关于鼓励社会力量兴办教育 促进民办教育健康发展的若干意见[EB/OL].（2017-01-18）. http://www.gov.cn/zhengce/content/2017-01/18/content_5160828.htm.

培养教育家、建设与交流学科专业。但在现实过程中，一些地区的民办学校在优质教育资源开发和高质量教育教学方面仍然存在一些问题。

第一，民办学校质量观尚待加强。一方面，有的民办学校由于缺乏正确的质量观，未能及时把握高质量发展、内涵式发展的时代趋势，发展模式仍停留在外延式扩张层面，导致学校教育教学工作受重视程度不高，人才培养工作质量有待提升。另一方面，有的民办学校加强质量管理的积极性与能动性欠缺，缺乏质量考核与保障机制，容易导致教学改革与实践的经验反馈难以真正推动教育教学模式的优化，质量管理脱离实践，实效不强。民办学校亟待树立正确的质量观，强化质量意识。

第二，民办学校教育教学资源不均衡。一方面，有的营利性民办名校由于资金充足，具备充足优质的教师资源、课程资源、教学设备，助力教学质量和办学声誉的不断提升，整体发展进入良性循环。另一方面，有的办学资金不足的民办学校，尤其非营利性民办学校长期存在资源匮乏的先天劣势，还面临优秀师资大量流失，教学资源难补齐、优秀生源招不来的后天困境。地方性政策应加强对民办学校教育教学资源的精准扶持，缩小不同民办学校间的资源差距。

第三，相应配套措施与保障机制不完善。有的民办学校在办学过程中往往面临学科和专业建设乏力、优质教育资源不足、保障性机制建设不完善等难题。尽管国家法规政策已经对民办学校优质教育资源的培育和引进明确表示出积极态度，但一些地方性的配套措施和保障机制尚未完善，质量管理工作的实际激励与制度支持不足，一定程度上导致相关政策指示与规定的实际落实有难度。

（三）地方实践探索

为进一步加强民办学校教育教学的质量管理工作，加快解决实际难题，一些地区在政策层面，引导民办学校树立和践行质量发展观，统筹协调质量管理，完善和优化保障机制及配套措施。

第一，引导树立和践行质量发展观。一方面，积极引导民办学校树立和把握质量观，避免功利化、短视化的办学倾向，积极引进和合理利用优质办学资源。另一方面，切实依据政策与制度指引，支持学科专业建设，着力打造品质至上的教育品牌和名片，培养有情怀、懂教育的教育家，积极设计和开发高质量课程，同时推动和促进包括国际学术会议和人才培训等在内的文化交流与合作，将质量提升牢固镌刻进民办学校的文化基因当中，综合施策推进民办学校高质量建设和改革，提升办学质量。

上海市规定，鼓励支持高水平有特色民办学校培育优质学科、专业、课程、师资、管理，整体提升教育教学质量，着力打造一批具有国际影响力和竞争力的民办教育品牌，着力培养一批有理想、有境界、有情怀、有担当的民办教育家。设立民办教育人才培养专项计划，培养一批民办教育专业研究人员、学校管理专业人员。①

河北省规定，各地要加大对依法规范办学的优秀民办学校的扶持力度，促进学校全面提升教学质量。支持建设一批民办教育品牌学校，着力培养一批知名民办教育家。②

第二，统筹协调民办学校质量管理。相关部门和民办学校应适当开展合作交流。一方面，通过平台共建、资源共惠、经验共享等方式，相互学习、共同探索和有益尝试。通过交流活动和集团化办学等形式充分发挥“传帮带”作用。同时，在建设校本品牌特色的基础上，互通有无、博采众长，共同提升办学质量和水平。另一方面，引导行业企业与学校加强合作，把行业标准和岗位要求作为民办学校的重要评估准则，提升人才培养的针对性与适切性。

上海市规定，鼓励民办高等学校和中等职业学校与世界高水平同类学校在学科、专业、课程建设以及人才培养等方面开展交流。引导行业企业与学校加强合作，鼓励具备资质的社会组织与企业建立体现职业教育特点的评估体系，把行业标准和岗位要求作为职业教育质量评价的重要依据。③

河北省规定，支持民办高等学校、中等职业学校加强跨地区交流和国际交流，在人才培养、学科专业建设等方面与同类高水平学校开展实质性合作。④

第三，完善和优化保障机制和配套措施。①有关部门和民办学校合力改善保障机制和配套措施。不断推动优质资源引进和利用。民办学校应当发掘、争取和整合政府、企业和社会等多方办学资源，拓宽办学经费来源，争取办学优质资源和支持。民办学校在接受公共财政支持的同时，应当通过提升自身教育教学质量，构建品牌和口碑，吸引社会资源的投资和扶助。②合理配置资源，提高办学效率。通过办学积累提升内部融资能力，减少不必要的成本和浪费。同时，尝试和推进PPP模式和混合所有制办学，着力构建科学的治理结构和完善的现代学校制度。⑤③通过基金会的设立，促进多元筹资。广邀专家和经验人士担任基金会理事，通过制度设计，使其成为联结学校和社会的枢纽，帮助学校的举办和发展吸纳更多有利资源。⑥

北京市规定，拓宽社会资源进入教育领域渠道，鼓励社会组织或个人以捐赠、出资、投资、合作等多种形式举办民办学校。推广政府和社会资本合作（PPP）模式，鼓励社会

① 上海市人民政府网. 上海市人民政府关于促进民办教育健康发展的实施意见[EB/OL].（2017-12-27）. https://www.shanghai.gov.cn/nw41430/20200823/0001-41430_54537.html.

② 中国民办教育协会网. 河北省人民政府关于鼓励社会力量兴办教育促进民办教育健康发展的实施意见[EB/OL].（2018-01-05）. https://www.canedu.org.cn/site/content/1955.html.

③ 上海市人民政府网. 上海市人民政府关于促进民办教育健康发展的实施意见[EB/OL].（2017-12-27）. https://www.shanghai.gov.cn/nw41430/20200823/0001-41430_54537.html.

④ 中国民办教育协会网. 河北省人民政府关于鼓励社会力量兴办教育促进民办教育健康发展的实施意见[EB/OL].（2018-01-05）. https://www.canedu.org.cn/site/content/1955.html.

⑤ 黄小灵. 我国建设高水平民办高校面临的困境与实践路径探析[J]. 高等教育研究，2019，40（6）：67-72.

⑥ 阙明坤，陈春梅，王华. 我国建设新型高水平民办大学的背景、挑战与策略——以西湖大学为例[J]. 高校教育管理，2020，14（4）：32-41.

资本参与教育基础设施建设和运营管理、提供专业化服务。探索举办混合所有制职业院校，允许以资本、知识、技术、管理等要素参与办学并享有相应权利。鼓励社会力量对非营利性民办学校给予捐赠，鼓励引导非营利性民办学校利用捐赠资金和办学结余依法申请设立教育基金会（基金），为民办学校发展和教师、学生提供资金资助。引导营利性民办学校合作设立投资基金，用于学校创新发展，防范办学风险。建立民办学校与公办学校、企事业单位、科研机构的交流互助机制，通过交流学习、共同开发、资源共享等形式，促进民办学校深化教育教学改革。①

四川省规定，支持各级各类民办学校完善教育信息化基础设施，逐步实现宽带网络全覆盖、网络教学环境全面普及，鼓励有条件的民办学校建设智慧教育云平台，打造智慧校园。创新教学管理方式，加大教师信息技术应用能力培训力度，推动教学变革与创新，支持开展在线教育教学应用活动，推动信息技术与教育教学深度融合。支持民办高校虚拟仿真实验实训环境建设、在线开放课程建设及应用。推动各级各类学校之间的交流合作，推进优质教育资源共享。②

① 北京市人民政府网. 北京市人民政府关于鼓励社会力量兴办教育促进民办教育健康发展的实施意见[EB/OL].（2018-11-29）. http://www.beijing.gov.cn/zhengce/zfwj/zfwj2016/szfwj/201905/t20190522_61648.html.

② 四川省人民政府网. 四川省人民政府关于鼓励社会力量兴办教育促进民办教育健康发展的实施意见[EB/OL].（2018-09-26）. http://www.sc.gov.cn/10462/10464/13298/13301/2018/9/26/10459798.shtml.

第十一章　提高民办教育管理服务水平

在加强民办教育内涵式发展，推动民办教育治理现代化的背景下，提高民办教育管理服务水平至关重要。近年来，各方持续提高民办教育的管理服务水平，强调强化部门协调机制、提升政府监督管理水平、发挥行业组织作用。

一、强化部门协调机制

（一）基本内涵

“民办教育 30 条”指出，要强化部门协调机制，积极推进民办教育改革发展。2010 年至今，围绕强化部门协调机制，国家和各地方政府陆续出台新规（表 11-1）。

表 11-1　关于国家关于强化部门协调机制的法规政策

相关法规政策	具体条款
《民办教育促进法》（2016 年）	第七条、第八条
《民办教育促进法实施条例》（2021 年）	第三条、第四十七条
《国家中长期教育改革和发展规划纲要（2010—2020 年）》（2010 年）	第（三十八）条、第（三十九）条
“民办教育 30 条”（2016 年）	第（二十六）条
《上海市人民政府关于促进民办教育健康发展的实施意见》（2016 年）	第十一条第（一）点

强化部门协调机制是提升我国民办教育管理与服务水平，促进民办教育健康发展、可持续发展、均衡发展的重要举措。相关法规政策主要涉及“加强政府部门之间的分工协作”“建立民办教育工作联席会议制度”“发挥教育行政部门的引领作用”三个方面。

第一，加强政府部门之间的分工协作。不同层级、不同职能的政府部门要明确纵向分工与横向协作，提高对民办教育的服务支持水平，进一步推动民办教育健康发展。

第二，建立民办教育工作联席会议制度。各地区要在法规政策的引导下，根据实际情况积极主动地建立民办教育联席会议制度。由教育行政部门牵头，明确联席会议的构成主体、相关职能，进一步扶持与规范民办教育的发展。

第三，注重发挥教育行政部门的引领作用。要以教育行政部门为主体，统筹协调各方工作，形成各部门相互配合、相互支持的工作关系，提升服务管理水平，推动民办教育的健康发展。

（二）现存难题

为强化民办教育相关管理部门的协同配合，国家政策形成了一定的制度框架，对中央及地方教育管理部门协调合作水平的提升有重要的指引作用。但目前，有的地区的管理实践中，仍存在一些难题。

第一，部门协同效率有待提高。民办学校管理水平的提高不仅需要决策机构的高效领导，更需要不同职能部门、不同层级科室之间的通力合作与高效协同。建立健全职能部门间的沟通协调机制，明确职责分工，加强不同层级科室的扁平化管理，优化信息传递与利益表达机制，是推动民办学校高质量管理与服务的重要举措。目前，有的民办学校仍存在部门协同效率低下，不同部门间职责不明、责任推诿、延误工作等低效运作现象，亟须改善。

第二，地方部门主观能动性有待提升。目前，国家层面对于民办学校管理工作的顶层制度设计相对完善，民办教育“1+3”政策为其发展指明方向。[①]但由于我国民办教育发展历史特殊，情况复杂，各地具体情况存在较大差异，仍需各地方政府针对具体情况在国家制度框架的基础上，进一步完善配套政策，探索创新性做法。一些地区由于政策优化的主观能动性相对较低，难以高效贯彻中央政策，结合地方实际情况做出补充调整，容易导致本地区民办学校管理工作缺乏上位指导和配套政策支撑，影响民办教育的健康发展。

（三）地方实践探索

为进一步加强民办教育管理部门之间的协调合作，一些地区开始从政策层面，引导各管理部门在实践过程中，多措并举优化部门协调机制，充分激发地方管理部门的能动性与创造性。

第一，多措并举优化部门协调机制。国家重视构建民办教育发展的部门协调机制，“民办教育30条”提出，民办教育有效增加了教育服务供给，为推动教育现代化、促进经济社会发展做出了积极贡献，已经成为社会主义教育事业的重要组成部分。各级人民政府应提高对民办教育的重视程度，加强民办教育发展的制度建设工作、标准制定工作和统筹协调工作，为民办教育的改革发展增添动力。

上海市规定，建立完善由市、区教育部门牵头，编制、发展改革、商务、公安、民政、财政、人力资源社会保障、规划国土资源、住房城乡建设管理、税务、工商、金融、人民银行上海分行、银监、证监等部门参加的市、区民办教育工作联席会议，建立健全管理体制，完善多部门协调机制，综合解决社会力量办学中的体制机制障碍，研究破解制约

① “1”指2016年审议通过的《关于修改〈中华人民共和国民办教育促进法〉的决定》；“3”指《关于鼓励社会力量兴办教育促进民办教育健康发展的若干意见》《民办学校分类登记实施细则》《营利性民办学校监督管理实施细则》3个配套文件。

民办教育发展重大问题。发挥“上海市民办教育工作会议”和“上海市民办高校党建工作会议”功能，推进落实民办教育相关政策。将鼓励支持社会力量兴办教育作为考核各级政府改进公共服务方式的重要内容。[①]

黑龙江省规定，通过建立省级协调机制，加强政府对民办高等教育的治理能力。①建立联席会议制度，成员主要包括省教育厅、省发改委、省公安厅、省民政厅、省财政厅、省人社厅、省自然资源厅、省住建厅、省市场监管局、省税务局、黑龙江银保监局、黑龙江证监局、人民银行哈尔滨中心支行等部门。每年至少召开一次会议，完善多部门协调机制，研究破解制约民办教育发展重点难点问题，优化民办教育发展环境；[②]②成立黑龙江省民办教育专家咨询委员会，科学指导民办教育政策制定的全过程，提高民办教育政策制定的民主性、科学性和合理性；③建立民办教育监管服务和综合执法机制，保障政府的各项制度能够执行到位，管理机制稳定运转。三项制度化设计不仅简化了行政管理程序，更有助于增强教育管理部门的协同治理能力与精细化治理水平，推动民办教育的健康发展。

湖南省湘潭市规定，各级人民政府要协调教育、人力资源和社会保障、综治、公安、消防、民政、卫生计生、工商、食品药品监管等部门加强对民办学校周边环境治理，严厉打击干扰民办学校正常教育教学秩序的违法行为，从严从快查处涉校案件，维护学校周边安全；要严厉打击非法办学行为，严肃查处非法办学人员，由市教育局牵头，市直相关部门配合，每年开展 1-2 次清理整治非法办学机构的专项行动。[③]

第二，充分激发地方能动性与创造性。为进一步激发地方管理部门的能动性与创造性，温州市、深圳市、河南省三地的政策内容做出进一步尝试。

温州市出台《关于进一步深化综合改革促进民办教育健康发展的实施意见》，从总体要求、加强党对民办学校的领导、建立健全办学机制、提高教育教学质量、加大财政支持和要素保障力度、加快现代学校制度建设、提高管理服务水平等方面，引导温州市民办教育从量的增长转向质的提升、从全面补助转向精准扶持，从大力发展转向规范提升，推动各级各类民办学校朝着优质、品牌、特色的方向发展。[④]该意见在健全分类管理和退出机制、加大财政支持和要素保障、完善教师保障和激励机制、创新融资方式等方面进行了大胆创新，以继续保持温州市民办教育的先进性和引领性。[⑤]

为进一步促进民办教育持续健康发展，解决部分民办学校管理松弛、法治观念淡薄等

---

① 上海市人民政府网. 上海市人民政府办公厅关于建立上海市民办教育工作联席会议制度的通知[EB/OL].（2018-01-05）. https://www.shanghai.gov.cn/nw42840/20200823/0001-42840_54746.html.

② 黑龙江省人民政府网. 黑龙江省人民政府印发黑龙江省关于鼓励社会力量兴办教育促进民办教育健康发展实施意见等 3 个文件的通知[EB/OL].（2019-03-29）. https://www.hlj.gov.cn/n200/2019/0329/c75-10896840.html.

③ 湘潭市人民政府网. 湖南省湘潭市人民政府关于促进民办教育创新发展的意见[EB/OL].（2015-12-16）. http://www.xiangtan.gov.cn/1085/1082/1083/21603/content_928709.html.

④ 温州市人民政府网. 关于进一步深化综合改革促进民办教育健康发展的实施意见[EB/OL].（2018-09-26）. http://www.wenzhou.gov.cn/art/2018/9/28/art_1229117830_576093.html.

⑤ 温州教育网. 市教育局局长郑建海解读《温州市人民政府关于进一步深化综合改革促进民办教育健康发展的实施意见》[EB/OL].（2018-10-10）. http://edu.wenzhou.gov.cn/art/2018/10/10/art_1333609_21696271.html.

问题，2017 年，河南省颁布《关于进一步规范民办学校办学行为促进民办教育健康发展的通知》，针对上述问题提出了具体应对措施和要求。主要包括规范民间投资和办学准入，强化日常办学行为监督，及时依法查处违法违规办学行为、切实加强党建和思想政治教育及德育工作。①

二、提升监督管理水平

（一）基本内涵

《民办教育促进法》指出，国家对民办教育实行积极鼓励、大力支持、正确引导、依法管理的方针。②2010 年至今，为提升政府及职能部门的监督管理水平，国家和各地方政府陆续出台新规（表 11-2）。

表 11-2　关于提升监督管理水平的法规政策

相关法规政策	具体条款
《民办教育促进法》（2016 年）	第三条、第二十条、第三十八条至第四十二条、第六十二条至第六十四条
《民办教育促进法实施条例》（2021 年）	第三条、第四条、第二十七条、第四十三条、第四十四条、第四十七条至第五十条、第五十二条、第五十四条至第六十四条
《国家中长期教育改革和发展规划纲要（2010—2020 年）》（2010 年）	第（三十七）条、第（三十八）条、第（四十一）条、第（四十四）条至第（四十七）条、第（六十三）条、第（六十五）条
“民办教育 30 条”（2016 年）	第（二十七）条、第（二十八）条
《福建省人民政府关于民办教育分类管理改革的通知》（2019 年）	第三条第（三）点

有关提升政府监督管理水平的法规政策，主要涉及改进政府管理方式、健全监督管理机制两方面。

第一，改进管理方式。①转变管理职能。政府要履行好服务职能，做好对民办教育的统筹规划、政策引导、监督管理工作，为民办教育的健康发展提供优质、全面的服务，切实维护教育公平。同时，政府要改进传统的线性管理模式，实现宏观统筹与微观指导相结合，规范监督与支持鼓励相结合。②简政放权。政府应主动向社会公布权力清单、责任清单，自觉接受社会监督，逐步减少“越位”“错位”现象。政府要着力简化对民办学校相关事宜的事前审批，精简行政审批事项，加强对民办学校办学的事中、事后监管，减少办事手续与流程，提高一体化服务水平。③保障民办学校的办学自主权。政府在转变管理职能、简政放权的同时，要充分肯定民办学校合理的自主权，以激活民办学校的自主办学活

① 河南省教育厅网. 关于进一步规范民办学校办学行为促进民办教育健康发展的通知[EB/OL].（2017-07-26）. http://jyt.henan.gov.cn/2017/07-26/1603910.html.

② 中国人大网. 中华人民共和国民办教育促进法[EB/OL].（2017-02-20）. http://www.npc.gov.cn/wxzl/gongbao/2017-02/20/content_2007551.htm.

力和改革创新主动性，推动民办学校的发展。具体而言，对于民办高校、民办高职院校、民办高中等不同阶段的民办学校，政府要适当给予教学、科研、社会服务、育人方式、人事管理、收费等方面的自主权。

第二，健全监督管理机制。①加强党的监督。民办学校中的基层党组织要充分发挥战斗堡垒作用，提升自身统筹力，严格贯彻党的方针政策，依法依规参与学校重大决策，切实履行好监督职责，发挥学校党组织的引领力与凝聚力。②健全教育行政部门督导机制。相应的法规政策规定，为提升民办学校办学质量，教育行政部门及有关部门要切实履行对民办学校的督导职责，可采取信息公示制度、信用档案制度、引入“第三方”评价机构等方式，加强对民办教育的监督引导，推动民办教育良性发展。③完善民办学校内部治理结构。民办学校要完善内部治理结构，加强校内管理监督，提升自身治理水平。要充分发挥学校理事会、董事会的领导职责，进一步完善校长负责制，减少“一言堂”“一家言”等现象的发生。民办学校要完善学校规章制度与管理章程，切实保障广大师生参与学校民主管理的权益，规范学校管理行为。④完善社会监督机制。要充分认识到社会监督对推动民办教育健康发展的重要作用，民办学校应建立健全社会支持和监督机制，自觉引导、接受广大社会成员的监督。可以建立家长委员会，引导社区成员、专业人士、中介组织，加强对学校的监督管理，形成完整的社会监督机制。

（二）现存难题

尽管国家层面的法规政策均强调，政府应改进对民办教育的管理方式，完善监督与管理机制，以提高对民办教育的管理水平。但在实践过程中，有的地区的政府管理工作仍存在一些难题。

第一，对民办教育的支持力度有待提升。目前，由于少数领导与基层管理人员仍未充分意识到民办教育事业的重要性，一些地方政府及职能部门对民办教育的重视程度不一。一方面，有一些政府政策制定过程中，对民办教育服务的特殊性考虑不足，对民办教育特色服务的积极引导不够；另一方面，也有一些地方政府及职能部门对民办教育监管较多，引导较少；规范较多，支持较少。总体上，对提升民办教育高质量发展的财政扶持力度有待提升。

第二，对民办教育的管理权责范围有待厘清。有的政府及职能部门针对民办学校的管理工作存在对学校需求了解不深入、责任范围不明确、分工不合理等问题，导致在管理实践中容易出现“缺位”“越位”现象。一方面，有的政府及职能部门相对忽视民办学校办学与发展需求的特殊性，盲目遵循公办学校管理方式与逻辑，容易导致民办学校现实需求难满足、实际问题难解决等问题；另一方面，有的政府及职能部门未能履行相应责任和义务，导致民办学校发展过程中的监管扶持尚未到位，相关问题解决不力。各地方政府应进一步厘清和明确不同层级政府与不同职能部门的权责范围，以加强对民办教育的规划引导和监督管理。

第三，对民办教育的监督管理水平有待提升。一方面，监管过程不到位。《民办教育促进法》规定，民办学校资产的使用和财务管理受审批机关和其他有关部门的监督。政府监管应贯穿民办学校筹设准入、办学发展和终止退出全过程。目前，一些政府及职能部门对民办学校准入与退出环节的重视程度较高，对民办学校办学发展过程的监督管理相对忽视，容易导致民办学校的办学行为与发展行为缺乏政府引导与监管，出现违法办学、违规办学、非理性发展等现象。另一方面，监管体制尚待完善。目前，大部分地方政府基本形成了包括业务主管部门（教育局）和登记机关（民政局）为监管主体的管理体制。但由于有的民办学校监管体制的配套制度、机制尚未完善，导致教育行政部门、市场监管部门、登记机关等不同职能部门之间，容易出现分工不清、职责不明的现象，存在监管漏洞，降低监督管理效率与实际效果。

（三）地方实践探索

为进一步推动改进政府管理部门对民办教育的管理方式，完善监督管理机制，提升管理水平，一些地区基于国家政策，结合地方民办学校现实需求与实践经验，做出了诸多新尝试。

第一，转变政府管理职能，推进治理机制创新。上海市、北京市、四川省、陕西省西安市等均在地方性政策内容中强调，应转变政府管理职能，推进治理机制创新。

为推动民办教育发展，上海市建设国家教育综合改革试验区。该试验区由上海市与教育部合作共建，旨在充分发挥上海市政府的服务功能，为上海民办教育的改革和发展起到支撑保障作用。①此外，上海市规定，积极培育民办教育行业组织，支持上海市民办教育协会、上海市民办教育发展服务中心等开展工作，支持行业组织在行业自律、交流合作、协同创新、履行社会责任等方面发挥桥梁和纽带作用。探索建立民办学校第三方质量认证制度和质量监控制度，培育更多的社会机构参与民办学校办学过程和办学质量评估。第三方评估结果，可以作为业务管理部门对民办学校予以奖励、警告、限期整改直至取消办学资格的参考之一。充分发挥各类机构在民办学校评估认证、咨询服务、风险防范、融资贷款等方面的作用。②

北京市规定，各级政府和行政管理部门要积极转变职能，减少事前审批，加强事中事后监管，提高政府管理服务水平。依法设定民办学校的行政许可事项，向社会公布权力清单、责任清单，严禁法外设权。改进许可方式，简化许可流程，明确工作时限，规范行政许可工作。建立民办教育管理信息系统，推广电子政务和网上办事，逐步实现日常管理事

---

① 更加主动对接国家战略不断加大教育改革创新力度教育部上海市共建国家教育综合改革试验区. 中国教育报，2010-03-04（001）.

② 上海市人民政府网. 上海市人民政府关于促进民办教育健康发展的实施意见[EB/OL].（2017-12-27）. https://www.shanghai.gov.cn/nw41430/20200823/0001-41430_54537.html.

项网上并联办理，及时主动公开行政审批事项，为申请人提供高效、便捷、优质服务。①

四川省规定，各地和行政管理部门要积极转变职能，推进放管服改革，提高政府管理服务水平。及时主动公开行政审批事项，进一步清理涉及民办教育的行政许可事项，向社会公布权力清单、责任清单。改进许可方式，简化许可流程，提高服务效率，接受社会监督。建立民办教育管理信息系统和公共服务平台，推广电子政务和网上办事，逐步实现日常管理事项网上并联办理。②

西安市规定，依法执行国家民办学校的办学准入负面清单，列出禁止和限制的办学行为，实行照单监管。不属于法律法规禁止进入以及不损害第三方利益、社会公共利益和国家安全的领域，政府不得限制。建立民办教育管理信息系统，推广电子政务和网上办事，逐步实现日常管理事项网上并联办理，及时主动公开行政审批事项，提高服务效率，接受社会监督。③

第二，建立专门化的民办教育服务部门。为提高民办教育的管理效率和专业服务水平，推动民办教育健康稳定发展，有的地区积极探索建立民办教育对口服务部门，统筹规划和宏观调控地区的民办教育工作。综合各地方政府的实际做法，民办教育服务部门通常有三种存在形式：①作为独立的服务机构而设立，如上海市与黑龙江省的做法；②挂靠在规划处或职成处，如安徽省与福建省的做法；③划分到各个处室，如湖北省与广东省的做法。

上海市为推动民办教育的健康发展，成立民办教育管理处。该部门的主要职责是科学制定本市民办教育发展政策，承担民办教育发展的管理与服务工作。民办教育管理处的设立，进一步完善了民办教育管理体制，提升了政府部门的服务水平。此外，上海市级财政设立了民办教育政府专项资金，根据评价指标，核定资金拨付内容和额度，为民办教育发展提供充足的资金保障。为确保财政资金落到实处，2006 年，上海市教委、市财政局联合发布《上海市促进民办教育发展专项资金管理办法》，进一步明确专项资金的设立目的、资金来源、扶持内容、经费管理等。④

第三，健全外部约束机制，提升监管的有效性。北京市、浙江省杭州市与辽宁省，在健全外部约束机制，提升监管机制实效方面做出进一步尝试。

北京市规定，按照“谁审批、谁监管”的原则，加大民办教育监督管理力度。持续加强对民办学校办学状况的督导，逐步将各级各类民办学校纳入督导范围。完善向民办学校

① 北京市人民政府网. 北京市人民政府关于鼓励社会力量兴办教育促进民办教育健康发展的实施意见[EB/OL].（2018-11-29）. http://www.beijing.gov.cn/zhengce/zhengcefagui/201905/t20190522_61648.html.

② 四川省人民政府网. 四川省人民政府关于鼓励社会力量兴办教育促进民办教育健康发展的实施意见[EB/OL].（2018-09-17）. http://www.sc.gov.cn/10462/11555/11562/2018/10/29/10461744.shtml.

③ 西安市人民政府网. 西安市人民政府关于促进民办教育健康发展的实施意见[EB/OL].（2019-04-30）. http://www.xa.gov.cn/gk/ghjh/zdgz/5d493831fd850833ac5f9ac4.html.

④ 上海市教育委员会官网. 上海市促进民办教育发展专项资金管理办法[EB/OL].（2006-04-28）. http://edu.sh.gov.cn/mbjy_fgwx_mbjy/20160725/0015-562FE509-8062-4C42-8948-88329E2F3506.html.

选派督导专员、联络员工作机制，强化督导专员、联络员的责任，充分发挥其对民办学校的联络、指导和监督作用。①

杭州市规定，市级教育督导机构要定期或不定期地对区、县（市）政府及有关部门发展和管理民办教育的职责履行情况进行专项督导检查；各级教育督导机构要将民办学校纳入督学责任区范围，建立对办学行为常规化、专业化的督查制度。按照“谁审批、谁评估”的原则，教育行政主管部门要会同有关部门制定民办学校办学水平和教育教学质量督导评估具体标准，推动民办学校不断提高办学水平。进一步完善民办学校年度检查制度，将专项督导评估结果和年度检查情况向社会公布并作为政策扶持、招生计划等下达的重要依据。②

辽宁省规定，建立违规失信惩戒机制，将违规办学的学校及其举办者和负责人纳入“黑名单”，规范学校办学行为。健全联合执法机制，加大对违法违规办学行为的查处力度，对违法违规办学行为依法依规给予处罚。③

第四，健全民办学校年检制度。上海市、湖南省怀化市、浙江省等地强调，地方政府及职能部门应建立民办学校年检制度，加强对民办学校办学行为与办学质量的监督评估。

上海市规定，完善年检年报制度。加强民办教育管理机制建设，强化民办教育督导，主管部门与法人登记部门加强合作，完善民办学校年度检查和年度报告制度。④

湖南省怀化市规定，每年度末，民办学校应向学校审批机关报送年度办学情况报告，学校审批机关应对民办学校进行年度办学情况评估检查，向社会公布评估结果，并将评估结果作为政府扶持的重要依据。对年度评估检查不合格的民办学校，要限期整改，并限制招生或停止招生；情节严重的，依法吊销办学许可证。健全民办学校督导制度，发挥督导专员的作用，提高民办学校督导评价科学化水平。⑤

内蒙古自治区规定，要强化民办教育督导，完善民办学校年度报告和年度检查制度，年检结果应作为处罚和奖励的重要依据。加强对新设立民办学校举办者的资格审查。定期组织开展民办学校财务审计，完善民办学校财务会计制度、内部控制制度、审计监督制度。建立民办学校信息强制公开制度。⑥

---

① 北京市人民政府网. 北京市人民政府关于鼓励社会力量兴办教育促进民办教育健康发展的实施意见[EB/OL].（2018-11-29）. http://www.beijing.gov.cn/zhengce/zhengcefagui/201905/t20190522_61648.html.

② 杭州市人民政府网. 浙江省杭州市人民政府关于促进民办教育持续健康发展的实施意见（试行）[EB/OL].（2016-01-28）. http://www.hangzhou.gov.cn/art/2016/1/28/art_1256295_7052651.html.

③ 辽宁省教育厅网. 辽宁省人民政府关于鼓励社会力量兴办教育促进民办教育健康发展的实施意见[EB/OL].（2017-10-09）. http://jyt.ln.gov.cn/zwgk/zfxxgk_145105/fdzdgknr/lzyj/szfgfxwj/202012/P020201231411468838960.pdf.

④ 上海市人民政府网. 上海市人民政府关于促进民办教育健康发展的实施意见[EB/OL].（2017-12-27）. https://www.shanghai.gov.cn/nw41430/20200823/0001-41430_54537.html.

⑤ 怀化市人民政府网. 关于进一步促进民办教育发展的决定[EB/OL].（2015-12-24）. http://www.huaihua.gov.cn/huaihua/c100248/201601/0671d61fe91d4a59830d296ff2a98b34.shtml.

⑥ 内蒙古自治区人民政府网. 内蒙古自治区人民政府关于鼓励社会力量兴办教育促进民办教育健康发展的实施意见[EB/OL].（2018-01-02）. https://www.nmg.gov.cn/zwgk/zfxxgk/zfxxgkml/gzxzgfxwj/xzgfxwj/202012/t20201208_313624.html.

三、发挥行业组织作用

（一）基本内涵

“民办教育30条”论述了发挥行业组织的重要作用，指出要“积极培育民办教育行业组织，支持行业组织在行业自律、交流合作、协同创新、履行社会责任等方面发挥桥梁和纽带作用”。2010年至今，围绕发挥行业组织作用，国家和各地方政府陆续出台了新规（表11-3）。

表11-3 关于发挥行业组织作用的法规政策

相关法规政策	具体条款
《民办教育促进法》（2016年）	第四十一条、第四十四条
《民办教育促进法实施条例》（2021年）	第四十九条
《国家中长期教育改革和发展规划纲要（2010—2020年）》（2010年）	第（十五）条、第（四十）条、第（四十七）条
“民办教育30条”（2016年）	第（二十九）条
《浙江省温州市人民政府关于进一步深化综合改革促进民办教育健康发展的实施意见》（2019年）	第（三十八）条

相关法规主要围绕“培育专业民办教育行业组织（以下简称行业组织）”“引导行业组织承担社会责任”“发挥行业组织的中介作用，引导民办学校发展”三方面展开。

培育专业行业组织。应从准入、资助、监管和建立行业自律制度等方面着手，进一步加强民办教育行业组织建设，培育专业化的行业组织，扶持民办教育的第三方服务机构，提升行业组织的专业化服务水准。

引导行业组织承担社会责任。行业组织是沟通政府、学校、社会三方主体的重要“桥梁”和“纽带”。教育行业组织要发挥行业自律、交流合作、协同创新、社会履责等方面的重要作用，鼓励行业组织勇于担责，敢于发声。

发挥行业组织的中介作用，引导民办学校发展。政府可以依托各类专业行业组织开展民办学校咨询服务、评估认证服务，充分发挥行业组织沟通学校与政府的中介作用，为政府收集并提供客观准确的信息，协助政府职能部门、民办学校助力民办教育高质量发展。

（二）现存难题

国家政策层面积极鼓励设立行业组织，发挥行业组织对民办学校发展的支持与服务作用。但目前一些地方性政策对行业组织的重视程度相对较弱，实践层面仍存在立法支撑薄弱、专业性有待加强、职能发挥有限等方面的难题。

第一，行业组织立法支撑不够。行业组织作为“第三方力量”的代表，对于民办教育的发展有着重要作用。目前，我国关于行业组织相关的法律、法规较少，民办教育行业组织建设主要参照国务院颁发的《社会团体登记管理条例》及社会团体管理相关的其他规范性政策。在实践过程中，由于缺乏立法支撑和制度规范，民办教育行业组织的基础功能较难发挥，既不利于行业组织的专业化、稳定化发展，也不利于支持与服务民办学校的发展。

第二，行业组织的专业性有待强化。一方面，由于我国民办教育行业组织起步时间较晚，资源支撑相对不足，缺乏专业性组织人才，一些民办教育行业组织提供专业化服务的能力水平有待提升，实践中还存在已有行业组织发展不均衡、质量水平良莠不齐等问题。另一方面，一些行业组织的服务定位有待进一步明确及优化。实践过程中，有的行业组织为提升知名度和服务水平设立诸多职能部门展开广泛的社会服务，但相应的职能分工机制、配合机制以及制度建设工作相对滞后，造成资源配置不均、工作效率较低、合作质量不高等实际问题，影响行业组织主要功能的正常发挥。

第三，行业组织职能发挥不够。一方面，有的行业组织的“第三方”身份相对模糊，仍依靠或附属于政府部门，在发挥中介作用过程中，自主性与创造性有待进一步开发；另一方面，也有的民办教育行业组织的权威性和影响力有待加强。我国现有民办教育行业组织还未完全承担起引导民办学校自身自律、参与民办教育管理、评估民办教育办学质量、协调各方社会关系等方面的重任，民办教育行业组织的桥梁和纽带作用亟待发挥①②。

（三）地方实践探索

为进一步促进行业组织充分发挥作用，一些地区在政策层面，鼓励创立专业性行业组织，发挥中介作用。

第一，鼓励创立专业性行业组织。上海市鼓励创立专业性的行业组织，先后创办“上海市民办教育协会”“上海市民办教育发展服务中心”。其中，“上海市民办教育协会”由原“上海市民办高等教育协会”变更而来。其工作对象涉及较广，包括全市民办大中小学、幼儿园及民办培训教育机构。自成立以来，积极向上海市民办教育的发展提供专业性的咨询服务，为上海市民办教育的发展做出了重要贡献。作为第三方专业教育服务机构，上海市民办教育发展服务中心接受市教委民办教育管理处的指导，积极承担政府委托的任务，负责指导民办学校规范发展、审查复核民办学校的办学许可证、承担部分民办教育培训工作、推动民办学校信息化建设、向民办学校提供政策咨询。

第二，发挥行业组织的中介作用。重庆市、温州市和青海省等地基于已有政策，进一步探索发挥行业组织中介作用的实践路径。

重庆市规定，发挥行业组织作用。应依托教育研究、教育评估等专业机构和社会智库

---

① 张杰. 教育治理视域下教育中介组织的角色定位[J]. 教育理论与实践，2015（34）：21-24.

② 李旋旗，陈文联. 民办高校社会责任的失范行为与治理路径[J]. 中国高教研究，2020（12）：28-33.

开展民办教育研究、评估和咨询服务等工作。通过政府购买服务，鼓励支持行业组织和专业机构在引导民办学校坚持公益性办学、创新人才培养模式、提升人才培养质量等方面发挥更大的作用。①

温州市规定，完善民办教育中介组织的准入、资助、监管制度，培育专业教育服务机构，充分发挥民办教育行业协会、研究院、基金会等各类社会中介组织在行业自律、交流合作、协同创新、履行社会责任等方面的桥梁纽带作用。②

青海省规定，积极支持各级民办教育协会发展，支持协会在行业自律、交流合作、协同创新、履行社会责任等方面发挥桥梁和纽带作用，支持协会引导民办学校坚持公益性办学、创新人才培养模式、提升人才培养质量。依托各类专业机构开展民办学校咨询服务等工作。探索培育民办教育中介服务机构，完善民办教育服务网络。③

① 重庆市人民政府网. 重庆市人民政府关于进一步促进民办教育健康发展的实施意见[EB/OL].（2018-06-07）. http://www.cq.gov.cn/zwgk/zfxxgkzl/fdzdgknr/zdmsxx/jy/zyzc/201806/t20180607_8837010.html.

② 温州市人民政府网. 关于进一步深化综合改革促进民办教育健康发展的实施意见[EB/OL].（2018-09-26）. http://www.wenzhou.gov.cn/art/2018/9/28/art_1229117830_576093.html.

③ 青海省人民政府. 青海省人民政府关于鼓励社会力量兴办教育促进民办教育健康发展的实施意见[EB/OL].（2018-03-29）. http://www.qinghai.gov.cn/xxgk/xxgk/fd/zfwj/201803/t20180322_29488.html.

下　篇

民办教育研究情况（2020—2021年）

第十二章　民办教育研究文献述评

改革开放 40 多年来，我国民办教育办学规模不断扩大，办学层次逐渐提高，经历了从“建起来”到“大起来”再向“强起来”的不凡历程，逐渐成长为影响我国教育进程的关键力量。我国民办教育从弥补财政机会不足到满足多样化需求，从“拾遗补阙”到不可或缺，在“增加教育供给、提高教育效率、改善教育公平、推动教育创新、扩张教育自由、减缓就业压力”等方面为我国教育发展做出了重要的贡献。民办教育政策从“规范”向“扶持”转型，政策文本得以不断完善与充实、政策基调实现从“合法-限制-规范-扶持”的良好转型、政策价值取向实现微观自身价值与宏观国家价值的融合、政策内容赋予和加强了民办教育的合法性、政策实施引导和规范了民办教育实践，呈现出坚持教育公益属性、灵活配置教育资源、日益完善制度保障体系、逐渐重视合法权益保障、依法有效推进改革的鲜明特征。我国民办教育发展整体既面临良好机遇，也存在不少挑战。对近年来我国民办教育研究情况进行概括总结，有助于积累经验教训、正视问题，在此基础上开创民办教育事业新局面。

一、民办教育分类管理与营非选择研究

建立营利性、非营利性民办学校分类管理制度是我国近期一项重要的民办教育制度顶层设计。实行民办学校分类管理，既能有针对性地制定政府扶持政策，避免“搭便车”现象，最大限度地保障民办教育的公益性；又能从法律层面明确营利性民办学校的法律地位，完善相应办法，依法保障和规范获取合理回报的行为；同时还能使潜在的捐赠者和出资者打消顾虑，激发他们为教育捐资和投资的积极性。举办者“营非”选择是推进民办学校分类管理改革的第一步，也是最为关键的一步。然而，由于举办者对民办学校办学回报和剩余财产分配、营利性学校获取捐助和融资、非营利性学校扶持和监管等问题仍存有顾虑，其背后折射出的非营利性学校的非营利法人定位与举办者要求获取办学回报和剩余分配的矛盾、营利性学校的营利法人定位与其要求享受更多优惠的矛盾、非营利性学校获取政策支持的诉求与扶持政策未完全兑现的矛盾，成为制约民办学校分类管理推进的三个难点。

只有举办者“营非”决策“选得好”，民办学校才能“走得好”。由于分类管理政策内

容不明确、政策主体中政府角色定位不恰当、政策执行效果不理想和政策模型转变缓慢等问题，导致民办学校选择营利性或非营利性的决心不明确，很多学校仍在徘徊犹豫之中。第一，有的举办者对“营非”选择存在困惑，如果选择“坚守非营”，民办学校在走向“主动升级”的过程中难免遭遇“被动降级”的困阻；如果选择“转向营利”，民办学校在“自力更生”的抉择中不得不面临身份转变、财务清算的累与痛；成本增加、利润下滑的让与退；收费自主、财务自由的危与险三重困扰。第二，尽管《民办教育促进法》等法规政策对财政、土地、税收等方面都做出了规定，但对最为关键的“同等法律地位”与“差别化扶持”政策，新法新政只有原则性要求，这种规定过于宽泛，需要地方政府主动探索创新。这就导致地方贯彻落实新法新政不平衡，分类管理改革的推进存在较为明显的“碎片化”问题。第三，现有民办学校清产核资组织主体不明确、民办学校分类登记的程序衔接不明确、登记为民办非企业单位或事业单位的国有资产确权规定不明确、变更法人登记类型时税费优惠不明确。

民办学校分类管理是一项系统工程，在价值理念上既要坚持教育公益性、公平发展、自由选择、利益不损、分步推进等原则，在实践中也要遵从稳扎稳打、循序渐进的策略，在营造市场化环境、降低政策普惠门槛、赋予学校最大话语权、织就规范运行防护网等环节着力，并在精细化与规范化上做好文章。第一，基于整体扶持与区别对待相结合的原则跟进配套政策，完善非营利与营利性学校分类管理政策，建立“平等但不平均”的体制机制，实施“共同但有区别”的管理体系，通过细化分类登记规定、填补转型政策空白和完善学校治理体制等方式，强化分类管理改革执行的系统性，提高分类管理改革结果的实效性。第二，分类管理改革的成效很大程度上取决于民办学校同等法律地位能够在多大程度上予以落实，以及差别化扶持政策中的“差别”究竟有多大。要基于各地民办教育发展阶段和环境的差异，采取精细化的政策供给方式稳妥推进分类管理改革，分地区制定分类管理平稳过渡的方案和实施细则。坚持公益取向发展非营利性民办学校，坚持多元取向允许两类学校和谐共存，坚持公平取向为两类学校采取差别化的管理措施，使营利性和非营利性民办学校的发展轨道更加明确清晰。第三，鉴于“营非”登记配套政策的不完善性和民办学校办学情况的复杂性，在细化的鼓励和奖励政策没有出台前，可通过延缓“营非”登记舒缓举办者“政策性恐慌”与“保守性退出”等问题，稳定民办教育发展的大局。延缓“营非”登记并不是否定分类管理政策，而是为了给完善分类管理配套政策争取时间，转变各地拖而难决、拖而不决的尴尬境地，维护民办教育稳定和可持续发展。

二、民办学校共同服务与差别扶持研究

政府对民办学校进行相应的扶持和服务，特别是对非营利民办学校进行公共财政资助，意味着国家对民办教育承担了应有的责任，同时也说明国家站在整个教育发展战略的高度一视同仁地对待教育。我国民办教育的政策将以支持与规范并行作为主要基调，凝聚

以支持引导规范、以规范争得支持的分类改革共识，明确分类扶持主体，区分分类扶持对象，实行“共同而有区别”的扶持政策。一是要分类扶持，遵循“共同而有区别”原则。“共同”即客体属性不会随教育组织类型的改变而改变，在任何教育组织内都应同等对待；“有区别”即客体属性在不同教育组织内会产生差异，在可享有的扶持政策上也应加以区分。二是要区分对象，实行“责权对等”原则。建立相应的准入制度、产权制度、法人治理制度、资产财务制度、资助优惠制度、信息披露制度、保障制度、评估制度等。

我国对民办教育财政扶持和服务供给方面的不足主要包括以下几个方面：①针对两类民办院校的补贴和奖励区分度不够，没有针对营利性和非营利性两类不同性质民办学校的政策加以区分和细化，实践中对非营利性民办学校的补偿与奖励范围、核算方法、争议解决途径等也缺乏细化的法律法规作为依据，导致有的民办学校以“非营利”之名兴“营利”之实。②政府购买服务没有区分不同类型民办学校的购买标准和程序，营利和非营利性民办学校的税收政策、准入标准和程序应有所区别。③政府助学贷款精细化程度不够，针对民办学校在贫困标准、还款利率和风险补偿率等方面实施的标准与公办院校完全一致，并未考虑到两类学校的差别、特征及其后果。④政府税收优惠措施不完善，没有区分不同类型民办学校税收优惠政策，营利性民办学校税收优惠不系统，非营利性民办学校同等税收优惠落实不到位。⑤土地优惠政策执行不到位，公办、民办学校在土地征用优惠上获得优惠机会存在较大差别，对民办学校以零地价划拨土地的很少，基本上为优惠价划拨，有偿购地。

政府对民办学校“共同而有区别”的扶持主要涉及补贴和奖励、购买服务、助学贷款、税收优惠、土地优惠五个方面：①制定差别化补贴和奖励政策。对非营利性民办教育主要实行财政补贴等直接扶持的方式，对营利性民办教育主要实行税收优惠等间接扶持的方式。②完善政府购买民办教育服务制度。政府通过购买服务或委托管理等方式对营利性民办学校提供财政扶持，完善向民办学校购买就读学位、课程教材、科研成果、职业培训、政策咨询等教育服务的具体政策措施。③完善学生奖助制度等财政资助体系。健全民办学校的助学贷款政策，两类民办学校都应与公办学校同等享受资助待遇，顺应国际将私立学校学生纳入无差别学生资助体系的潮流。④两类民办学校实施差异化的税收优惠政策。对于非营利性民办学校，与公办学校享有同等的税收优惠；对于营利性民办学校，免征房产税、城镇土地使用税，对支持教育事业的公益性捐赠支出，按照税法有关规定给予优惠政策等。⑤实行两类民办学校差别化用地政策。在教育用地优惠方面，非营利性民办学校按划拨等方式供应土地，享受公办学校同等政策；营利性民办学校按国家相应的政策供给土地。

三、民办学校转型发展与内部治理研究

随着教育的发展重心由“规模扩张”向“内涵提升”转变，促进民办学校高质量发展

成为激发民办学校利用体制机制优势、突破内涵式发展瓶颈的核心路径。民办教育从“补充型教育”向“选择型教育”转型时遭遇了“倒春寒”问题，这固然与诸多外部因素相关，但究其本质，仍然是忽视内部治理机制建设所引发的必然结局。民办教育发展的关键无疑取决于内部因素，民办教育自身管理做好了，就会为自身发展创造一个良好的内部环境，同时促进外部环境向更积极方向发展。民办学校需要进一步夯实要素基础、优化结构基础，在模式上从后发借鉴转变为特色创新，在制度上从渐进式改革转变为全面性设计，在服务面向上从速成取向转变为精准细分，在内部治理上从扩张型管理转变为服务型治理，在资本结构上从偏向物质资本转变为偏向人力资本。

相对于新时代民办教育发展的新形势、新要求，民办学校现行内部治理还有一定差距，存在着诸多不容忽视的办学体制和运行机制问题，如法人属性不清、产权制度不明、法人治理不佳、权责利关系不顺、角色定位不细等。①民办学校内部治理结构规定的笼统性给实际操作留下了较大的自由空间，民办学校出资人或举办者控制、缺少利益相关者参与、管理团队职权不明晰及监督机制缺失等突出问题，使得民办学校容易陷入家族化治理、举办者控制、校长权力集中化、董事会权力过于膨胀、基层党组织边缘化、内部权力冲突频现、缺少共治动力等问题。②民办学校“是什么”的法人属性不清、民办学校“归谁所有”的产权制度不明。法人属性不清造成公办学校和民办学校在法规、政策及事实上的诸多不平等，产权归属不明、性质不清、关系混乱，必然造成民办学校资产的流失，挫伤办学者的积极性。③举办者和利益相关者“做什么”的权责关系不顺，管理者“管什么”的角色定位不细。民办学校呈现出“链合”式的管理模式，各主体间结合不紧密，有制约之形而无制衡之实。④监事会制度尚不健全，职责仍不明确；利益相关者的参与度弱化，教师、学生的监督力薄弱，只能通过“用脚投票”的方式进行。

民办学校转型发展要以构建现代民办学校制度为目标，把理顺内部关系、完善内部管理机制、激发各利益相关者的积极性作为重中之重，通过内部治理机制改革纠正民办学校管理“家族化”、决策“专制化”、监督“形式化”、文化“企业化”的倾向。①体现民办机制的制度优势，使灵活的多元办学机制、敏捷的市场反应机制、效益至上的经营机制、科学的管理合力机制、坚实的资源保障机制、完善的服务供给机制、严格的质量保障机制和持续的创新机制成为民办学校的核心竞争力。②民办学校应建立起有利于鼓励社会力量以多种形式参与办学的利益驱动机制、鼓励不同类型学校公平发展的竞争机制、满足家庭对多元文化和社会对多类型人才的需求机制以及便于政务校务财务公开和主动接受社会监督的制约机制。③通过建立横向的决策权分配制衡体系、纵向的民主决策层次体系、延伸至社会的决策咨询机制，构建起决策、行政与政治保障三大权力之间的制衡关系。建立利益相关者共治机制，健全股东会制度，规范和健全股东会制度；通过董事来源多元化提高董事会决策的科学化，探索建立独立董事制度；发挥监事会作用，强化监事会对公司经营者的监督。

四、民办学校经费筹措与资金管理研究

与发达国家相比较，我国民办教育经费政策体系建设还存在政策取向“重规范轻引导”、公共财政资助政策不明确、多元筹资的政策支持薄弱等问题。在各类政策不明朗的情况下，为规避风险和保证回报率，投资人处于按兵不动的观望态势。尤其是在我国经济进入增速换挡期和民办教育新法行政实施以后，投资方的盈利预期被打破，民间投资有所回落，社会资本顾虑较多。鉴于“高投入、低收益、长周期”的投资特点，民办学校深受“不愿投”“不让投”“不能投”等困扰，资本投入动力有所下降，总体速度放缓；一些政府和社会资本合作项目的审批时限太长、门槛设置过高；现有民办学校中，基本上要么依靠学费积累缓慢滚动发展，要么依靠银行贷款或其他形式的融资而实现快速壮大，其实质都是依靠学费还债；民办学校难以享受到与公办学校同等的税收优惠待遇，各地执行标准不统一、民办学校税费也不均等；在办学成本方面，人工成本、税费成本、融资成本、能源成本居高不下等，导致民办学校教育教学、设施设备和人才队伍建设等方面缺少足够的经费保障，影响了民办教育的发展。

我国民办学校办学成本随着办学层次的提升和学科门类的多元化而逐步提高，采用内部融资、靠学费积累发展的模式会变得越来越困难。当前，资金短缺问题是制约民办学校做大做强的重要因素，直接关系到民办学校的生存和可持续发展。①融资信用机制缺失，信用管理服务匮乏。适合民办学校融资模式的信用担保、信贷评估和风险控制的机制尚不健全，银行基于安全性考虑，不愿意为民办学校提供长期信贷。②产权权益不清晰，流转退出制度不完善。在新法实施过渡期内，由于历史遗留问题及客观原因，一些民办学校产权界定和资产权属不清晰，影响了社会资本投资的积极性。③投融资渠道窄，获取融资难度高。很多民办学校融资“急、频、短”，加剧了民办学校从银行获得贷款的难度。④管理机制尚未理顺，投融资政策落地受阻。一些地方仍习惯于“一刀切”式的单一管理手段，相关审批手续烦琐。诸如民办学校筹设期限等规定变相抬高了资本准入门槛，使得一些意欲投入的社会资本望而却步。

健全民办学校多元化筹资体系是稳定投资预期、拓宽办学筹资渠道、促进民办学校健康发展的重要保障。要利用市场机制和社会力量把民办教育办好做大，全面破除民间资本投资民办教育的隐形门槛。①建立信用担保体系，完善信用管理服务。完善民办学校资产财务的监管制度，建设民办学校征信系统和信用等级评定制度，建立民办教育信用担保体系和融资服务体系，提高民办学校融资能力。②打造创新型融资平台，保障产权权益流转顺畅。政府搭建桥梁，加强银行、民办学校、担保和信用评估机构之间的合作，引导地方金融机构支持民办教育发展。③全方位拓展融资渠道，增强教育融资便捷性。严格落实“非禁即入”原则，进一步扩大教育投融资渠道，拆除各类显性或隐形门槛，营造权利平等、公平竞争的融资环境，吸引各类资本进入民办教育领域。④大力改善投融资政策环

境，实行积极财税减免政策。完善投融资制度政策，加快研究制定社会力量进入民办教育的具体方案，放宽对民办教育投资的不合理限制和隐形壁垒，取消对社会资本设置的附加条件和歧视性条款，打通政策落地梗阻。

五、民办学校师资建设与权益保障研究

在民办教育领域，落实民办学校教师与公办学校教师的同等法律地位、构建民办学校教师的权益保障机制、稳定民办学校教师队伍，一直是民办学校发展的重中之重。与公办学校相比，民办学校出于自身建校时间短和教学资源紧缺等消极原因，为了加速发展，往往将精力和资源集中在基础设施建设上，而对于滞后的教学管理理念、不合理的教学管理队伍结构、不稳定的教学队伍、有限的培训进修机会、不完善的教学管理制度等内容缺乏关注，如不加以优化，就会制约民办学校教学质量的提高和人才培养目标的实现。近年来，民办学校教师政策扶持有新进展，但力度有待加大；民办学校教师薪酬有所提高，但同等待遇有待落实；民办学校教师专业发展提上日程，但能力建设有待加速；民办学校教师权益保障有所突破，但范围有待扩大。

由于同等法律地位尚未得到落实、教师自身能力相对欠缺、学校对教师支持力度不够等原因，民办学校教师仍面临着“地位低、教不好、科研弱、成长慢”等问题。①教师的专兼职结构、职称结构、学历结构和年龄结构等失衡问题依然比较严重，年龄和职称结构呈现出“两头大、中间小”的两极化趋势。②教师综合素质相较公办学校来看还有很大的提升空间。教师整体学历偏低，有经验和接受过专业培训的教师缺乏，知识结构及教学风格与民办学校办学定位不匹配，教师培训和继续教育制度也并不完善。③教师队伍不稳定、教师单向流动仍是制约民办学校发展的“老大难”问题，教师流动频繁导致教学质量长期难以改观。不少教师往往把民办学校当作“跳板”或“实习基地”，导致教师群体流动性强，稳定性弱。④教师权益保障机制仍不完善，社会地位不高、待遇保障不足、职称评聘不畅、发展空间受限、参与管理不够，并存在体制排挤、政策夹击、观念歧视、权利侵害、权益难保障等问题，直接影响了民办学校教师的归属感、满足感和获得感。

民办学校师资队伍建设应该在定位上转型、在结构上优化、在管理上协同、在质量上提升，在促进教师专业发展的视域下不断创新。民办学校教师的权利保障体系应包括完善的社会保障、合理的薪酬待遇、健全的民主管理、适当的进修机会和通畅的救济渠道等。①政府要尽快从“缺位”向“归位”转变。逐渐完善法律法规建设，建立两类学校教师发展及队伍建设的不同政策选择和体制机制，健全民办学校教师人事代理制度、财政支持制度、社会保障制度、权益救济制度，以及良好的教师发展机制、合理的职称评审机制、有序的教师流动机制。②学校要从“经济逻辑”主导向“教育逻辑”主导转变。落实学校主体责任，优化教师聘任标准、提高教师薪酬待遇、保障教师合法权益、搭建教师

发展平台、优化教师成长环境，做到事业留人、待遇留人、环境留人和情感留人。推动教师结构从“哑铃式”向“橄榄式”转变，走精品化和特色化教育之路，为社会提供国家基本标准以上的、多样化的、选择性的教育服务。③行业组织要从“任其自然”向“因势利导”转变。行业组织要发挥第三方组织职能，加强教师专业发展引导，切实提高民办学校教师社会地位，增强教师职业荣誉感。

六、民办学校人才培养与权益保护研究

人才培养质量是衡量学校办学水平和质量的首要指标，也是一所学校在社会得以立足和发展的生命线。不少民办学校无视自己师资水平与办学条件较低的现实，热衷于“照搬”公办学校的培养模式。这种“攀高症”与“照搬病”带来的后果是“高职不职”“大专不专”，这也是民办学校毕业生就业质量不佳的重要原因。其实，民办学校尽管存在诸多劣势，但与公办院校相比，在办学体制上具有较大优势。民办学校的管理体制和运行机制比公办学校更灵活，在专业设置和学科设置上拥有较大的自主权，可以根据培养目标进行相应的调整。因此，在人才培养过程中可以较好地适应市场的变化，以社会需求为导向来培养人才。

我国民办学校学生存在资助政策、评奖评优方面的权益保障缺失的问题，并存在目标不清、模式不佳、观念歧视、政策夹击、权利侵害等问题。①民办学校专业设置受规模、成本的影响较大，以低成本、速成型专业为主，“轻”专业的色彩浓厚。民办学校热衷于照搬公办学校的办学与人才培养模式，学科专业布局广泛“撒网”，专业设置同质化程度较高。在培养途径、教学模式、培养方法等方面未能形成自身的特色，人才培养重点环节的改革有待深化、专业布局与区域发展联系度不高、育人机制同创新型人才培养目标尚有差距。②民办学校学生的学习、思想和心理健康状况有待改善，有的学生存在理想目标不明、学习比较被动、学习的功利性强、学习态度消极被动、学习方法单一落后、学习能力仍停留在较低层次等问题。③现行教育立法对保障民办学校学生权益的相关规定较为粗糙而模糊，还只停留在原则性表述的层面，使得学生权益保护在实践中遭遇到了诸多难题。民办学校学生资助渠道单一、受资助学生比例偏低，无法享受与公办学校学生同等额度的助学贷款、奖助学金等国家资助政策。社会上直接或变相歧视也仍是制约民办学校学生就业的重要壁垒。

民办学校学生在持续发展、政策优待、权益保障和社会地位等方面遇到诸多瓶颈，迫切需要提高人才培养的责任意识、质量意识、危机意识，使学生得到全面发展、合法权益得到切实保障。①优化培养模式。发挥贴近市场办学的优势，提高专业设置的前瞻性，加强专业的“专深性”建设，建设一批贴近生产生活实践的专业。以应用型人才为育人定位，以社会需求为导向，以培养模式为核心，以知识应用为远景，以创新能力为目标，通过多样化的培养目标、多主体的培养流程、多层次的教学体系、多元化的评价机制等举

措，走“应用性、职业型、开放式”的路子。②优化学生发展。树立全新的学生教育管理理念，创新学生教育管理工作方法和手段，注重知识、能力、素质协调发展，形成全员育人的教育合力。③强化权益保护。构建民办学校学生权益保障机制，提高助学贷款比例、完善校内学生资助工作、拓展校外学生资助渠道，使民办学校学生在入学、升学、转学、学籍、学习、表彰及国家经费补助等方面享受与公办学校学生同等待遇。

参考文献

安世遨，黄晓芳．我国民办高等教育政策演变逻辑分析——基于间断-均衡的视角[J]．现代教育管理，2020（11）：51-57.

白丽．广东民办高校内部治理创新初探[J]．高教探索，2020（10）：111-114.

别敦荣，石猛．民办高校实施分类管理政策面临的困境及其完善策略[J]．高等教育研究，2020，41（3）：68-76.

陈秋明．从试点到示范：深圳基础教育改革发展回顾与展望[J]．中国教育学刊，2021（6）：26-32.

丁秀棠．义务教育阶段“公参民”学校：问题与治理——基于合法性与合理性的视角[J]．教育科学研究，2020（11）：17-22.

董圣足．论教育资产上市的不可持续性——基于香港联交所上市教育企业的情况分析[J]．华东师范大学学报（教育科学版），2020，38（10）：78-88.

董圣足．有序有度发展营利性民办学校[J]．教育发展研究，2020，40（5）：29-31.

董圣足，戚德忠．新政背景下民办学校分类转设的困局与出路——基于浙江温州的实践探索及思考[J]．现代教育管理，2020（9）：38-45.

杜明峰．转型期我国社会组织参与教育治理：逻辑、实践与优化策略[J]．教育发展研究，2021，41（10）：40-49.

段斌斌．中国的教育究竟需要怎样的法律[J]．华中师范大学学报（人文社会科学版），2020，59（6）：169-178.

段淑芬，杨红娟，阙明坤．民办高校营利或非营利性质选择困境及其对策——基于行为决策理论[J]．高教探索，2021（1）：106-110+128.

范国睿，陈婧．以蓝图引领发展——2019年我国教育政策评析[J]．现代教育管理，2020（9）：1-13.

方建锋．义务教育阶段“公参民”学校规范治理的内在理路与未来走向[J]．中国教育学刊，2021（9）：14-19.

方晓田．中国民办教育政府干预逻辑的转换——从政治逻辑、经济逻辑到社会逻辑[J]．教育学报，2021，17（1）：180-193.

费坚．激活微观主体活力 促进民办教育健康发展[J]．教育发展研究，2020，40（5）：3.

高宏赋．构建融合发展共同体：民办高校服务区域的趋势[J]．教育发展研究，2020，40（5）：26-29.

贺祖斌. 论高等教育高质量发展的十大要点[J]. 高校教育管理，2020，14（5）：42-48，124.
侯红梅. 促进民办高校高质量发展的策略[J]. 中国高等教育，2021（10）：54-56.
胡卫，张歆，方建锋. 营利非营利分类管理下民办学校税收问题与建议[J]. 复旦教育论坛，2020，18（4）：79-84.
黄冰珩，张晓. 江苏省民办高校学生党员培养与发展工作的现状、问题[J]. 山西财经大学学报，2021，43（S2）：83-84，94.
黄洪兰. 非营利性民办高校法人制度的反思与推进[J]. 高校教育管理，2021，15（1）：69-76，86.
黄勇升. 民办高校法人治理结构的反思与重构[J]. 江苏高教，2021（2）：64-70.
康韩笑，祁占勇. 中外合作办学机构法律地位的现实困境及其法律重构[J]. 高教探索，2021（3）：11-17.
李峰. 社会组织参与公共服务的制度分析[J]. 行政论坛，2020，27（5）：134-139.
李红. 我国高校空间分布特征及其影响因素[J]. 高等教育研究，2021，42（4）：40-47.
李建文，檀传宝. 义务教育民办学校可以择生吗？——“公民同招”政策的伦理讨论[J]. 中国教育学刊，2021（7）：23-28.
李静娴，熊春，司月芳，等. 子女教育对进城务工人员迁移意愿的影响研究——基于上海市某民办随迁子女小学的调查[J]. 现代城市研究，2021（5）：119-125.
李虔. 美国私立义务教育发展观察[J]. 教育研究，2020，41（10）：62-72.
李虔. 民办高校资产证券化：政策空间、发展现状与未来理路[J]. 中国高教研究，2021（7）：77-83.
李虔，郑磊. 公办和民办学校教师流动现象探析——基于全国抽样调查的混合研究[J]. 华中师范大学学报（人文社会科学版），2021，60（4）：176-182.
李虔，郑磊. 新时代民办义务教育的改革逻辑与发展空间[J]. 中国教育学刊，2021（9）：1-6.
李廷洲，陆莎，钱冬明. 我国公办、民办中小学教师流动的主要特征、趋势与政策分析[J]. 教育发展研究，2020，40（12）：74-79.
李旋旗，陈文联. 民办高校社会责任的失范行为与治理路径[J]. 中国高教研究，2020（12）：28-33.
林沈节. 论义务教育阶段民办学校招生自主权[J]. 东方法学，2021（4）：178-188.
刘斌. 民办学校应重视内部治理结构的立法衔接问题[J]. 教育发展研究，2020，40（5）：24-26.
刘复兴. 坚持党对教育事业领导的全面性、系统性、整体性[J]. 教育研究，2021，42（4）：4-10.
刘亮军，王一涛. 民办高校举办者变更：诱因、影响及规制[J]. 江苏高教，2021（2）：71-77.
刘天子，曾晓东. 我国学前教师工资待遇政策的梳理与未来展望[J]. 教育科学研究，2021（5）：24-29.
刘焱，郑孝玲，宋丽芹. 财政补贴对普惠性民办幼儿园教育质量的影响路径[J]. 教育研究，2021，42（4）：25-36.
刘杨. 民间教育组织发展演进及其特征[J]. 哈尔滨工业大学学报（社会科学版），2021（5）：60-66.
刘永林. 试论民办学校独立董事制度：价值内涵、可行性及框架设计[J]. 复旦教育论坛，2020，18（4）：85-90.
刘永林，张晓彤，杨小敏. 新法新政背景下省级政府民办教育政策的创新与突破——基于29个省级政府民办教育政策文本的分析[J]. 教育发展研究，2020，40（5）：32-40.
刘永林，周海涛，胡爽. 构建民办学校独立监事制度：逻辑动因、现实可能与框架设计[J]. 教育发展研究，2021，41（5）：28-35.
刘云生，张晓亮，胡方. 民办中小学教育发展的趋势、挑战与对策[J]. 中国教育学刊，2021（4）：58-63.

卢威，李廷洲. 走出体制吸纳的误区：增强非营利性民办高校教师职业吸引力的路径转换[J]. 中国高教研究，2020（10）：62-68.
陆韵. 义务教育阶段“民办择校热”背后教育不公平的生成与治理[J]. 中国教育学刊，2020（12）：35-41.
罗洁. 他说自己顶多是一名认真的教育工作者[J]. 中小学管理，2020（6）：27-29.
罗先锋，窦锦伟，黄延梅. 普及化阶段我国民办高校的机遇、挑战与战略选择[J]. 中国高教研究，2020（9）：43-48.
吕宜之. 分类管理视域下非营利性民办高校多元筹资的境遇与对策[J]. 教育与经济，2020，36（5）：71-77.
马海燕，李强，张丰. 结构型质量：区域教育生态水平的评价创新[J]. 教育发展研究，2021，41（10）：18-23.
马健生，刘云华. 教育中的资本扩张：危害与治理[J]. 清华大学教育研究，2021，42（4）：50-61.
毛婧，祁占勇，答喆. 教育培训机构的法律属性与法律规制[J]. 中国教育学刊，2020（8）：66-70.
孟久儿. 义务教育“公民同招”政策推进的可能风险及建议——基于我国31个省（自治区、直辖市）的政策文本分析[J]. 中小学管理，2020（12）：32-35.
倪娟. 从“教育之制”到“教育之治”：“公民同招”政策要义及实施风险防范[J]. 中国教育学刊，2020（12）：30-34，57.
宁本涛，杨柳. 从“政策依赖”到“制度自觉”：“公民同招”新政的利弊分析[J]. 湖南师范大学教育科学学报，2021，20（2）：98-104，122.
欧以克，陈秀琼，付倩. 广西边境地区民办高中教育发展境况及优化路径——基于正义论视角[J]. 民族教育研究，2020，31（6）：60-65.
潘冬冬，王默. 改革开放以来我国影子教育的发展演变与反思[J]. 教育学术月刊，2020（9）：12-18.
潘希武. 教育发展的时代内涵：基于资本逻辑超越的视域构造[J]. 教育学术月刊，2020（7）：3-7，24.
彭茜，郭凯. 普惠性民办幼儿园法人定位之探讨与重构[J]. 华南师范大学学报（社会科学版），2021（4）：69-77，206.
彭顺绪. 学前教育普惠性政策的效果分析——基于广西南宁市民办普惠园收费标准的考察[J]. 教育经济评论，2021，6（2）：119-136.
彭泽平，金燕. 70年基础教育办学体制改革：基本特征与未来展望[J]. 现代教育管理，2020（2）：32-39.
亓小林，刘献君，刘亮军. 从单一到多元：民办本科高校教育质量评价的变革[J]. 现代教育管理，2021（3）：76-86.
阙明坤. 面向2035我国民办教育的角色和新规划[J]. 教育发展研究，2020，40（5）：22-24.
阙明坤. 民办高校高质量发展的挑战与路径[J]. 中国高等教育，2021（6）：57-58.
阙明坤，陈春梅，王华. 我国建设新型高水平民办大学的背景、挑战与策略——以西湖大学为例[J]. 高校教育管理，2020，14（4）：32-41.
阙明坤，段淑芬. 我国民办高校改革发展成效、经验及展望——《教育规划纲要》实施十年审视[J]. 大学教育科学，2021（2）：16-25.
阙明坤，顾建民. 提升民办义务教育治理现代化水平的框架设计与立法突破[J]. 中国教育学刊，2021（9）：7-13.

阙明坤，郑育琛. 我国独立学院转设法律纠纷探微——基于三个典型案例文本的分析[J]. 教育发展研究，2021，41（5）：36-44.

任海涛. 非营利民办高校的理事会治理及其制度完善[J]. 江苏高教，2021（2）：78-84.

沈亚平，刘澜波. 模糊性治理：我国民办高等教育政策变迁的逻辑[J]. 现代教育管理，2021（5）：52-60.

石猛，侯琮. 民办高校治理能力的特殊性与提升路径[J]. 复旦教育论坛，2021，19（3）：75-80.

史秋衡，张纯坤. 民办高校发展的内在逻辑：重构与转型路径[J]. 高校教育管理，2020，14（4）：25-31.

苏晖阳，方程煜. “四期叠加”背景下民办教育制度转型：争论、行动与政策思考[J]. 基础教育，2021，18（2）：93-102.

孙华，郭荣，郭静媛. 民办高校转型的内在逻辑及实践路径[J]. 现代大学教育，2021，37（1）：101-109.

孙霄兵.《教育规划纲要》开启的教育改革述评[J]. 教育研究，2020，41（9）：156-159.

田汉族. 中国教育经济学研究与教育观念创新[J]. 教育经济评论，2021，6（4）：3-29.

王处辉. 警惕教育发展中的“马太效应”[J]. 人民论坛，2020（Z1）：126-129.

王烽. 新时代民办教育：变革与进化[J]. 教育发展研究，2020，40（5）：19-22.

王烽. 依法推动实施义务教育的民办学校规范办学健康发展[J]. 中国教育学刊，2021（9）：9.

王烽，周玲. 新时代民办教育的创新发展与政策变革[J]. 教育与经济，2020，36（3）：75-80.

王海英，刘静，魏聪. “普惠之困”与“营利之忧”：民办幼儿园的两难困境与突围之道[J]. 教育发展研究，2020，40（12）：23-30.

王晶，董新伟. 加快推进民办高校高质量发展[J]. 现代教育管理，2021（8）：43-50.

王蕾. 学校神话视角下教育消费空间的生产——以浙江 Z 民办学校为例[J]. 教育研究与实验，2020（6）：32-36.

魏聪，王海英，陈镜如，等. 民办园举办者对分类管理改革新政的认知理解及其提升策略[J]. 学前教育研究，2021（4）：58-76.

魏聪，王友缘，王海英. 民办幼儿园营非之选中缘何“名实分离”——基于全国范围的实证调研[J]. 中国教育学刊，2021（7）：29-34.

魏文松. 我国教育法治建设的核心内涵、实践历程与前景展望[J]. 现代教育管理，2021（1）：100-106.

魏文松. 乡村振兴战略下农民受教育权保障研究[J]. 广西社会科学，2021（3）：59-65.

魏小琳，张良. “十四五”时期民办高校高质量发展的策略[J]. 中国高等教育，2021（7）：9-11.

魏训鹏，吴荣军，阙明坤. 独立学院政策变迁的历史制度主义分析[J]. 高教探索，2021（10）：111-118.

吴华，姬华蕾. 论民办教育对国家教育发展的独特贡献[J]. 华东师范大学学报（教育科学版），2020，38（10）：69-77.

吴华，马燕萍. 非营利性民办学校市场竞争力的约束条件研究[J]. 教育与经济，2020，36（3）：81-86.

吴华，马燕萍. 中国民办教育的发展成就及其机制分析——兼论“掐尖说”的误区[J]. 复旦教育论坛，2020，18（4）：72-78.

吴会会. 教育法学视域下的民办教育法律规范——基于学术史的考察[J]. 复旦教育论坛，2020，18（4）：44-50.

武汉大学国家发展战略研究院民办教育改革课题组. 以供给侧结构性改革促进民办教育健康发展[J]. 江淮论坛，2020（2）：186-192.

夏百川. 基于政府规制视域的独立学院转设研究[J]. 云南师范大学学报（哲学社会科学版），2021，53

（5）：113-122.
肖海燕，彭虹斌. 民办教育新法新政执行的调适研究——基于史密斯政策执行过程模型的分析[J]. 高教探索，2020（4）：85-90.
肖磊，刘志军. 教育改革中的制度创新：理论阐释与行动框架[J]. 高等教育研究，2020，41（11）：42-50.
徐绪卿. 关于部分独立学院转设为地方公有民办普通高校的思考——以浙江省内生型独立学院转设为例[J]. 教育发展研究，2020，40（5）：41-47.
徐绪卿. 国家级高水平民办院校建设的若干思考[J]. 高教发展与评估，2020，36（1）：21-27.
许倩倩. 澳大利亚学前教育市场化改革：背景、历程与镜鉴[J]. 学前教育研究，2020（4）：3-10.
薛晗，何锋，江山. 我国民办高校人才培养现状及对策研究[J]. 中国软科学，2020（S1）：250-254.
闫芳. 公共财政支持民办高等教育的政策分析——评《我国民办高等教育财政支持制度研究》[J]. 当代财经，2021（5）：2，149.
闫丽雯. 优化与新发展格局相适应的高等教育结构——基于对民办高等教育结构的分析[J]. 中国高教研究，2021（6）：23-29.
杨静. 超大城市家长对民办教育资源的客观需求与主观要求[J]. 中小学管理，2020（2）：28-30.
尹秋玲，黄丽芬. 强扶持与小微扶持：民办公助学校两种政策实践模式及反思[J]. 苏州大学学报（教育科学版），2020，8（2）：101-107.
禹旭才，熊耀林. 独立学院发展转型与立德树人根本任务[J]. 清华大学教育研究，2021，42（2）：77-83.
原珂，阙明坤，周禹彤. 新时期独立学院规范发展困境及其策略[J]. 高校教育管理，2020，14（1）：52-62
湛中乐，黄宇骁. 高校自主办学法解释论[J]. 华东政法大学学报，2020，23（3）：94-109.
张海鹏. 非营利性民办学校登记为事业单位的悖论及其破解——以《民办学校分类登记实施细则》第7条为中心[J]. 复旦教育论坛，2021，19（1）：45-51，59.
张辉. 新时代民办高校思政课教师队伍建设探究[J]. 学校党建与思想教育，2021（12）：56-58.
张平，丁德智. “三全育人”视域下民办高校思想政治教育创新[J]. 学校党建与思想教育，2020（4）：39-41.
张晓晴. 文字下乡与柔性动员：中国共产党的“民办公助”教育政策研究[J]. 教育学报，2020，16（1）：108-119.
章清，宋斌. 我国民办高校领导体制：历史回顾、实际运行与优化路径[J]. 现代教育管理，2020（2）：40-47.
郑宁. 我国学校校规建设：政策演变、总体现状以及对策建议[J]. 华中师范大学学报（人文社会科学版），2021，60（2）：179-188.
钟秉林，周海涛，景安磊，等. 民办高校集团化办学的发展态势、利弊分析及治理路径[J]. 中国高教研究，2020（2）：29-32，39.
周海涛，廖苑伶. 民办高校高质量发展的基础[J]. 复旦教育论坛，2021，19（3）：69-74.
周海涛，郑淑超，景安磊. 民办高校上市的历程、影响及对策[J]. 中国高教研究，2021（7）：70-76.
周衍广，杨颖秀. 非营利性民办学校发展的政策工具选择及运行方式设计[J]. 中国高等教育，2020（24）：56-58.

朱昌，焦华富. 民办教育对县域教育城镇化的影响——以安徽省肥东县为例[J]. 长江流域资源与环境，2020，29（11）：2366-2373.
朱莉雅. 普惠性民办园的发展逻辑：过渡模式还是长期目标[J]. 中国教育学刊，2021（8）：50-55.
朱旭东，刘丽莎. 论构建社会主义现代化强国所需要的高质量教育体系[J]. 清华大学教育研究，2021，42（1）：33-39.

后　记

本报告聚焦于民办教育2010 年以来的发展历程，系统分析了十年间民办教育学校数、学生数、师资数、教育经费状况，直观反映民办教育规模特征和发展趋势；汇集分析了国家、地方的民办教育法律法规和政策文件，呈现民办教育各方面的突破性进展、现存难题以及地方探索动向；综合述评了2020—2021 年我国民办教育界研究成果，为民办教育发展提供直接参考和借鉴。

本报告聚焦于民办教育2010—2020 年的发展历程，剖析了在这一期间民办教育的发展数据和法规政策，呈现了民办教育的发展面貌和历史走向。在总结 2012 年以来《中国民办教育发展报告》编撰经验的基础上，北京师范大学民办教育研究团队持续调整、改进报告撰写的思路和框架，不断积累和充实中国民办教育的发展数据。经过多位教师、学生一年多的努力，于2021 年下半年完成本报告的分析和编撰工作。

本报告系统梳理和分析了我国民办教育在2010 年以来的发展状况与脉络，通过数据分析、政策回顾和研究述评，讨论了民办教育发展过程中面临的难题挑战、实践探索动向及相关研究前沿。报告坚持正确导向、突出重点、助推改革，为进一步推进民办教育高质量发展提供了理论依据和实践参考。

本报告是北京师范大学民办教育研究团队通力合作和集体智慧的结晶。报告的具体写作分工为：周海涛负责统筹规划报告整体架构，确定报告的研究思路，主持审稿、统稿和定稿工作。景安磊负责细化报告结构，设计行文模式。上篇的第一章由胡爱迪撰写；第二章由于榕撰写；第三章由孙钦涛撰写；第四章由马杨桦撰写。中篇的第五章由马杨桦撰写；第六章由胡爱迪撰写；第七章由王艺鑫撰写；第八章由施悦琪撰写；第九章由林思雨撰写；第十章由于榕撰写；第十一章由孙钦涛撰写。下篇的第十二章由朱玉成撰写。数据整理分析与图表绘制、文字撰写工作一同完成。整体报告由周海涛、钟秉林进行多轮修改并完成统稿，施悦琪和于榕全程参与修订、校对、排版工作。

本报告得到教育部发展规划司的一贯指导，获得北京师范大学，特别是北京师范大学统计学院、中国教育经济信息研究中心和教育学部的领导与同事的全方位支持。科学出版社高度重视该项工作，组织精干力量，推进本报告高质量出版。同时，本报告借鉴了诸多同行专家的精到见解与宝贵意见，吸收了部分地区民办教育改革和发展的有益经验与创新成果。谨向本报告所有的支持者、参与报告编写的同仁以及给予本报告帮助和指导的领导及专家们致以衷心感谢！

由于时间和水平有限，报告中难免存在疏漏与不足之处，恳请广大读者批评指正。